北京市中小学名师发展工程（体育学科）项目成果

师之翘楚

——北京体育名师培养与成长

陈雁飞　张庆新　主编

北京体育大学出版社

策划编辑：赵海宁
责任编辑：赵海宁
责任校对：韩培付
版式设计：杨　俊

图书在版编目（CIP）数据

师之翘楚：北京体育名师培养与成长 / 陈雁飞，张庆新主编. -- 北京：北京体育大学出版社，2020.12
ISBN 978-7-5644-3385-7

Ⅰ. ①师… Ⅱ. ①陈… ②张… Ⅲ. ①体育教师－师资培养－中小学 Ⅳ. ①G807

中国版本图书馆CIP数据核字(2020)第194695号

师之翘楚——北京体育名师培养与成长　　陈雁飞　张庆新　主编

出版发行：北京体育大学出版社
地　　址：北京市海淀区农大南路1号院2号楼4层办公B-421
邮　　编：100084
网　　址：http：//cbs.bsu.edu.cn
发 行 部：010-62989320
邮 购 部：北京体育大学出版社读者服务部 010-62989432
印　　刷：北京建宏印刷有限公司
开　　本：710 mm × 1000 mm　1/16
成品尺寸：170mm × 228mm
印　　张：21
字　　数：346千字
版　　次：2020年12月第1版
印　　次：2020年12月第1次印刷
定　　价：88.00元

编委会名单

主　　编：陈雁飞　张庆新

副 主 编：韩　兵　潘建芬　李　健

编　　委：（排名不分先后）

陈雁飞　张庆新　韩　兵　潘建芬

李　健　周志勇　张锋周　胡凌燕

王晓东　秦治军　海　汶　樊　伟

魏　敬　殷剑明　孙卫华　崔海明

张跃强　魏发团　赵卫新　刘　晶

前　言

为贯彻落实《国家中长期教育改革和发展规划纲要（2010—2020 年）》、《首都中长期人才发展规划纲要（2010—2020 年）》和《首都教育人才发展中长期规划纲要（2010—2020 年）》的精神，更好地服务首都基础教育综合改革与发展需要，服务中小学校和幼儿园发展需要，北京市教育委员会（以下简称“北京市教委”）启动“北京市中小学名师发展工程”，旨在造就一批师德高尚、思想先进、视野开阔、善于研究、勇于创新，在北京市乃至全国有较高知名度、具有广泛影响力的名师名校长队伍。该工程呈现出六大特征：第一，在设计理念上突出以“研究”提升培养对象的理论水平，体现了工程设计上的高目标；第二，在培养途径上体现“央地”一体化，共享首都优质学习资源；第三，在导师配备上突出“双导师制”，实现理论与实践两个层面的双提升；第四，在培养方式上突出个性化，满足以学习者需求为导向的个性培养；第五，在学习方式上突出构建新型“学习共同体”，实现工程中的各方人员共同成长；第六，在实施过程中突出第三方过程监控评价，使工程质量在制度上得到保障。

自 2012 年北京教育学院培养基地开始承担“北京市中小学名师发展工程”项目以来，共计培养 6 批次 99 名小学语文、小学数学、中小学体育和美术名师。参加名师发展工程培训的学员是由北京市教委按照一定条件遴选出来的，他们一般都是高级教师，具有北京市级骨干教师、市学科带头人或者特级教师等荣誉称号，是北京市中小学教师队伍中的高层次人才；他们一般在中小学从事教学工作 10 年以上，具有丰富的教育教学实践经验，有些教师担任着学校的重要职务，有些教师承担着带青年教师队伍的职责。因此，这些高层次的教师应如何继续发展，如何在教学实践中更好地发挥示范引领作用，是一个值得探讨的问题。

北京教育学院培养基地在学员培养过程中，秉承“专业引领、实践取向、理实结合、优质服务”的办学特色，按照名师发展工程执行办公室的要求，由导师指导学员完成课题的选题和开题，制订课题研究实施方案，开展教学实践研究。在开展教学实践研究时，为了能够让学员结合课题研究，更加深入地研究教学实际问题，同时为课题研究提供实证支持，各学科导师基于学员教学实际，采用了“主题式课例研究”的方式来指导他们开展教学实践研究活动。

本书全面梳理 2013—2018 年启动的第一批至第六批北京市中小学名师发展工程（体育学科）的项目成果和学员成果，共分为三篇，第一篇由北京市中小学名师发展工程（体育学科）的理论导师、实践导师、学术助理、学科指导教师执笔，主要呈现的是第一批至第六批的 11 名北京市级中小学体育名师创新培养的方式与模式，主要为名师调研与名师培养、理性分析与本源研究成果。第二、三篇由第一批至第六批的 11 名北京市级中小学体育名师执笔，第二篇主要是针对名师专业成长轨迹与规律，自主提炼、自主发声的成果；第三篇主要是名师经过多年教学研究，经过项目培养团队精心指导与打磨的科研成果和行动成果。

本书对于承担北京市级、区级中小学体育名师培养乃至全国中小学体育名师培养的相关教育科研训机构来说，其涉及的中小学体育名师的专业成长轨迹与规律，名师创新培养的方式与模式，在名师调研与名师培养、理性分析与本源研究成果方面，都可供学习和借鉴。

本书在编写过程中，得到了北京体育学院领导、诸位专家和广大一线体育名师的大力支持，在此特表谢忱！受编者经验和能力限制，本书或有不成熟甚至不恰当之处，恳请各位读者、专家批评指正。

陈雁飞　张庆新

2019 年于北京黄化门

目 录

第一篇
名师培养认识

【本篇导言】

在全面推进体育强国建设的进程中，在深化教育教学改革、全面提高义务教育质量的过程中，在充满挑战的新形势下，体育若要充分发挥其特有的教育价值，实现体育与健康课程的现代化，促进学生体育素养提升，就需要有一支高素质专业化创新型教师队伍，更需要有一批师德高尚、思想先进、视野开阔、善于研究、勇于创新，在各省市乃至全国有较高知名度、具有广泛影响力的名师。北京教育学院自2013年启动首批“北京市中小学体育名师发展工程”至今，对北京市级6批次11位中小学体育名师进行专项培养，在设计理念上突出“研究”，提升名师的理论水平，体现培训设计的高目标；在导师配备上突出“双导师制”，实现理论与实践两个层面的双提升；在培养方式上突出个性化，满足以学习者需求为导向的个性培养；在学习方式上突出构建新型“学习共同体”，促进名师与其带领的团队，以及培养团队共同成长。本篇将重点从名师培养实施方案、名师成长诊断与策略、名师培养目标定位与创新方式等维度阐述北京市中小学体育名师培养行动研究成果。

本篇的主要内容

★ 名师培养实施方案

★ 名师成长诊断与策略

★ 名师培养目标定位与创新方式

第一章

[illegible]

北京市中小学名师发展工程体育名师培养实施方案

北京教育学院　体育名师培养团队

一、培养背景分析

基于北京市教委《关于实施北京市中小学名师名校长发展工程的意见》（京教工〔2012〕48号文件）的相关规定和培养对象的现实需求，名师培养项目将对师德高尚、专业素养较强和发展潜力较大的中青年教师进行重点培养，以“研究引领、实践创新、能力提升”为培养理念，努力造就一批师德高尚、思想先进、视野开阔、善于研究、勇于创新，在北京市乃至全国有较高知名度、具有广泛影响力的名师，使其掌握国际国内前沿理论，在学科专业、教学改革实践中具有突出的教学和研究能力，能参与国内重大教育交流，成为北京基础教育领域具有较高知名度的名师。体育学科自2013年开始，对11位中小学名师进行了培养，项目组积累了宝贵的名师培养经验。

二、培养目标定位

（一）总体目标

以“研究引领、实践创新、能力提升”为理念，努力将11位中小学体育名师培养成为掌握国际国内前沿理论，理解体育学科本质、体育运动教育价值、学生学习本质等基本问题，能创造性地选用教学与培训策略，在体育教学改革实践中具有较为突出的教学和研究能力，并在此基础上形成自己的体育教学风格和培训特色，成为在北京中小学体育教育领域具有较大影响和辐射作用的优秀教师。

（二）具体目标

1. 体育教学研究目标——微创新

主要呈现以微创新为追求，实现“人有我新、人深我精”的体育教学培养境界。通过“反思—研究—行动—表达”的4个阶段培养，按照总项目要求的“2-1-1”要求，帮助培养对象完成2节市区级公开课（培训师进行公开讲座），每人完成1项课题研究和不少于1篇达到公开发表水平的研究论文。

2. 教学特色形成目标——学用结合

主要呈现以学为重点、以用为载体，实现“夯实理论、实践活用”的教学特色培养举措。在教学研究中，提升培养对象的教育实践智慧和教学创新能力，将研究成果转化为课堂教学实践成果，并能表达自己的教学特色。每人完成2节课堂实录及课例分析，并在全市做体现教学特色的观摩课或教育活动。

3. 带引结合的团队成长辐射目标——带引结合

主要呈现以带为核心、以引为途径，实现“研究引领、学术涵养”的研修一体化成长培养理念。培养对象将带领自己构建的团队，完成校本教研或区域培训，并在一定范围内发挥辐射作用。每人完成1份立足区域培训或者校本教研团队的三年发展规划。

三、培养阶段内容与计划

研修共分为如下阶段，共200学时。

（一）第一阶段：自我—他人诊断，细化成果目标与研究方案（52课时）

1. 活动形式

具体形式包括课堂听课诊断、访谈、作品分析、专题讲座、名著经典选读。

2. 活动内容

（1）专业和综合素质测试、课堂听课研讨诊断（或听学员做与预期研究相关的专题讲座）（12学时）。

（2）指导教师、学员共同阅读学员已有的研究成果，研讨交流（4学时）。

（3）学科基本理论、专家型教师的特征等专题讲座（16学时）。

（4）参与式学科专题讲座（20学时）。

（二）第二阶段：初步实施行动研究方案，调整预期成果目标（40课时）

1. 活动形式

具体形式包括行动研究、专题讲座、研究指导。

2. 活动内容

（1）行动研究及研究过程进展交流（20课时）。

（2）再次调整、聚焦预期研究成果（4课时）。

（3）参与式学科专题讲座：课程改革中的热点与难点专题（16课时）。

（三）第三阶段：再次实施行动研究方案，初步提炼研究成果（64课时）

1. 活动形式

具体形式包括行动研究、研究指导、课堂实践、专题讲座。

2. 活动内容

（1）行动研究及研究过程进展交流（32课时）。

（2）课堂实践与教育教学案例研究（24课时）。

（3）参与式学科专题讲座：教育教学典型案例专题（8课时）。

（四）第四阶段：集结研究成果，答辩并出版（44课时）

1. 活动形式

具体形式包括成果撰写、研讨答辩、学术论坛、教学特色展示。

2. 活动内容

（1）研究成果提炼与写作辅导（8课时）。

（2）研究成果专题研讨与答辩（12课时）。

（3）研究成果撰写（8课时）。

（4）深化研究成果（学术论坛、教学特色展示）（16课时）。

四、培养模式与方式

体育名师培养实施 “练名课，写名书，做名事，树名人”的模式，通过练就真本事，上好体育实践课与体育教师培训课；通过理论研究与实践结合，进行个人专著的撰写和出版；通过规范自身德行举止，做到尚体育人、做德技双馨；通过名师的系列培养举措，成为北京市具有“研究引领、学术涵养”的名师。

培养方式包括理论学习、课题研究、个性指导、团队交流、实践磨炼、教学特色研讨、异地交流、参加学术研讨会或集体访学、组织全国或全市学术论坛或观摩课、带领团队进行校本教研或区域培训、研究成果发表等多种方式。

五、培养对象与导师

（一）培养对象

根据北京市教委的要求和选择，已确定2位优秀的北京市体育教师作为培养对象，他们分别是北京市广渠门中学体育教师魏发团、北京教育学院朝阳分院小学体育学科培训师张跃强。

（二）培养团队

本培养团队构建了“1+1+1+n”的模式，其中配备1位学术导师、1位实践导师、1位指导教师和n个培养对象所带领团队的若干名体育教师。

导师及指导教师团队的具体名单见表1。

表1　导师及指导教师团队名单

姓名	工作单位	职称	专业	承担的职责
陈雁飞	北京教育学院	教授	教师教育	学术导师
张庆新	北京教育学院	副教授	教师教育	学术导师
胡凌燕	北京教育学院朝阳分院	教授	学校体育	实践导师
王晓东	北京市朝阳区教育科学研究中心	特级教师	学校体育	实践导师
韩兵	北京教育学院	副教授	教师教育	指导教师
潘建芬	北京教育学院	副教授	教师教育	指导教师
李健	北京教育学院	副教授	教师教育	指导教师

六、培养考评与绩效

由项目管理团队、导师及指导教师负责对培养对象的全程考评。

（一）过程考评

（1）通过考勤表记录，考核培养对象的出勤情况。

（2）通过学习手册的课堂记录，考核培养对象在培训过程中的参与情况和部分学习收获。

（3）为培养对象建立研修档案，并汇集培养对象所有作业和阶段性成果资料，做出综合鉴定。

（二）培养对象绩效成果

（1）在两年期间每人开展1项课题研究，并完成研究报告，结题需要通过专家评审。

（2）每人完成1篇能够公开发表的专业论文。

（3）每人完成体现其研究成果的专题讲座的PPT和文稿，在学术论坛、国家级培训计划（简称“国培计划”）集中培训或中西部远程培训课堂中讲授。

（4）每人制作或指导其他教师完成，体现其研究成果和教学特色的2～3节课堂实录及课例分析，并作为观摩课在全市公开。

（5）在导师指导下，鼓励名师学员完成1本聚焦个人研究方向和主题、代表个人学术水平的个人专著。

（6）每人完成1篇校本教研或区域培训的三年规划，并在学校或区域进行初步成果展示。

（三）项目绩效成果

（1）导师完成1篇培养对象前期培养现状与需求的分析报告，并制订完成培养对象个性化培养发展路径与任务导航。

（2）导师完成1篇对培养对象基本特质和成长过程的个案研究报告。

（3）团队完成1～2篇名师培养行动学习模式的研究论文。

基于诊断视角的体育教师教学能力分层

北京教育学院 陈雁飞，周志勇

体育教师作为体育课程教学改革的主力军和学生体质健康促进的责任人，作为保证学生能够得到最基本体育教育的“中坚力量”，必须具备本专业所要求的专业能力。体育教师的教学能力作为体现体育教师专业特质的一项专业能力，是从事体育教育活动所必需的专门能力，是落实《义务教育体育与健康课程标准》的综合能力，是达成学科整体理解、运动参与教学、运动技能教学、身体健康教学、心理健康与社会适应教学的专业能力。教学诊断能力作为体育教师内在思维的外在表现，是时代发展和新课程教学改革的需要，是体育教师一项重要的专业素养和能力，而体育教师是开展教学诊断的主力军。基于诊断视角来看体育教师的教学能力，能够让体育教师明确自己在体育课教学和不同发展阶段应该“做什么、怎么做、怎么发展”，最大限度地激活体育教师教育教学的实践与创新潜能。结合国内外教学能力与教师专业发展的文献，从行为观察以及缩小新课程与实际课堂的研究视角出发，本研究将体育教师的教学能力划分为困教、能教、会教和精教四层。

一、体育教学能力分层的政策法规依据

2011年教育部颁布的《中小学教师专业标准》，是国家对幼儿园、小学和中学合格教师专业素质的基本要求，是教师实施教育教学行为的基本规范，是引领教师专业发展的基本准则，是教师培养、准入、培训、考核等工作的重要依据。其中对教师的专业能力做了明确的规定，就教师专业发展的教育教学设计、组织与实施、激励与评价等方面提出了基本要求，这是中小学体育教师开展教育教学活动的基本

规范，为体育教师教学能力标准提供了顶层政策依据。

2014年教育部印发了《中小学幼儿园教师培训课程标准研制工作规程》，明确指出："研制教师培训课程标准，旨在规范和指导各地分类、分科、分层实施五年一周期的教师全员培训。引导各地对教师教育教学能力进行科学诊断，设置针对性培训课程，确保按需施训。促进各地按照教师专业成长规律，系统设计培训课程内容，持续提升教师专业能力与整体素质。"其中学科教学中的"能力诊断"，要求在对教师教育教学行为表现系统分析的基础上，提出教育教学能力诊断指标，旨在为各地有效把握教师培训需求提供依据。这为体育教师教学能力分层提供了实证依据。

二、体育教学能力分层的理论依据

国内外学者对教师教学能力这一问题做着长期而丰富的研究，国内学者对教师教学标准和教师教学能力标准做了深入研究，相关体育学者对体育教师教学标准和体育教学技能标准也做了深入研究，课程与教学理论是体育教师能力分层的重要理论基础。

体育教师专业发展，基于新课程改革的理念，结合2012年出版的《中小学教师专业发展标准及指导（试行）：体育与健康》，从专业基础和专业实践两个维度，强调了体育教师的素养、基础、静态素质、实践能力、动态素质。在标准的层次上，它体现了分阶段的特点，提出了"体育教师专业发展六阶段论"，即从新手教师到合格教师的适应期、从合格教师到熟练教师的熟练期、从熟练教师到成熟教师的成熟期、从成熟教师到骨干教师的发展期、从骨干教师到专家教师的创造前期、从专家教师到教育家的创造后期，每个阶段都有不同的发展特点与发展任务。该理论是规范或衡量体育教师专业发展活动的准则或尺度，也是体育教师任职后应该达到的标准，可以用于体育教师专业发展的诊断（反思）与规划、培养与培训、评估与管理等方面，对体育教师的专业标准、专业能力、教学活动提供了理论依据，为体育教师教学能力诊断和分层提供了研究理论基础。

三、体育教学能力分层的实践思考

在各类体育教师教育实践中，在对中小学体育教师进行的课堂教学观察中，通过对体育教师群体特征的调研发现，体育教师的教学能力和专业发展一样，是一个循序渐进、不断深入的过程，体育教师在较短时间内达到专业成熟是不可能的，不同发展阶段的体育教师存在着不同的专业发展问题和需求（表1）。

表1　体育教师不同专业发展阶段的实践特点

序号	发展阶段	专业发展侧重点和表现
1	适应期	学会分析教材，能正确把握分年级教材内容；初步掌握教学设计基本过程，独立撰写教学设计，体验有效的体育教学实施技能，形成必要的体育教学常规技能
2	熟练期	学会分析教材内容体系，能正确把握教材所反映出来的技能体系和呈现逻辑；了解学生体育学习的一般特点和规律；掌握必要的促进学生学习和发展的基本技能，进一步发展体育教学能力，增长体育教学经验
3	成熟期	能把握体育知识体系和思想方法，提升对体育学科的整体把握和解决教育教学问题的能力，对自己的教育教学方法进行反思和初步研究
4	发展期	能开展教育研究实验，总结自己的教学方法，梳理自己的教学风格，理解体育学科的本质和思想
5	创造前期	能深刻理解体育学科的本质，总结自己的教学思想和特色，全面提高体育教学改革能力、教育科研能力和发表能力及示范引领能力
6	创造后期	

同样，体育教师在较短时间内达到教学成熟是不可能的，不同教学能力的教师，在不同的阶段均存在着不同的教学问题和困难（表2）。体育教师能力分层，可以体现出不同年龄段体育教师的培训需求，引导体育教师有意识地朝着专业成熟方向持续前进，并能为下一阶段的专业发展奠定良好的基础。

表2　不同教学能力层级体育教师的教学问题和困难

层级	教学问题和困难
困教	基本不会制订教学计划；基本不了解体育教学课堂规范和课堂教学结构；基本不能正确进行教学内容的讲解与示范；基本不了解主要运动项目的教学过程与方法；基本不了解学生在体育课堂中的表现与问题；基本不能控制体育课堂；基本不能防止教学突发事件

续表

层级	教学问题和困难
能教	能制订基本规范的教学计划；基本了解体育教学课堂规范和课堂教学结构；能进行教学内容的讲解与示范；基本了解主要运动项目的教学过程与方法；不太了解学生在体育课堂中的表现与问题；能较好地控制体育课堂；基本能防止教学突发事件
会教	能制订要素齐全、内容具体的教学计划；准确把握体育教学课堂规范和课堂教学结构；有效进行教学内容的讲解与示范；理解主要运动项目的教学过程与方法运用；开始关注学生在体育课堂中的表现与问题；能很好地控制驾驭体育课堂；能有效防止教学突发事件
精教	能制订全面、精准的教学计划；能高效进行教学内容的讲解与示范；能创新主要运动项目的教学过程与方法运用；时刻关注学生在体育课堂中的表现与问题；能轻松自如地控制、驾驭体育课堂；能有效防止和应变处理教学突发事件……

四、体育教学能力分层的内在逻辑分析

体育教师具备的教学能力状况是衡量体育教师教学水平的首要标准。体育教师的教育教学是一个持续的过程，往往分不同的阶段，且在不同的阶段有不同的教学行为、教学困难、发展需求和发展任务。根据体育教师的实际情况，从教学有困难到知道怎么教、能模仿教，到能独立熟练地完成教学任务，到能用“法”教准、教细、教妙，经历一个“困教—能教—会教—精教”的教学能力提升和发展过程，充分体现出体育教师教学能力的发展性（表3）。

表3　体育教师四层教学能力表述

层级	特点	层级差表述
困教	从无到有	体育教学在目标达成、教学规范上有背离，教学有一定困难，需要经过培训，才能扭转行为
能教	从有到多	知道怎么教，体育教师具备教学能力，也就是体育教师能做到的教学能力，教学做到规范
会教	从多到优	能结合学生特点和实际情况，灵活运用教法，关注学生学法，使教学有效
精教	从优到特	能把握体育学科知识体系和思想方法进行教学，教得深、教得透、教得巧，教学从有效、优质走向独特

由此可见，体育教师的教学能力，应该分层描述和诊断，以体现不同阶段的不同要求，然后通过递进式培训、自主学习与实践等，帮助体育教师从低一级的教学能力发展阶段提升到高一级的发展阶段。《义务教育体育与健康课程培训标准》是用于实践的，此标准在体育教师诊断自身教育教学、制订专业发展规划、进行实践反思的过程中，将起到很好的指导作用。

新时代的体育教育　新时代的体育教师

——强体育教师教学能力的“同课异构”之策

北京教育学院　陈雁飞

一、新时代强体育教师教学能力的召唤

党的十九大报告中，习近平总书记提出：“广泛开展全民健身活动，加快推进体育强国建设，筹办好北京冬奥会、冬残奥会”。这高度概括了在中国特色社会主义进入新时代后体育的新使命、新定位、新功能，为体育教育迈向新时代、开启新征程、续写新篇章发出了动员令、吹响了冲锋号。体育强国的建设，需要实实在在地落到学校体育教育上，落到学生的体质健康上，这就需要体育教师担负起锻炼和维护 2 亿左右中小学生身心健康的重任，承载起体育教师的育人使命。

新时代召唤体育教师教育教学思想的改变，需要体育教师站在一定的高度去关注和抓住改革机遇，站在一定的深度去思考强体兴体的策略，站在一定的宽度去链接发展学生的核心素养，将体育教学与技能运用、体育锻炼与心理健康有效结合，思考学校体育怎样开展“强体兴体，学生爱体”的好教育。新时代召唤体育教师教学能力的提升，需要体育教师站在育体、育德、育智的高度，培养学生健康的身心、良好的品格、优秀的能力，思考体育教学怎样开展“创体融体　体育素养”的好课堂。“同课异构”强体育教师教学能力之策的探讨，旨在为新时代体育教师教学能力的提高提供一种有效实践的指导。

二、“同课异构”强体育教师教学能力的抓手

强体育教育梦，首先要以新思想、新理论为标志，新时期对体育教师的要求就是要全面提升体育教育教学质量。新时代的体育教师抓住“同课异构”这个点，思考“同课异构”的内涵和特性，将进一步提高体育教学能力和专业素养能力，将进一步探索体育教材内容应用到体育课堂时的教学方法多样性，将进一步分析体育课堂教学理论与实践的实质性研究内容，将进一步构建“教学有法但无定法”的多元设想。

针对多数体育教师围绕教材和教师用书备课、上课，针对体育教师难以呈现出学生自主学练的鲜活课堂，针对体育教学难以突破以学生为主体将“学练教用赛”有效结合的现状，“同课异构”的教学设计和活动就是为了让体育教师积极思考和参与课堂创设，积极探讨体育教学的多元方法和策略，促使每位体育教师在“同课异构”中学会观察和分析，并对照比较提出个性化的建议，有利于体育教师对先进教学理念的领悟和反思，有利于体育教师转化和运用。

三、“同课异构”强体育教师教学能力的要义

“同课异构”是指同一课程、同一教材内容基本一致的教学目标，由不同教师根据自己的理解和实际情况，采取不同的教学方法和策略，构成了同一内容用不同的风格、方法、策略进行教学的课。也就是，同一节课的内容用不同的风格和方法来表现，由此打开体育教师的教学思路，体现体育教师的教学个性，为体育教师提供了一个根据学生实际面对面交流互动的教研方式，可以引发体育教师智慧的碰撞，真正体现了新时代资源共享、优势互补的一种新常态。

（一）“同课异构”之体育“同课”设想

“同课”即同一课程、同一教材内容，基本一致的教学目标。“同课异构”的宗旨和最终归宿就是实现真正的高效教学。新时代的体育教育和体育教师就是要把握体育高效课堂的教学目标，通过体育教师的引领和学生积极主动的学习过程，高

效率、高质量地完成体育教学任务，促使学生全面发展。体育高效课堂的受益者是学生，我们要用发展的眼光来认识中小学生。学生是发展中的人，具有独立性和独特性。在体育教育中激发学生的学习兴趣，引导学生自主学练和合作学练的能力，是建立在中小学生认知觉发展基础上的、稳定而持久的运动项目技术的学练。自主学练和合作学练才能使运动能力达到一定的水平，才能真正将运动技术和技能运用于比赛中，体现自己的价值。体育课堂教学的高效性就是通过课堂教学活动，让不同层次、不同水平、不同类型的学生在运动能力、健康行为、体育品德上有所收获和提高。

（二）“同课异构”之体育“异构”呈现

“异构”则体现在两位(或多位)教师的不同呈现。“构”是构教学设计、构教学方法、构教学风格、构教学策略、构教学个性，是教学系统中四个组成要素（教师、学生、教材和教学媒体）相互联系、相互作用的具体构建。体育高效课堂的执行者体育教师，对同一教材内容的理解和把握也会出现差异，这些差异会渗透在备课、上课等各个环节中，会直接影响到体育教学效果。通过“异构”，可以更好地展现和比较不同的体育教师对同一教材内容的不同处理，比较不同的教学策略所产生的不同体育教学效果。如体育教师备课只停留在对教学参考书、现成教案的照抄照搬上，这种“异构”的课堂就还是相同的，也不会有亮点。如果围绕体育与健康学科核心素养，去研磨、去构建、去再现，就能个性鲜活地激发体育教师的教学创新，每个体育教师就能以极大的勇气去突破雷同、超越旧有模式，在一次次的“异构”与磨炼中，真正达到体育课的教学实效。

（三）“同课异构”之体育教学着眼点

“同课异构”的着眼点应该是用比较的方法来看待“同”，看待“异”，看待“同”中之“异”。其侧重点是比较“异”，比较体育教师教育教学思想、教学行为、教学手段、教学方法、教学策略、教学评价等一系列教学效果，比较教学的微创新，比较核心素养的理解和落实，比较培养学生关键能力和必备品行的结合。在比较中，可以一目了然地看到双方的相同点和不同点，如在学生体育品行的渗透教育中，识别学生的不同体育特点，尊重、鼓励和支持学生的不同体育个性、体育学习方式和方法，营造一个良好的体育氛围等。在比较中体育教师的个性发展成为可能，比较促进了执教者的自我反思，拓宽了看课者的教学思路，创设了自觉进行教学研讨的氛围。

从第七届全国中小学优秀体育课教学观摩展示活动的三节小学武术课的“同课异构”来看，体育教师对“同课异构”的认知有所缺失，主要表现在对教材的理解上没有抓住武术的本质特性，没有把握武术教与学的实效性方法，有的课缺失攻击，有的课缺失防守，有的课缺失运动能力学练。同时，大家对“同课异构”的理解不到位，一般认为“同课异构”是指课的花样变化和多元形式设计，都缺少把握同一教材对不同学生施教的策略，体育教师对武术动作教的理解、学生对武术学的理解也不到位，缺少对学生武术动作学练用的培养。

总之，“同课异构”对体育教师起着积极的作用，它会使每一位体育教师充满热情地对课程进行多元设计，静下心来看同行“同课异构”的教学课，从中思考“我”与“他”的差异，能够直接地提升其自身的教学能力并自我反思。“同课异构”也是我们当前研究体育课质量的一种有效策略，更是新时代体育教研的一种模式、一种手段，它历练体育教师的教学设计和执教能力。我们要正确理解、正确对比、正确引导“同课异构”，最终为新时代的体育课堂出彩蓄力，为体育教师增强自身能力助力，为学校体育教育发展奠基。

体育名师成长中的几个关键要义

北京教育学院　潘建芬

办好人民满意的教育，重要的是要有一批好教师、名教师，因为有一个好教师，就能培育一批好学生。在党和国家日益重视学校体育、把体育摆在学校教育重要位置的时代背景下，在全面推进素质教育和“新课改”的发展进程中，在学科教学指向核心素养和提高学生体质健康的实践探索中，需要有一批好体育教师、体育名师。体育名师的成长，是不断完善、不断超越自我的过程；体育名师的辐射，能成长一批、影响全体；体育名师的培养，是引领专业发展、促进可持续发展的重中之重。本文从体育名师教育魅力的绽放、职业激情的保持、反定式思维的培养和专业修炼四个方面，探讨体育名师成长的要义。

一、体育名师教育魅力的绽放

《国家中长期教育改革和发展规划纲要（2010—2020年）》提出，教师要“以人格魅力和学识魅力教育感染学生，做学生健康成长的指导者和引路人”，首次从人格魅力和学识魅力对教师的“教育魅力”提出了要求。体育教师作为学校教师队伍的重要组成部分，体育名师作为体育教师队伍中的优秀群体，形成了他们共同拥有的专业特质，塑造了特有的教育魅力，在一定程度上支配展现着他们的教育与行为，影响着学生的学习体验与获得，从而绽放出体育学科的育人价值和体育名师的育人力量。

（一）体育名师的德行魅力——赋予生动、深刻的道德力量

所谓“德行定终身”，一个体育教师的德与行决定着他一生的发展，一名真

正的体育名师是德行兼备的。体育名师良好德行的养成，需要对行为的自我反思，对品性的自我修炼，对角色的自我觉醒。当体育名师有了德行魅力，有了一分善和爱，有了一分勤奋敬业的传统美德，就能够在教育教学中善待学生、理解学生、尊重学生、关爱学生、激励学生，就有了一种能够担当起教师职业角色的专业品质和精神品质，就能够在体育教育的过程中体现出道德力量。因为教师德行整合了教师的价值观、情感、意志、态度、自我等方面的心理要素，直接影响体育教师对待学生、对待体育教育工作的态度与方式。体育教师与学生接触较多，具有较强的亲和力，鉴于体育学科的特点，体育教师的德行往往具有双重意义，对学生的影响和教育则显得更加生动、深刻。当一个个学生感知到体育教师对他们的不放弃、对他们的宽容、对他们的爱护，当学生感知到体育教师的认真态度、积极精神和阳光心态，学生就能真正感受到学习的动力和乐趣。

（二）体育名师的形象魅力——给予号召、感染的生命力量

调查发现，世人眼中的体育教师是健康、健美的代表者，体形健美成为大家最认可的体育教师品质之一，年轻的男性体育教师最受学生青睐。可见，当代的体育教师，正以健康、健美的前提条件和阳光外向的气质感觉赢得学生的尊重和效仿，体育教师外在表面的形象和内在涵养的气质成为体育教育魅力元素之一。对于体育教师来说，形象就是宣传，形象就是效益，形象就是生命，体育名师展现给学生的，一般都是匀称的身材、挺拔的身躯、健壮的体魄，展示给学生良好健康的形象，给学生一种健康、富有朝气、向上的精神面貌，从而博得学生的拥戴，对学生有着较强的号召力和感染力。体育名师往往具有健美的体格，有运动专长，掌握一定的运动技能和要领，熟知田径、球类的规则和裁判法等，可以得心应手地带领学生开展丰富、活泼的课外活动，给学生树立良好的形象。如果体育教师没有良好的身体，没有体形匀称、精干利落的形象，就会出现“心有余而力不足”的情况，即使有敬业的精神、全面的素质，也不能实现体育教育的目的。

（三）体育名师的学识魅力——赢得吸引、尊重的信服力量

拥有什么知识，才能当体育教师？懂得什么知识，才能成为一名好的体育教师？这是体育教师的学识基础问题。体育课中到处渗透着体育与健康知识的学习，有无数的知识点彰显着体育的学科特性。能让学生在课堂上学到锻炼身体所必须知晓的原理，学到保健和救护的知识，学到欣赏体育文化的方法，这样的体育教师在学生眼中才会有着无穷的学识魅力。

拥有什么技能，才能当体育教师？懂得什么技能，才能成为好的体育教师？这也是体育教师的学识基础问题。体育名师上好一堂体育课的关键还在于其个人技能魅力，包括示范一个个漂亮的动作，精细讲解、传授运动技能，手把手教会学生基本的运动能力和在生活中可应用的运动技能，创设情境让学生体验各不相同的本体感觉和细腻感情。专业学识和真本事，不仅是体育名师安身立命的根本，也是其专业能力得以提高的核心，更是使学生真正信服的学识魅力。

（四）体育名师的才干魅力——获得凝聚、尊敬的亲近力量

调查发现，其他学科教师对体育教师综合素养的认可远远高于专业素养。一线学校中，不少总务主任、后勤处处长或安保处处长等职务，学校德育工作、团组织工作、工会组织工作和年级组的教学常务工作，都是由体育教师出身的教师担任或是体育教师兼任。这些充分展现出了在体育教师身上，有着专业能力之外的多种能力，有着体育人真诚热情、吃苦耐劳、乐于奉献的精神，有着体育人在组织管理、人际交往、协调沟通方面的才干。同时，在学校里，课间操、课外活动、阳光体育运动、体质健康测试、校内外运动训练竞赛等各类活动中都有体育教师的身影，都促使学生对体育教师有更全面的认识。很多体育名师除了干好自己的本职工作外，还会主动去干一些非本专业的事，而且干得漂亮，在有些方面表现的素质甚至高于其他专业的教师，比如电脑操作能力，能制作出精致的PPT、Flash课件，建立微信公众号并上传锻炼方法及中考注意事项；摄影能力，能抓拍学生运动中的精彩动作和生活中的精彩瞬间，并建立个人博客分享交流；演讲能力，在各类全校报告会、年级会、家长会中，能引经据典、旁征博引，告诉大家身体健康的重要性和体育文

化知识等。体育名师的这些才干魅力，同样会吸引学生、凝聚学生，带给学生靠近的欲望和与之亲近的愿望，使学生敬而亲之。

二、体育名师职业激情的保持

据光明微教育网介绍，美国国际每日新闻简报网刊载了一篇文章，提到一名敬业的、优秀的、深受校方重视和学生拥戴的教师在任教7年后最终选择了离职，一半是因为敬业的她承受不了无法全方位帮助学生的愧疚感，一半是因为7年以来拼尽全力工作耗尽了她所有的耐心和精力。现实中不难发现，那些把自己的工作当成社会责任和使命的体育教师，那些以对学生负责为己任的体育教师，通常对工作全心全意，有超出常人的热情与精力，他们的付出与奉献一直消耗着他们的情绪，使他们更容易筋疲力尽，更容易产生职业倦怠。正如弗洛姆所说："职业倦怠是现代人的通病，聪明的人肯定是善于及时从倦怠中抽身，重鼓职业激情的人。"而纵观体育名师的成长之路，往往也是如此。

（一）增强自我效能感

相关研究证明，自我效能感是个体自我调节的重要机制，提升自我效能感是预防、缓解和克服职业倦怠的有效手段。体育名师的自我效能感往往比较高，他们能在工作压力和职业倦怠之间起到很好的调解作用。体育教师的自我效能感是指体育教师怀有的、认为自己能掌控形势并获得良好结果的信念，是体育教师增强自己对自我能力的认可和实现行为目标的信心，是应付压力、面对困难的坚持，也是"我能行"的自我效能。例如，不要选择那些自己都感觉完成不了的事情，而要去选择自己觉得能做好的事；从比较容易的工作任务着手，在获得一些成功后再去应对那些较难的任务；忘却以往的失败，记住自己成功的经历；做自己能直观地看到自己成功的事情等。

（二）对职业悦纳进取

体育教师这个职业作为职场中最阳光的职业之一，起着促进青少年身心健康、体魄强健，培养学生健康生活核心素养，完善人格等方面的独特作用，发挥着培育和践行社会主义核心价值观、推进素质教育的综合作用。体育教师能否悦纳进取自己的这份职业，不仅关系到其心理能否健康发展，而且制约着其能否得到他人认同，很好地融入学校社会之中。体育名师往往都是悦纳自己的体育教师，因而一个进取的体育教师，能够认识自己、接纳自己、关爱自己，能够在接纳客观事实和自己经验的基础上，设定目标，行动并投入，对失败与挫折不回避、不否定、不对抗，对优点充满自信，对缺点坦然面对，清楚自己该如何做，才能提高自己的幸福感、自豪感，维护好自身的心理健康。

（三）学会在工作中自我保护

因为在户外工作风吹日晒、夏热冬寒，又要体脑并用，再加上教学、训练、“两操”、带班等学校事务繁多，体育教师要学会在工作中自我保护。一位体育教师要能够在未来几十年的时间里长久教书育人，帮助、指导和引领学生，而不是短短几年就让自己“报废”，要学会保护身体，学会判断哪些事是不重要的，避免长时间工作，学会减压减负，给自己留一些私人空间。体育名师心里一般都有一张“时间表”，该工作的时候工作，该休息的时间休息，特别是当自己筋疲力尽的时候，硬扛、做超人不是最好的办法，可以选择知难而退、慢慢调整，然后重新开始，这既是对体育教师的自身负责，也是对学生、学校负责，要长久保持健康愉快的工作状态。

（四）把握职业幸福感关键期

在“你大约在工作的第几年，感到最幸福和最不幸福”的调查中发现，工作2~5年的体育教师感到最幸福，工作10年以后的体育教师感到最不幸福。体育名师在自己最幸福的工作期间，往往能够提升自己，遵循教育规律开展教学，能够体验到体育教育的美好，大大减少或避免职业倦怠。而在最不幸福的工作期间，也能够避免低水平重复教学，从好奇、新异、融洽的探究中体验到愉快，能够在教研中寻找到新路径，可以有效化解高原期带来的职业倦怠。体育名师往往能够承担多项任务，并扮演多种角色，能够避免精力分散而一事无成，也能够通过自身努力体会到成就感，顺利度过专业发展适应期，建立起良性的职业印象和健康的职业定位。

（五）勾勒一个理想的职业愿景

职业愿景是体育教师在职业压力和职业倦怠下维持健康、投入付出心血的重要保证。所谓愿景，就是希望看到的情景、愿意看见的景色，就是体育教师最终想成为的样子、最终想实现的图景。体育名师的奉献精神、敬业精神、创新精神，与自我编织的愿景息息相关，同时关联着压力、激励和挑战。有了愿景，体育名师就有了使自己未来更加具体化的取向，就有了在未来想要前进的方向指引，心中就会愿意为未来去投入，愿意为愿景的实现负责任，愿意去接受一个个困难的挑战。

（六）树立正确的职业价值观

价值观具有定向、调节和激励作用，能促进体育教师形成稳定、内在、积极的信念与评价。体育名师践行正确的价值观，在职业认同、理想、利益、道德、人生价值方面有着理性的认识，能唤起自己对职业的热爱，影响并促进工作行为，会树立奋斗终生的目标，会影响爱岗敬业的工作状态，会化解职业倦怠。体育名师能切实发挥并落实体育在培育和践行社会主义核心价值观、推进素质教育中的综合作用，将“有健全之身体，始有健全之精神”的价值观教育融入课堂、融入日常活动，以构筑社会主义核心价值观的最核心要素，承担起教育学生、培养学生的重要使命，帮助学生形成正确的人生观、价值观，使学生既成人又成才。

三、体育名师反定式思维的培养

体育教师本没有定式思维，经历的事情多了，也就形成了定式思维，出现了禁锢于经验、因思维定式而止步不前的状态。体育名师成长中，往往能摆脱妨碍创造性思维定式的束缚，进行反定式的努力，也就是不固守一成不变的框框，多反向思考，并有意识地从与思维定式不同乃至相反的角度和方向上进行思考，破除因思维定式形成的主观框框，从而认清问题的本质。体育名师往往能从正迁移、积极态、反定式去努力，从而走出思维定式、跳出恶性循环，闯出学校体育的一片新天地。

（一）求新求异——“可以那样做”的审视

在学校体育实践工作中我们不难发现，那些优秀的体育教师都有着各自的教育思想和教学特色，都开创了各自的学校体育特色和品牌，都有着一种共同的创新精神。他们往往不满足于现状，不愿走老路。当大家都在这样做时，他们在审视是否可以那样做；当大家都在那样做时，他们又在考虑为什么不能这样做；当大家都做得好时，他们又在考虑还可以怎样做。所以，他们思考问题总比大家更广、更深、更新，他们总比大家更显独特、更有新意、更具特点。他们深知抓创新就是抓发展、谋创新就是谋未来的道理，他们会不断提高和升级学校体育工作，会不断发展和进阶体育教学，会不断追求和突破自我发展。

（二）逆向翻转——反定式思维的“三问”

要突破定式思维，就需要体育教师有意识地进行反定式思维。美国的伯纳姆曾针对如何进行反定式思维提出了著名的“三问”：一是能不能取消；二是能不能合并；三是能不能取代。也就是在一个毫无头绪的难题或异常艰难的问题面前，利用反向推导，或是尽可能提出多种设想，寻求多种多样的答案，并从多方面进行比较分析，从中挑选出最佳的解决方案。对于任何一件事情，对于学校体育中的任何一项工作，体育教师也都可以提出这三个基本问题，解决一些一成不变的、低效的、无趣的、不适合学生发展的内容或活动，如能取消则去旧求新，如能合并则组合开发，如能取代则推陈出新。

（三）质疑转移——不屈服于环境的抗争

由于体育学科特殊的学科地位、体育教师特殊的专业特质，在面对学校体育发展大环境不支持、各项工作难以开展的困境时，多数体育教师会选择观望等待、得过且过，他们存有侥幸心，有的习惯忍气吞声、隐忍妥协，有的在悲叹命苦的同时不想斗争，也不敢斗争，他们的人格精神日益萎缩，质疑精神和闯拼劲头消失殆尽，从而使自己的头脑局限在极小的范围内，使自己的工作越来越局限。他们屈服于环境，使自己屈服于传统规则，不能主宰环境和学校体育的发展。质疑是体育教师智慧的闪光和思维健全的标配，转移是体育教师对相关资源的剖析和重组，抗争是体育教师对相关权益的努力和追求，体育教师要善于质疑、敢于抗争，从而转变切入角度，在独立思考中发现新事物和新规律，提出新看法和新建议。

（四）超越多维——去寻找一条“新路”

思维最大的敌人是习惯性思维，能够把人限制住的只有人自己。体育教师对待工作的态度和思维方式，不仅受世界观、生活环境和知识背景影响，也受过去的经验影响。当体育教学处于难以突破的状态，当学校体育改革困于两难选择，这时候就需要体育教师勇于跳出固有思维，不再按照以前的思路思考问题，摆脱思考问题时的盲点，重新考虑设计，从而找到多条出路和实现的多种可能。正如文学巨匠莫泊桑说的“应该时刻躲避那些走熟的路，去寻找一条新路”。还如美国著名贝尔实验室贝尔雕像下面的名言“有时需要离开常走的大道，潜入深林，你就肯定会发现前所未有的东西”。要找到一条学校体育发展的“新路”，要实践学校体育前所未做的工作，只有超越现实的多维思考、举一反三的多种可行性尝试和融入多元素的相互渗透，才可能走好“新路”并发挥其积极性作用。

四、体育名师专业发展的修炼

教育魅力作为教育过程中彰显出来的一种富有教育价值和教化功能的气质和力量，是教师在教育教学的过程中通过不懈努力和勤奋实践形成的。魅力的宗旨是不断进取，其核心是追求卓越的品质，教育魅力形成的背后充满了创造的代价，需要的是体育教师执着恒久的修炼。

（一）培养德行力——修炼“爱不爱”的育人品行

教师之所以成为教师，一是有崇高的师德，二是有先于学生和优于学生的才学。爱因斯坦说：“学生对教师尊敬的唯一源泉在于教师的德和才。”如果体育教师品德低下，学识浅薄，学生就不会向你学什么，你也就不会受到尊敬。体育课堂教学的特点是直接双向或多向的交流，师生、生生之间的交流次数之多，频率之高，是其他学科的课堂教学所不及的。在此情况下，体育教师的道德品行和知识储备不仅是学生学习的内容，更是学生学习的榜样。托尔斯泰曾说：“如果教师把对事业的爱和对学生的爱融为一体，他就是一个完善的教师。”人类的生存发展史证明了教育的根本是以人为本，而爱心是人类的永恒需要。如果体育教师能注重挖掘体育的内涵，让学生感受到快乐、成功和收获，那么在他们的心目中体育教师的地位与其他学科的教师是一样的，甚至更具优势。然而要做到这一切，需要体育教师对学生有一颗赤诚的心、一份真诚的爱、一份视学生如亲子的情。体育教师只有以极大的爱心和热情投入到教学活动中，学生潜在的激情才会被点燃，师生的情感才能互动，教学工作才能顺利开展，教育目标才能实现。

（二）点燃积极力——修炼“愿不愿”的专业态度

教师的专业态度作为教师专业行为的潜伏动因，很大程度上决定着体育教师的专业工作效能。可以说，体育教师的专业素质及面临的工作环境，基本上是经由体育教师的专业态度进而影响体育教师的专业活动。专业态度比一般心理学意义上愿意、喜欢、向往的态度有着更深的含义和更高的境界，这是体育教师基于对所从事专业的价值、意义深刻理解的基础上，形成的一种奋斗不息、追求不止的精神，并将勤奋努力、爱岗敬业作为一种习惯、一种责任、一种积极的工作和生活方式。在现实生活中，体育教师的专业态度表现是多种多样的，常见的有三种态势：第一种是体育教师能否处于一种积极态，表现为在专业工作中处于系统的投入状态、一贯的探究状态和经常的紧张状态；第二种是在专业工作中处于系统而又一贯的无作为和无所谓状态的消极态；第三种是处于积极和消极两者的中间状态或混合状态，表现为缺乏一贯性和系统性，时好时坏，有的方面好、有的方面不好，处于灰色态。体育名师往往都是那些去改变消极态、转变灰色态、处于积极态的人，他们不会受兴趣、信念、人际关系、经济利益、升迁等各种因素影响，他们会全身心地投入，充满着激情，刻苦地钻研。有着积极态的体育名师，其精神世界是充实而不空虚的，能坚守阵地、完成使命，能形成从他律取向逐渐走向自律取向的职业境界。

（三）增进理解力——修炼“知不知”的学习积淀

研究发现，从普通体育教师到体育名师，其成长的秘诀就是不懈地坚持学习、有意识地积累、习惯性地反思、理性地实践和执着地追求。体育名师之所以在同等发展时间和同样发展条件下，专业发展快于其他体育教师，除了自身的素质和能力较高外，在工作之余特别注重对先进理论的学习，不断吸收优秀的教育思想，丰富提升自己，其深厚的理论基础是魅力形成的成功之源。因为作为一名体育教师，如果单凭职前教育时获取的专业知识和技能难以支撑当下学校教育的全过程，体育教学的新改革，需要体育教师扎实持续地学习并打好基础，不仅在身体素质上要坚持训练，还要利用课余时间虚心求教，寻找一切机会学习，如读书，参加培训班，在比赛现场学，在工作实践中学。实践证明，优秀体育教师都爱读书，都受到成熟理论的指导，并广泛接受新信息与思想观念，加深自己的理论功底，并与教育实践经验相融合，强化对新思想及新教学方法和手段等的吸收和消化，而且能够做到及时总结自己在教学和训练中的得失，注重反思，善于在工作中发现新的兴奋点，以此来刺激自己的精神、情趣和热情，增进自己对学科、对教育、对学生的理解，建立起可持续发展的学习意识，使自己的专业水平和事业成果达到一个新的高度。

（四）提升转化力——修炼“能不能”的实践创新

善于思考是所有体育名师的共同特征之一。他们会对体育教学过程、教学行为进行思考，对在所开展的体育教研活动中的点滴所得进行思考，能使自己长时间、持续性思考问题，深思体育教学与自身专业发展中的问题，把自己的体育教学问题、思想困惑与自己的思考、研究联系起来，从中探究科学规律，使问题得到比较彻底、有效的解决，使体育教学的内容、过程、途径更加科学和有效。同时，他们注重在学校体育工作的学与干中反思、实践和修正，注重自身实践能力的积淀，提炼好的体育教学方法，把经验教训提炼成文，并使之转化成为习惯，进而融入工作与研究中，能真正与职业生涯相伴，久而久之形成自己的体育思想和教学方法。他们能学以致用、以学促变，将微型课题研究引入常规的、常态的体育教学过程中，不断生成教—科—研的新成果；他们不断丰富和深化教学内容，开阔教学改革与创新的视野与思路，将感性、分散的体育教学经验上升为理论，将新的理念转化到实践教学中，提高教学自觉性、逻辑性、预见性和理论性，不断提升体育教学质量。

主要参考文献

[1] 汤淑贞.管理心理学[M].台北：三民书局，1987.
[2] 时蓉华.社会心理学[M].上海：上海人民出版社，1986.
[3] 潘建芬，毛振明，陈雁飞.体育教师论[M].北京：北京体育大学出版社，2014.
[4] 付俊英.论思维定势与创造性思维[J].科学技术与辩证法，2000（5）：19–22.
[5] 于漪.教育魅力——青年教师成长钥匙[M].上海：华东师范大学出版社，2013.
[6] 费穗宇，等.社会心理学辞典[Z].石家庄：河北人民出版社，1988.
[7] 潘建芬.体育教师教育魅力绽放的理与法[J].中国学校体育，2016（5）：45–47.
[8] 潘建芬.体育教师的思维定式与反定式[J].体育教学，2017，37（6）：4–6.

教育科研——名师成长的“助推剂”

北京教育学院 韩兵

教育科研是教育工作的重要组成部分，它是教育发展的核心竞争力，是有个性的科学，具有描述事实、解释现象、预测趋势和改进工作等功能。对于体育教师的专业成长而言，开展教育科研也是一条必由之路。体育名师作为体育教师队伍中的佼佼者，其专业成长同样离不开教育科研的支持。关注和研究体育名师群体的教育科研状况，既有助于了解北京市基础教育学科教育科研的整体水平，也能为教师研究机构探索教育科研推动教师专业发展机制的研究提供参考。本文从梳理教育科研对推进体育名师专业发展的作用入手，通过对体育名师开展教育科研行为特征的分析，结合北京市“名师发展工程”项目的研修实践，探讨有效提升体育名师科研意识与科研能力的途径。

一、教育科研对体育名师专业发展的推进作用

在谈及教育科研的作用时，我们常常会引用苏联著名教育家苏霍姆林斯基的一段话：“如果你想让教师的劳动能够给教师带来乐趣，使天天上课不至于变成一种单调乏味的义务，那你就应当引导每一位教师走到从事研究这条幸福的道路上来。”这段话不仅对于刚刚入职的新教师具有启示价值，也适合已经走上专业发展之路并取得一定成果的名师。以参加北京市“名师发展工程”的体育名师学员为例，他们是首都中小学9000余名体育教师中的“精英”，代表了首都基础教育体育学科教师的最高水平。教育科研不仅在他们已经走过的历程中体现了价值，而且必将在帮助他们从名师走向更高层次的卓越过程中继续发挥重要的“助推剂”作用。

具体而言，这种推进作用体现在以下五个方面。

（一）教育科研可以夯实体育名师的专业理论

体育教师专业发展的理论包括教育教学的基本理论、课程改革中出现的新理论、体育学科教学的理论，以及教育学、心理学等相关方面的理论。在体育教师开展教育科研的过程中，无论是撰写论文，还是开展课题研究，都必须要寻找相关的理论依据。以先进的教育理论来指导自己的研究活动和实践活动，并最终通过研究和实践，验证、补充，抑或是丰富、发展前人已有的理论。因此，开展教育科研的全过程，是教师一次完整的学习理论、运用理论、提升理论的过程，也是体育名师拓展专业理论视野与提升专业理论水平的重要途径。

（二）教育科研可以拓展体育名师的专业知识

教师专业成长离不开专业知识的拓展，而专业知识的拓展大致包括三个方面：一是知识量的增加，即知识的更新、补充和范围的扩大；二是知识的质的深化，即知识的理解、掌握、批判与创新；三是知识结构的优化，即以文化知识为背景，以体育学科知识为主干，以相关学科知识为补充，以教育科学知识、心理科学知识为基础，最终构建和形成具有个人特征复合型的知识结构，这是体育名师追求的目标。通过开展教育科研，体育名师可以通过自学、访谈、交流等多种方式学习现代教育理论和体育学科知识，特别是学习和了解最前沿的知识和跨学科的知识，逐渐构建起复合型的知识结构。

（三）教育科研可以提升体育名师的专业能力

体育教师的专业能力包括很多要素，但首先就是教师开展体育教育教学的能力，具体包括教学设计能力、语言表达能力、动作示范能力、组织管理能力、教学反思能力等。由于一线教师开展教育科研的实践性特征，体育名师所进行的教育科研多以围绕教学实践中的问题开展。在此过程中，不仅可以促进教师的教学设计与实施能力提升，更对教师自我反思能力的提高帮助极大。所谓教学反思是指教师个人对自己教育教学活动中的行为、现象和问题进行审视、分析、探讨、研究，从而最终解决问题并获得自身发展的能力。自我反思是教师成长的基础，是提升自我的一种手段和能力。教育科研的全过程要求体育名师自觉主动地反思自己的教育教学行为，通过回顾、诊断、自我监控等方式对自己的教育教学行为或给予肯定、支持与强化，或给予否定或修正，以达到不断修正自己研究的方向与策略、调整自己的教育教学行为、提升体育教育教学质量的目标。因此，如果说教学反思是教师主动实现自我提升的重要途径，那么教育科研的开展就是促进体育名师提高教学反思能力的捷径。

（四）教育科研可以发展体育名师的创新精神

创新引领未来，也是教育发展的原动力。教育创新的能力是名师难以被替代的能力，是优秀教师的基因，是一种贯穿教学实践的日常习惯。因此，对于名师而言，具备超越常人的探究精神与“敢为人先，敢走新路”的创新能力几乎是他们身上的必备特征。名师必须有独特的教学主张，这不能仅仅依靠经验积累和教学反思，更需要用探究的精神来开展目标明确的行动研究并解决问题，研究自身和同行的教学，并通过研究来表达自己的教育教学主张，逐渐形成自己在学科领域的影响力和领导力。

教育科研的过程就是教师不断更新自己的观念，运用新的教育方式和方法不断提高体育教学质量的过程。在这个过程中，首先需要研究者思维的创新，其次需要研究者通过创新方法、途径或是创新手段、模式等调节自己的教育教学行为。教师以教育教学中的问题为核心，通过调查、分析和研究，揭示问题的本质，发现问题规律，这一教育科研过程，就是锻造名师创新精神的“工厂”和“熔炉”。

（五）教育科研可以形成体育名师的专业自我

教师的专业自我是指教师在教育教学活动中创造并体现自己志趣、能力与独特个性的教育教学方式，以及教师在教育教学活动中形成的知识、观念、价值体系与教学风格的总和。专业自我的形成过程，就是名师梳理个人的教学经验、教学风格，乃至形成自身的教育思想的过程。对于体育名师而言，教育思想是教师成长的根本方向，如同方向盘一样，要求教师有自己对教育教学的独到见解，对当前的教育教学有自己的见解、自己的判断，而非流于形式，随波逐流，人云亦云。体育名师通过教育科研中的“学习—实践—再学习—再实践”的过程，不断突破教育教学实践中的难题，在取得丰硕成果的同时，实现自身的价值和成就感，进而形成蓬勃向上的心态和稳定良好的心理品质，使他们在教学中更加自信，对教育教学工作的责任感、成就感和满足感进一步增强，为自我专业的形成和教学思想的凝练奠定良好的发展基础。

二、体育名师科研行为的特征分析

与同龄段教师及青年教师相比，名师的论文和著作数量都要多很多。这些论文、著作等是教师对自身教育思想、教育经验和教育智慧的提炼和总结，是其教育主张的集中表达，也是他们赢得同行认可、获得较高专业地位的重要途径。通过对体育名师所撰写的论文和其他成果的分析，我们可以比较理性地观察到体育名师群体在开展教育科研中的一些共性的行为特征。

（一）体育名师开展教育科研的主要优势

体育名师能够在教育科研中取得丰硕的成果，与他们平时重视学习、注重积累、善于思考、甘愿付出等有直接的关系，正是这种长期、持续的努力使他们在开展体育科研方面逐渐形成了一定的优势。

1. 领先一步的研究意识

通过对体育名师进行问卷调查与访谈交流，可以清晰地感受到他们的科研意识和科研热情远远领先于绝大多数普通体育教师。一方面，反思能力是所有优秀教师共同具备的重要特征之一，体育骨干教师也不例外，善于观察和思考使他们具备在教育教学工作实践中发现问题、思考问题和解决问题的能力，而这一过程往往能够转化成文字化的论文成果。另一方面，用科学研究的方法解决教育教学实践中的问题并最终形成教育科研成果的过程，已经不再单纯是满足评职称和自身发展的需要，还能够使骨干教师们获得专业成长的成就感和满足感，从中真正找到职业快乐。从专业发展的角度来说，“学习—反思—研究—实践”的良性循环和互动造就了体育名师更加关注教育形势的变化，关注学科改革的发展，从而形成先人一步的教育研究敏感性。

2. 累积深厚的实践经验

能够在众多一线教师中脱颖而出，成为“千里挑一”的体育名师，充分说明他们具备突出的教育实践能力。在这些名师中，有的教学能力突出，能够创设和谐、高效的体育课堂，有效把握和调控教学，引导学生掌握正确的运动知识和技能；有的专业技能突出，擅长组织学生进行课余体育训练，在各级各类学生竞赛中取得优异成绩；有的组织能力突出，是学校和区（县）策划、组织和开展课外体育活动和运动竞赛的“指挥官”……总之，尽管每位名师的职业经历和专业特点不尽相同，但他们都在各自擅长的领域里各有“绝活”，积累了宝贵的实践经验。这些独特的经验经过梳理和提炼，辅以理论支撑，就是较高质量的研究成果。

3. 相对优越的研究资源

根据北京市的相关政策，入围北京市“名师发展工程”培养对象的基本条件之一是有担任过北京市市级学科带头人和骨干教师的经历。根据市教委对市级骨干教师的管理办法规定，骨干教师享有 “优先安排市级学科教学带头人、骨干教师的学术活动、培训进修、国内外考察、科研立项、总结经验、著书立说等”的便利条件。这使体育骨干教师在开展体育科研、撰写科研论文方面，与普通一线教师相比，的确占据更为有利的地位。例如，在同等条件下申请学校、区级和市级科研课题时，拥有市级学科带头人和骨干教师称号会被作为优先考虑的因素之一。另外，体育名师有更多的机会参加高层次的培训研修、教学观摩活动等，夯实自身的理论基础，提升理论深度，从同行和专家学者、特级教师处获得启示、指导。这些都为他们开展教育科研积淀了相对优越的资源条件，保障了较高质量研究成果的形成。

4. 团队合作的互补作用

体育名师在享有特殊待遇的同时，也担负辐射和影响的责任。根据北京市有关管理办法，市级骨干教师应履行的职责包括“自觉承担培养市、区（县）、校级骨干教师任务，充分发挥传、帮、带作用，每年有计划地指导二三名骨干教师，指导帮助他们进一步提高师德水平、教育教学工作能力、科研水平和实际工作效果，使其尽快成为市、区（县）教育教学优秀骨干教师”。作为骨干教师中的优秀代表，体育名师肩负着更多在区域和学校中引领学术的义务。因此，体育名师不仅要能够独立完成较高质量的论文写作，也要能够组织其他体育教师形成相对稳定的研究团队，带领同事尤其是年轻教师等开展体育科研。而团队合作产生的良好互动和相互启发可以大大提升研究的效率和质量，在研究成果的创新性方面也有很大帮助。

5. 坚持不懈的钉子精神

周培源先生在谈及科研工作时，曾经提出了“钉钉子”的说法，“要把一面墙平推一毫米是非常难的，但一个钉子钉进一毫米是容易的事，打进一毫米后再在那里扩展开来，这就相当于把墙推进一毫米。你可以抓住一个问题、一个方法或一个方面深入下去，再扩展到其他问题或领域就容易了”。这段论述清晰地揭示了能长期专注是科研者的核心素质。所谓研究，往往意味着长期围绕着一个充满着不确定性的项目持续工作，从几周、几个月，甚至到几年、几十年，这都需要有耐心、能坚持、保持专注。尽管体育名师进行的教育科研远不能够与国家重大的科技项目相提并论，但在他们身上，同样能够看到专注与坚持的“钉钉子精神”，这是名师区别于普通教师的重要品质之一，也是他们能够在教育科研中取得丰硕研究成果的重要原因之一。

（二）体育名师开展教育科研的局限与不足

在肯定体育名师开展体育科研存在优势和取得成绩的同时，也应该清醒地意识到，距离“研究型”卓越体育教师的高标准要求，甚至是与一些其他学科的同层次名师相比，体育名师群体在科研意识和能力方面，仍然存在一些局限和进一步提升的空间。

1. 选题方向和对象范围的局限

关注课堂教学、研究课堂教学是体育名师在开展教育科研中选题的主要方向，这本无可厚非，但体育名师不仅要做体育教学工作的实施者，也要作为学科发展的研究者和促进者。所以，体育名师只有站在更高的视角和更广阔的视野上对体育课程的整体发展和改革深化，以及体育在素质教育中如何更好地发挥育人作用等核心问题尝试进行更多的思考，才能更好地体现他们在体育课程改革中的“领头羊”作用。另外，除了少数教研员之外，在名师选题中，校本研究占据了很大的比例，以问卷调查的开展为例，调查范围多集中于本校和本区（县）范围之内。但作为体育名师，应该充分利用自己在区（县）、全市乃至全国的各种优势资源，观察和对比不同学校、区（县）在开展学校体育工作中存在的差异，扩大研究成果的适用性和影响力。

2. 研究视角和研究深度的缺陷

在部分体育名师开展教育科研的过程中，仍不能摆脱“经验主义”的影响，除了选题中存在“老生常谈”的现象，研究创新性不足也是整体存在的主要问题之一。有些研究参考和模仿了已经形成的成果，仅仅是更换了一批研究对象，从研究方法的选用到研究结论都有“旧瓶装新酒”之嫌，提出的建议也毫无新意。这种近乎功利性的现象背后反映出的是研究者研究能力的不足，包括研究视角过于单一，以及批判性思维的缺失。另外，在体育名师完成的一些论文中，教师花费了大量的精力进行研究，获取了大量的实验和调查数据，却不能对这些数据进行多角度、深层次的分析，不会将自己的实验数据与相关研究文献中的数据进行横向和纵向的比较，也导致了研究过程和结论的表浅化，影响了研究的深度和质量。

3. 行文规范和写作质量的不足

行文规范是对高质量研究成果的要求。从细节处着眼，可以反映出作者的科研素养。通过阅读体育名师的研究论文和著作，我们在赞叹他们的教育智慧的同时，也能够发现在论文写作规范中存在的一些认识误区。例如，有些作者将论文“摘要”理解为对研究背景和目的意义的简单重复，而非以概括性的语言对全文，特别是研究结论进行提炼，与“摘要”的真正含义距离较大；同时，“参考文献”部分的写法也形式各异，与规范的写作要求差距较大。另外，个别论文还存在文字表述不够精练，观点表达不够清晰，从而导致论文的可读性大打折扣的现象。深究这种原因，与当下的体育名师群体的个人成长与学习经历相关，他们大多数入职前的学历是本科，职业生涯中缺少类似硕士学位论文写作的规范化科研训练过程，在研究设计的严谨性和论文写作的规范性等方面存在短板。

三、助力体育名师开展教育科研的策略

“研究是最好的教师培训。”科研能力的提升，可以推动“教学型”教师向“教学—研究型”教师转变，实现从骨干期向卓越期的发展，进而打造出具有学科影响力的体育名师。北京市“名师发展工程”将课题研究作为为期两年的研修项目的主干任务，并制定了高标准的要求（如课题研究报告相当于硕士学位论文水平等）和严格的过程检测程序，充分体现了教育管理部门对教育科研的重要性，尤其是在名师培养中的重要作用的高度重视。作为承担体育名师培养任务的教师培训机构，应该充分利用教育行政管理部门的政策支持和资源保障，积极协调学校、区（县）教科研部门及相关高校等，通过多方合作，为体育名师开展教育科研提供有力的支持，促进其专业发展的提升。

（一）营造体育名师开展教育科研的氛围和环境

随着体育在素质教育中学科地位的提升，体育教师开展科研的外部环境已经大大改善，但不可否认的是，在部分学校管理者看来，中小学体育教师搞科研仍然是“不务正业”。对此，教育主管部门应出台促进包括体育学科在内的各类教育教学科研活动开展的良性机制和管理制度，消灭学科歧视，建立吸引体育教师参与科研活动的激励机制，鼓励以体育名师为核心组织研究团队开展学校体育领域的课题研究，树立科研内驱力强烈且已形成一定质量研究成果的科研型体育骨干教师和研究团队典型，营造有利于体育科研开展的良性环境。

当下学校体育课程改革正处于持续推进的关键时期，政府对学校体育的高度重视、学科核心素养等概念的提出为学校体育科研的开展提供了良好的发展机遇。但在飞速变化的社会环境和生活方式影响下，各种与学校体育相关的新问题也层出不穷。例如，“体育课时不断增加，学生体质却不断下降”“学了十二年体育课，一项技能也没掌握”，以及“学生喜欢体育活动，却不喜欢体育课”等这些现象都亟待以体育名师为首的广大一线体育教师去关注、思考、实践和研究，因此，营造一

个有利的外部环境尤为重要。

（二）保障体育名师开展体育科研的时间和精力

有人说体育教师是学校最“忙碌”的人，这种说法绝非危言耸听，更不是空穴来风。除了承担高达每周至少16节课的教学任务之外，体育教师还要承担体育大课间活动、课后一小时、学校运动队训练等管理工作。此外，由于出众的组织能力，很多其他学科的活动和学生活动都需要体育教师协助参与组织和管理，忙碌在所难免。体育名师除了要完成上述体育教学、校队训练、竞赛组织等繁重的校内工作之外，往往还担任所在区（县）的兼职教研员，要完成区域教研组织和教师指导等工作，自身的学习时间难以保障，开展体育科研和撰写论文工作只能依靠8小时甚至10小时之外的额外付出。

北京市教委为了保障市级学科带头人和骨干教师自身的专业发展，在骨干教师的管理办法中规定“市级学科教学带头人、市级骨干教师在任期内享受不少于半个月的脱产学习时间”。但据笔者观察，这一规定很难落实，规定中提出的脱产学习时间也很难保障。因此，可行的措施是减少以体育名师为代表的骨干教师过重的教学和行政工作量，为其配备业余助手，帮助他们在完成教育教学工作的基础上，能够有时间和精力从事一定量的体育科研工作，这也是取得高质量学校体育科研成果的保障。

（三）提供体育名师开展教育科研的指导和支持

笔者从2004年起就担任骨干教师培训项目的负责人，多年来的教师培训经验告诉我们，教师科研能力的提升，绝不是听几场讲座就能解决的，最佳的培养途径就是亲身投入课题研究中，在选题、文献研究、开题、行动研究、数据处理、论文撰写、修改提升的全过程中得到锻炼和发展。对北京市市级骨干教师的相关调查结果显示，超过50%的体育骨干教师将“积极参加科研课题，在实践中提高”作为“最有效提升个体科研能力的途径”；70%的体育骨干教师认为“缺乏专家的指导和帮助”限制了其科研工作的开展。这进一步说明，包括名师在内的体育教师的研究能力只有在理论学习和实践探索的融合过程中才能得到提高和发展。

体育名师群体就其遴选和培养过程来说是动态的，其成长也是一个梯级的、动态的过程。体育名师在培训基地的学习时间，是提升其科研能力的宝贵时机。以北京市“名师发展工程”体育学科的实施为例，在理论和实践导师的帮、带下，体育名师能够在选题、开题、中期检查直至结题等重要环节和研究中遇到困难的时候，及时得到作为培训机构的北京教育学院名师项目团队有效的指导。但这只是一个起步，更为关键的是在研修项目结束后如何加强对名师科研能力的长期培养和管理，使他们能够获得长期、可持续的发展。为此，各方应该创造条件，鼓励和支持骨干教师申报和承担各级各类科研课题，同时建立他们与教师培训机构、教科研部门和相关高校的长效联系，为他们提供科研活动各环节的有效支持。

（四）搭建体育名师交流科研经验和展示科研成果的途径和平台

在长期的教育教学工作实践过程中，体育名师不仅积累了深厚的工作经验，也在各自的能力范围内，对体育课程改革、学生体质健康等学校体育领域的热点问题，进行了较为深入的思考和探索。因此，为他们搭建更多开展思想碰撞、问题研讨、成果展示的平台就显得尤为必要。这种平台既可以是教科研部门和教师培训机构组织的主题教研及研修活动，也可以是专业期刊、论文报告会等途径；既可以是现实生活与工作中的研究型组织，也可以是依托网络信息技术建立的QQ群、微信公众号……通过这样的平台，体育名师不仅可以与体育同行交流观点，向专家学者咨询问题，还可以关注其他学科的教育科研成果，能够“跳出体育看体育”，进一步强化对体育学科本质的认识，并在此基础上开展更深层次的科学研究。而体育名师研究的成果，也能够为中小学学校体育不断丰富和深化教学内容，创新教学改革的办法，提供更为宽广的视野与思路，不断促进体育教学质量的提升。

综上所述，教育科研对于首都基础教育体育学科的整体发展而言，是教师队伍建设和资源积累的重要保障；对于体育名师个体而言，则是促使他们向“专家型”教师发展的“推进剂”，这种推进作用，不仅体现在参加“名师发展工程”项目的阶段，而且会在教师专业发展的全过程发挥持续的促进作用。

主要参考文献

[1] 陈雁飞，周志勇，韩兵.北京市骨干教师体育教育科研新视野[M].北京：首都

师范大学出版社，2018.

[2] 郭晓勋.教育科研促进教师专业发展的作用和途径[J].教育探索，2010（7）：109–110.

[3] 申海燕.基于中小学教育科研的教师专业发展研究[D].石家庄：河北师范大学，2010.

[4] 周春良.卓越教师的个性特征与成长机制研究[D].上海：华东师范大学，2014.

[5] 陈凌樱.中小学体育教师教科研现状及影响因素的研究[D].北京：北京体育大学，2017.

[6] 董少丹.教师专业发展视域下中小学名师工作室运行机制研究[J].教学与管理，2019（12）：48–50.

[7] 言克琴.沃土·驱动·平台——教师科研能力提升三要素[J]. 基础教育参考，2015（24）.

[8] 韩兵.北京市小学体育市级骨干教师科研能力现状与培训对策研究[J]. 中国学校体育，2011（10）：74–76.

基于高效课堂“课例研究”的名师培养研修方式

北京教育学院　李健

一、问题的提出

根据北京市教委《关于实施北京市中小学名师名校长发展工程的意见》（京教工〔2012〕48号文件）的相关规定和培养对象的需求，名师培养项目将对师德高尚、专业素养较强和发展潜力较大的中青年教师进行重点培养，以“研究引领、学术涵养”为培养理念，努力造就一批师德高尚、思想先进、视野开阔、善于研究、勇于创新，在北京市乃至全国有较高知名度、具有广泛影响力的名师。北京市第四期名师培养工程，根据北京市教委要求及教育教学改革需求，聚焦“教学创新与指导能力提升”，采用 “课例研究”的研修方式，以提升课堂教学效率、挖掘课堂资源为核心，提升教师教学研究能力、教育教学研究引领能力，促进教师团队专业成长。

中国教育科学研究院2012年发布的《中国青少年体质健康分析报告》（以下简称《分析报告》）显示，2008—2010年，反映学生速度、力量素质的50米跑、立定跳远、引体向上、斜身引体、仰卧起坐等成绩，基本没有增长。而依据青少年身体素质发育规律与特点，男子16岁前、女子13岁前速度素质发展较快，男女均在20岁左右达到最好成绩，《分析报告》结果与实际情况不相吻合，青少年体质健康状况令人担忧。提高学生的身心健康水平、身体素质迫在眉睫，其中学生作为体育技能学习的重要主体，体育课堂教学是促进学生发展的重要方面，而体育课堂教学效果及课堂教学效率提升的关键之一在于体育教师对学生的指导和引领，因此对体育教师敬业精神的培养和专业能力的提升非常重要。本研究按照“名师培养工程”要求，基于“研究引领、学术涵养”的“研修一体”理念，以“教学创新与指导能力提升”为聚焦点，以“课例研究”为载体，以构建体育高效课堂研究为重点，以专家“带”为核心，以名师“引”为途径，形成研修团队指导、一线骨干教师共同参与，进行深度教学研究的研修方式，同时使研究成果在一定范围内发挥辐射作用。

二、研究方法、研究环节设计与实施

（一）文献梳理

1. 有效教学与高效课堂

有效教学指课堂教育教学效率或教学效果方面目标达成度高、教学效果好的课堂教学，具体指在课堂教学过程中，能有效完成教学目标和教学任务，教学目标达成度高，并且取得较好的课堂教与学的效果，对学生有较高影响力的课堂教学。课堂教学是一门科学，也是一门艺术。如何提高课堂体育学习的有效性，使学生在愉快的学习情境中，感受快乐、体验成功，增强信心、塑造人格，获得终身体育的方法，以达到高效课堂体育教学效果，这是需要体育教师思考的问题。有效教学的目的就是教师在有限的教学时间内，提高学生的学习时间和学习效率。“高效课堂应该具备‘三有’：一是有‘效果’，二是有‘效率’，三是有‘效益’，我们在关注单位时间内知识有效传递的同时更要关注学生持续学习和能力增长的愿望。”（迟为学，2012）“高效课堂构建是一次“三级跳”，即从课堂技术向课堂技艺，再向课堂艺术的逐级攀升的过程。”（龙宝新，折延东，2014）

高效课堂是高效性课堂的简称，是指在教育教学效率或教学效果方面目标达成度高、教学效果好的课堂教学。基于体育课教学是在有效的实践内让学习者获得最大的效率或成效，在“新课改”背景下，课堂的高效取向已成为课堂教学改革的重要研究范式。

2. 课例研究

“课例研究”是指围绕一堂课的教学在课前、课中、课后所进行的种种活动，包括研究人员、上课人员、学生之间的沟通和讨论，课例是关于一堂课的教与学的案例研究和交流分享的过程。“课例研究”是以教师的教学实践为基础，通过对一节课的全程或其中若干相关教学事件的描述，使之形成个人反思的对象、理论研究的素材或者他人研究或学习的范例。

“‘课例研究’是一种促进教师专业发展的行动研究，它通过教师集体对真实的课堂进行系统检查（具体包括教学设计、实施、反思）来达到促进学生学习、提高教学有效性的目的。”（胡定荣，黄晓青，徐昌，2010）国外学者把“课例研究”的操作步骤分为八个环节：“确立研究问题—设计课—实施—观察—第二次评价—第二次反思—写作—共享结果，并且就每一个环节提供了具体的操作规范和操作工具。”（胡定荣，黄晓青，徐昌，2010）“《国际课例与学习研究期刊》（*International Journal for Lesson and Learning Studies*）于2017年第四期推出‘中国课例研究的理论与实践’特辑，强调对中国经验的关注。事实上，越来越多的中国学者和实践在一线的教师们开始借鉴‘课例研究’的概念及行动方略以重构教研活动。”（袁丽，胡艺曦，2018）“‘课例研究’又称‘授业研究’，是指教师结成合作的研究团体，对作为课例的真实课堂进行探讨分析，以期达到提升教师的专业发展能力及促进课堂整个过程高效开展的目的。”（沈玉红，2018）“‘课例研究’的特点适用于在校未来教师的能力提升。”（郭文华，2019）

3. 文献启发

从文献看，高效课堂就是在有限的教学时间内，用最短的时间完成学习任务，高质量地达成学习目标，提高学习效果和学习能力的师生互动过程。“课例研究”是一种促进教师团队专业发展的反思性行动研究，是以真实课堂教学全过程为载体，以教师和学生发展为研究目的，提高教学实效性的研究范式。高效课堂“课例研究”的名师培养研修方式将借鉴“课例研究”的方式，对“名师培养工程”的名师及名师团队进行实践反思性的行动研究，提升以专家引领的名师及名师团队的共同成长。

（1）“立德树人”是引领“课例研究”的核心。党的十八大报告把“立德树人”作为教育的根本任务，有特定的内涵和时代意义。就学科而言，体育“课例研究”应围绕学科育人目标，挖掘体育名师所具有的明确学科育人价值观、课程观、教学观、学生观、教师观，在与体育名师共同研磨的课例和教研活动中，基于学科核心素养“运动能力、健康行为、体育品德”，促进体育名师和学生的共同发展。

（2）新时代是造就名师的良好契机。2016年9月正式发布的“中国学生发展核心素养”结构和综合表现，即文化基础、自主发展、社会参与3个方面，人文底蕴、科学精神、学会学习、健康生活、责任担当、实践创新6大素养，以及18个要点。而学生核心素养的形成和培育，需要在学科中落实。作为“以身体练习为主要手段，以体育与健康知识、技能和方法为主要学习内容，以增进学生健康，培养学生终身体育意识和能力为主要目标的课程”，基于学科的性质和学科核心素养，新时代给体育名师更多的发展空间和机会，使其发挥辐射作用，使名师素养更好地展示在工作中，使名师的影响力得到发挥，使名师的正能量得到推广，并通过名师的优质课例和教育案例影响一代又一代、一批又一批优秀体育教师的成长。

（3）体育名师的价值。体育名师的价值是什么？教师需要什么样的知识技能、什么样的能力与素养？面对“健康第一”、终身学习，以及培养学生必备的关键能力和核心素养的要求，从宏观的角度，将培养“有理想信念、有道德情操、有扎实学识、有仁爱之心”的好教师作为时代的使命；从中观的角度，将体育名师研究学科课程、教学本质科学精神和工作态度及思考问题的方法，从课例中、从名师的常态工作中，提炼出名师的能力和素养；从微观的角度，通过以问题为导向的教研活动共同解决当前体育教育教学实践中的问题，促进学生、教师的自身发展和学校发展。

（二）核心概念

“课例研究”是教师通过课例研究过程考察自己的教学，观察他人的教学，从而引发对教与学、对课程、对教育，乃至对人的发展的深度思考。“课例研究”使教师带着明确的目的，按照一定的步骤参加讨论和分享，它既是一种教学研究和校本研修方式，又是教师同伴互助、构建教师学习共同体、促进教师专业成长的有效手段。

体育高效课堂“课例研究”的研修方式是指以“课例”为载体，围绕“课例”的课前、课中、课后的深度研究，促进教师专业发展。“课例”实施是通过教师有意识、有目的、有组织的引导和指导，学生积极、主动地学习，高效率、高质量地完成教学任务的实践过程。其中从教师教的层面研究包括教学目标设计、教学内容选择、教学环节设计、教学过程组织、教学效果评价；从学生学的层面研究包括学习目标的达成、学习过程的师生互动和生生互动、学习效果的评价。

（三）研究环节设计与实施

基于高效课堂“课例研究”的名师培养研修的定位是通过“内容选择—集体备课—教学实施行动—反思改进—新一轮教学实施—新问题产生”的循环过程，在专家引领下，以名师为核心，帮助体育教师团队发展与成长，提炼名师培养研修方式。

1. 基于高效课堂“课例研究”的研修过程设计

（1）以专家引领，名师为核心构建教师学习共同体（名师所在学校教研组、片区学校教研组，采用现场“课例教学”研究，以及网络视频交流等多种形式）；在专家引领下确定“课例研究”内容、形式，依托教研组、学校、片区进行研究课、研讨课，有系统性、连续性、递进性地进行“课例研究”，解决课堂教学中的问题或由课堂教学引发的相关问题，并确定本次“课例”的主题和内容。

（2）确定“课例”的主题和内容后，专家引领的名师及名师团队集体备课，根据单元教学计划、课时目标及教学的重点与难点、教学过程，解决教学中的问题，集体讨论，激发教师对内容、目标、环节设计、学习效果的思考，并引发教师反思性“争论”，使参与备课的教师发现真问题，进而提升教师的教学研究意识和研究能力。

（3）第一轮上课（集体备课），基于第一轮上课及观摩课的问题进行研讨、反馈。

（4）根据讨论的聚焦点修改教学设计，第二轮上课及观摩课（重新修改和设计课），基于第二轮上课及观摩课的问题进行研讨、反馈。基于“课例研究”的教师学习共同体在研究过程中形成成果，促进教师可持续研究的热情、自信，并掌握行动研究的方法。

2. “课例研究”教师研修行动策略

这里以“课例研究”主题为“提升教师教学及教学指导能力”，选择内容为“四年级—民族体育—夹包甩远”为例，进行说明。

（1）课前指导。

①“课例”内容简介。传统体育夹包是满族人民喜闻乐见的传统体育项目。学生在教师指导下将布头缝成长、宽、高均是3 厘米的小布包，里面装些绿豆或高粱。“夹包甩远”既能发展学生的弹跳力和身体的协调性、平衡能力，又对提高和改进跳远和立定跳远的技术动作起着重要的作用，是发展学生运动能力的一项练习内容和体育项目，“夹包甩远”具有一定的趣味性、灵活性和竞争性，适合小学阶段学生的心理。

②教材搭配建议。专家及名师小组的教师集体备课（确定单元的第一次课），帮助即将上课的教师分析“夹包甩远”内容的价值，制订学习目标，确定教与学的方法、教学组织的形式、师生互动的方式，以及学习评价的标准及方式，由于“夹包甩远”能发展学生的弹跳力和身体的协调性、平衡能力，对学习跳远和立定跳远有一定的迁移作用，在原单元设计2次课的基础上，专家建议安排3次课，激发学生的学习兴趣，同时增加比远的游戏竞赛，在掌握“夹包甩远”技术的学习中，发展学生的体能，或在单元学习中安排“蚂蚁搬家”游戏，发展学生的腰腹力量、上下肢的协调配合和对身体的控制能力。

③授课教师设计反思。本课设计中，教师在不同阶段采用不同的教学方式。开始阶段教师采用发现探索的学习模式，让学生自己尝试“夹包甩远”，学生小组合作探究，如何才能甩远，以激发学生的学习兴趣和观察思考的能力。集体备课中，教师在小组合作过程的环节设计中提出各自的观点，授课教师在学生学习小组合作的步骤方面进一步细化，如先让学生自由组合，然后根据能力组合，最后根据能力挑战比赛等，层层递进、步步深入，进一步提高了学生的学习积极性，同时提高了学生的自我诊断和自我评价的能力。

（2）课中和课后指导。

①集体观摩课例。课前研讨后，第一轮授课，专家及名师团队集体观摩和分享“夹包甩远”课例。

②观摩后集体研讨及反思，深度研究教学过程问题，提升交流与分享的效果。

课后交流分享1：根据对教材的理解，专家与团队教师们从课堂教学效果的角度分析“夹包甩远”内容的价值，以及帮助授课名师挖掘课堂学习资源，提出将课堂资源文本化。

课后交流分享2：在学生进入夹包练习阶段，以学生个人练习、小组练习等方式进行相互学习指导中，教师是否向学生明确和强调了学习评价的标准？

课后交流分享3：教师在指导学生练习的过程中，讲解稍多，学生体验和练习的次数偏少，那么如何做到精讲多练？

课后交流分享4：从课堂教学顺序、教学方法的运用到技术环节教学，是用启发式教学方法、讲授示范好，还是让学生带着问题观察反思，并提出问题好？

课后交流分享5：课堂教学中运动负荷如何控制？如何让学生了解运动负荷的相关知识点？

课后交流分享6：课堂学习过程中采用何种方式对学生进行安全教育？如何培养学生的安全意识？

课后交流分享7：在具体措施和具体方法运用方面，专家和教师提出夹、收、甩的运用如何更有效？

③授课教师反馈。本课结合教学内容特点和满族地区的学生特点，围绕夹、甩包的特点，让学生自主开发了各种玩法，学习内容的开发，教与学的过程给学生创造了广阔的学习空间、想象空间和创造空间。

反思1：教法需要更简单、实用。教学体现了教、学、练过程，但对于本班学生的年龄特点和认知水平，在教法和教学策略上需要改进，如根据教材特点，如何针对性突破重点、化解难点？目前教学中采取的教法与策略只是停留在过去的教、学、练的方式上，如果能根据器材和教材动作结构特点加以改造，如将沙包接上一条彩带，利用彩带让学生做跳起，双脚触沙包，夹起后甩出时让学生根据彩带在空中形成的轨迹来判断动作的准确与否。

反思2：教师的主导作用和学生的主体作用如何体现？虽然教师让学生自己先去尝试“夹包甩远”，但教师的讲解还是太多。如何做到精讲精练，在备课环节还需要深刻分析学情。正确的示范、精讲精练是学生初步形成正确动作的关键和保证，确保在有限的学习时间内完成教学任务。

反思3：切实关注学习过程中学生的学习表现，不能夸大形式而忽视细节教学。本课中，教师只提要求，不讲方法，让学生自己体会练习，虽然教师想用精选的内容吸引学生，激发学生的学习兴趣，但指导过程中没有抓住核心要素。

反思4：对本课实施过程效果进行思考，评价标准还需要更明确。

三、基于高效课堂“课例研究”的名师培养研修成果

（一）基于高效课堂“课例研究”助名师团队成长

通过高效课堂“课例研究”的名师培养研修，在后续的“课例研究”中，授课教师（名师）带领体育组和区域内体育教师共同开发了校本教材，如《夹包甩远》《杨木杆舞——打杆、跳杆》《珍珠球》等，对弘扬满族民族文化起到了积极的促进作用。

（二）基于高效课堂“课例研究”打造名师课例

经过专家和名师团队通过“课例研究”打造的“夹包甩远”课例在全国展示课中获得优秀奖，并在奥鹏教育网、中国教研网、全国中小学教师继续教育网将“夹包甩远”课例与全国的教师分享。在京浙名师交流“核心素养下京浙体育名师教学思想研讨与实践”交流中，展示“夹包甩远（四年级）”，与同行深度交流，进一步提升了经过研究的课例的价值。

（三）基于高效课堂“课例研究”提升名师研究能力

在基于高效课堂“课例研究”的名师培养研修中，在专家及团队的指导下，完成了《民族传统体育项目在山区小学体育课堂教学的实践性研究》《关于山区小学体育教师专业素养提升策略与方法的研究》《小学体育教师专业素质的提升策略与

途径》《体育名师成长与发展》《如何提高山区小学体育教师的专业素养》等研究论文。

（四）基于高效课堂的“课例研究”发挥名师辐射作用

在专家团队的指导和引领下，名师在指导区域内的周边学校和区域外的体育教师共同成长方面起到了示范引领作用，做示范课、研究课，举办专题讲座《怎样撰写教学计划和教学设计》《说课技巧与策略》等，带动了体育教师群体的发展。

四、基于高效课堂“课例研究”的名师培养研修思考

（1）基于高效课堂“课例研究”的名师培养研修方式，使专家引领下的体育名师及体育名师团队，掌握了进行“课例研究”的行动研究过程和方法，并运用科学、实用、简单的方法收集教学现场真实、可靠的研究资料，同时为“课例研究”提供了研究资料。

（2）基于高效课堂“课例研究”的名师培养研修方式，是对课堂教学实践进行的反思性、发展性、可持续性的探索，为进一步研究提供范式。

（3）基于高效课堂“课例研究”的名师培养研修方式，打造了精品、示范性的课例。

（4）基于高效课堂“课例研究”的名师培养研修方式，构建了教师学习共同体，发挥了名师的辐射作用，基于“课例研究”的教师学习共同体，促使教师发现问题，并认真对待备课、实施及反思。

主要参考文献

[1] 迟为学.高效课堂教学模式构建的文化思考与行动策略[J].课程・教材・教法，2012，32（5）：37–40.

[2] 龙宝新，折延东.论高效课堂的建构[J].教育研究，2014，35（6）：122–129.

[3] 胡定荣，黄晓青，徐昌.“课例研究”如何取得实效——对七位初中教师“课

例研究”经历的反思[J].中国教育学刊，2010（10）：66–69.

[4] 袁丽，胡艺曦.课例研究对促进教师专业发展的作用、不足与改进策略——基于文献的考察[J].教师教育研究，2018（4）：99–105.

[5] 沈玉红.课例研究的调查与研究[J].教学与管理，2018（12）：32–34.

[6] 郭文华.微课例研究：未来教师教学能力提升的新途径[J].高教论坛，2019（2）：73–76.

[7] 李健.基于学生核心素养培养的高中体育“课例研究”[M].北京：北京出版社，2017.

基于“名师”专业成长的工作室模式研究

北京教育学院朝阳分院　胡凌燕

一、问题的提出

近年来，世界各国的教育改革都在强调教师专业发展的作用，人们越来越认识到，教育要改革，首先必须对教师进行持续的、高质量的专业发展培训，而传统专业发展的模式应当改变，教师不再被动地坐在那儿，接受式地听“专家”的新思想或新实践，对专业发展培训的评价也不再仅仅通过教师的满意度调查表来进行。学校教育改革呼唤新的教师专业发展的改革，教师教育的模式也将随之发生深刻的变化。“特级教师工作室”是近年来大量涌现的众多工作室的一种工作模式，它既有以老带新的传统形式，也有共同研究、成果分享的创新理念，由特级教师作为工作室的主持人，并申请和组织课题实施，北京市名师培养计划成员也参加工作室的研究，并选择适当的子课题，这样构建的“研究共同体”，是“以参与和合作为特征、以教师为研究者、以实践情境为研究场所的研究形式”。基于问题的探索过程、开放式的经验分享，是合作共同体的本质特征。德国教育家第斯多惠说：“教育艺术的本质不在于传授本领，而在于激励、唤醒、鼓励。”名师是教师中的优秀分子，名师的成长源自觉醒，源自向上生长的内驱力，来自责任感、使命感和担当精神。而工作室的实质就是要通过一系列的工作任务，来唤醒名师在培养过程中的自觉、自行和自律。

张跃强老师是第六批北京市名师培训对象，也是自工作室成立以来的首批成员。十年来，她参与了工作室四期课题的研究，并开始自己主持课题研究，从她的成长足迹可以看出，优秀教师的培养不是一蹴而就的，她从一名普通的小学体育教师成长到今天的师训教师，专业发展的道路既曲折艰辛，又充满了阳光与成就。她在自己的工作岗位上兢兢业业、克己奉公；在工作室这个集体中，勇于实践、不断提升；在北京市名师培养的平台上，如鱼得水、硕果累累。虽然是个案，但是她的成长路程为今后北京市级的名师培养提供了经验，也为我们从事教师培训与培养的教育工作者，提供了可以借鉴的路径、方法与模式。

二、研究方法

本研究采用行动研究法。

三、工作室课题研究设计与培养模式

工作室课题研究见表1。

表1　工作室课题研究

课题名称	研究目标	研究内容
第一期课题： “对提高中小学体育教师专业发展能力的实践研究”	1. 立足课堂教学，以导师带教的形势，对学员主持或参加的有关活动给予具体指导。课题组成员的课堂教学能力将有一个明显的提升，有能力承担北京市级以上体育课展示。 2. 以科研为先导，以课题研究的方式提高学习能力和专业水平，完成所承担的课题研究工作；应有数名教师的课题或论文在市级以上的学术活动中获奖或发表。	1. 体育教师的专业发展在课程改革中的实践研究。 （1）主要研究高中课程改革形势下，体育教师如何适应形势的发展，做到一专多能，开好选修课，开拓自己的专业领域，提升专业能力； （2）做好国家级课题“高中《体育与健康》学业评价”的实验工作。 2. 体育教师的专业发展在落实阳光体育活动中的实践研究。 （1）主要研究高中课程改革形势下，体育教师如何适应形势的发展，做到一专多能，开好选修课，开拓自己的专业领域，提升专业能力； （2）做好国家级课题“高中《体育与健康》学业评价”的实验工作。

续表

课题名称	研究目标	研究内容
	3. 全面提高带教学员的整体素质，在三年内，每位学员(职称或称号)力争在原有的基础上有一个明显的提升。 4. 集体撰写并出版关于体育教师专业发展的专著。	3. 体育教师专业发展在落实阳光体育活动中的实践研究。 （1）探讨在落实中央7号文件，实现学生“每天锻炼一小时”的要求时，体育教师如何从专业角度设计、指导、实施、评价学生的“每天锻炼一小时”活动； （2）做好市级课题“关于提高农村中学体育教师实施课间操能力的实践研究”的结题工作。 4. 体育教师专业发展在实施体育课堂教学中的实践研究。 （1）探讨九年义务教育的体育课堂教学中，体育教师在教学设计、教学方法等方面，如何贯彻《课程标准》的精神，面向全体学生，不断提高学生的身体素质和运动能力的方法及途径； （2）研究并确定朝阳区中小学体育课教案的书写格式，如何使常规教学的教案写得更科学、更简洁、更明确。 5. 体育教师专业发展在运动训练及校外体育活动中的实践研究。 （1）研究、探讨体育教师怎样积极组织学生参加课外运动训练，如何实现“2+1”工程中的2项体育特长的实施途径； （2）体育教师专业特长的培养方法和途径。 6. 探讨网络环境下体育教师专业发展的方法和途径。 （1）网上工作室的建立，对朝阳区体育学科的教师教育和教师发展的作用，以及对继续教育带来的积极效应； （2）网上工作室的设计、运行、管理和维护。

续表

课题名称	研究目标	研究内容
第二期课题： “关于体育教学中教学目标检测方法的实践研究”	1. 以《课程标准》为依据，研究体育教学三维目标的制定和表述方法。 2. 以教学目标为依据，研究课堂教学检测的内容、方法和结果。 3. 能够在体育课堂教学中实施检测的环节，体现教学目标的达成度。 4. 对中学体育课堂教学的效果进行有效监控。 5. 物化研究成果。	1. 了解中小学体育教师在课堂教学目标的制定中存在的问题及解决策略。 2. 中小学体育课堂教学目标检测方法的设计及应用。 3. 以《课程标准》为依据，研究体育教学三维目标的制定和表述方法。 4. 以教学目标为依据，研究课堂教学检测的内容、方法和结果。 5. 能够在体育课堂教学中实施检测的环节，体现教学目标的达成度。 6. 对中学体育课堂教学的效果进行有效监控。 7. 物化研究成果。
第三期课题： “基于新课程标准下的中小学体育课堂教学效果与评价方法的实践研究”	1. 中小学各学段体育课堂教学目标与课堂教学评价的统一性。 2. 每节课都能在若干教法措施中确定一项作为评价内容。 3. 课堂教学效果有显著提升，如表现在“体质健康测试成绩的提升”。	1. 在中小学各学段体育课堂教学中，教学重点、教学目标与教学评价的有机结合与统一。 2. 重新设计单元计划模版，给体育教师集体备课和日常备课提供简便、可行的方法与工具。 3. 课堂教学评价中体现对三维目标的整体评价。 研究思路：学习新课标—研究教材—确定各项教材的重点—撰写单元计划—确定各节课的教学重点—明确教学目标—选择教法措施—撰写单元计划—撰写案例—教学实施与实验—确定以上内容—推广实验基地—总结—修订—再实践—修改—定稿。
第四期课题： “关于朝阳区开展中小学校园足球活动的实践研究”	1. 把足球纳入学校体育课程体系，积极开展校园足球活动，为学生提供更多学习足球的机会。	1. 全区中小学生参与校园足球活动的广度和深度调研。 在这份报告中，将对朝阳区中小学生参与足球活动的现状进行调研，包括活动的时间、场地、内容和效果。

续表

课题名称	研究目标	研究内容
第四期课题： “关于朝阳区开展中小学校园足球活动的实践研究”	2. 通过校园足球活动的开展促进青少年身体素质的提高，参与足球运动的学生各项测试指标都有一定的提高。 3. 通过开展三级足球联赛，为学生参与足球活动与比赛提供良好的交流平台，提高学生的足球技术水平，培养学生的社会适应能力。	2. 校园足球在中小学开展的形势、内容和方法。 根据目前朝阳区中小学场地条件，以40所中小学校为实验校，针对其特点制订不同的校园足球活动开展方案进行实验研究，如以班级、校级、区级三级足球联赛的活动形势，以足球游戏为主要内容的竞赛内容等，并总结出不同活动形势与内容的组织方法和管理模式。 3. 体育师资在足球项目上的培训途径、方法和标准。 （1）利用中国足协及其他社会资源，合作开展高层次的专业化培训，使足球专项教师取得相应的专业证书，如中国足协D级教练员培训； （2）对于非足球专项教师，可采取初级培训与提高培训相结合的方式，使大多数教师都能够具有基本的足球教学与组织校园足球活动的能力； （3）在足球项目培训中，逐步形成金字塔形的教师结构。 4. 学生参加足球活动后身体素质提升水平的调查报告，其中对身体素质的测试以《学生体质健康测试》的项目和数据为依据，进行分析和研究，根据足球项目特点提出改进意见。 如初中项目：身高体重（BMI）、肺活量、立定跳远、50米跑、1000米跑（男）、800米跑（女）、坐位体前屈、引体向上（男）、仰卧起坐（女）。 5. 学生参加校园足球活动中安全保障措施的研究。教师组织活动的要求，学校的保障机制等内容。

四、研究的结果与分析

（一）“名师”应具有主动发展的愿望

教师的专业成长与发展，对于每一个人来说都有着不同的特点，也有着不同的发展阶段，但是成为专家型教师从可能到实现，其艰苦的专业修炼是不可或缺的过程，这完全是一种自我的要求和自觉的行为，没有执着的努力和持续不断的学习与反思，没有艰苦的研究和探索，是无法达到目标的。许多青年教师非常想尽快达到优秀教师的目标，但是当遇到繁杂的工作、艰苦的条件、超长的时间、困难的问题等，常常失去耐心和热情，这就是有的人能够成功，而有的人不能成功的原因之一。

（二）“名师”的教学要反思与改进

教师教育最显著的一个特点就是反思与改进。1989年，美国心理学家波斯纳将教师的成长与其对自己经验的反思结合起来，提出了一个著名的教师成长公式：教师成长=经验+反思。1995年，罗塞尔和库莎根研究认为，训练只能缩小专家型教师与新手型教师之间的差异，而反思性实践却是促使一部分教师成为专家型教师的重要原因。教师能够正确审视和分析自己的教学活动、决策和效果，不断进行自我批判、自我调适、自我构建，才能够实现自己的专业成长和可持续发展。

（三）“名师”要能主持教科研工作

由于“名师”都在教学的一线，能够在真实的教育教学情境中开展教科研活动，因此，不仅能够参与科研活动，还应该能够主持科研课题的研究，从跟随、参与到自己主持，反映了“名师”成长到成熟的过程。从以上工作室课题研究的框架可以看出，研究的焦点从关注课堂教学方法到关注教学效果，从关注学生的学习动机、学习内容、学习行为到关注学习结果，以及课堂教学评价的直接影响。大量的实践研究为“名师”的成长提供了展示的舞台。

（四）“名师”的专业发展是在教育教学实践中实现的

学校教学实践中存在的问题反映了教师专业发展的需要，而这些问题能得到有效解决则标志着教师专业发展达到了一定的水平。对教师专业发展的培训应当注重创新能力和实践能力的提高，而教师对专业发展的自主意识是教师实现专业发展的前提条件。开展丰富多彩的教学实践活动，搭建教师和学生展示的平台，同时使参与活动的各方受益，达到多赢的效果。

五、结　论

（1）基于本职工作的实践是骨干教师成长的必由之路；基于实践的工作是骨干教师培养、提升的有效方式；基于实践的总结、反思是促进骨干教师成长的重要手段。

（2）美国研究者莱伯曼是著名的教师专业发展改革者，他认为教师的专业发展只有通过参与活动进行思考，才能对所学的东西有一个清晰的概念，才能更好地掌握所学的东西。莱伯曼还认为持续的教师专业发展要从“指导教学”变为“校内学习”与“校外学习”相结合。培训者、管理者和决策者有必要了解专业发展的新理念，有必要拓展专业发展的思想，给教师提供讨论、思考、试验和施行的机会，比如，通过扮演新角色（如教师是研究者），建立新组织（如问题解决小组），完成新的任务（制定标准）等营造教师调查研究的氛围。

（3）教师的专业发展必须以学习者——教师为中心，并且贯穿他（或她）的职业生涯，这种培训模式改革的成功之处在于教师能成功地学到新的实践技能和观点，传统的自上而下的教师培训有时不能让教师正确地理解由学生的多样化而带来的教学的复杂性，专业发展意味着要给教师提供反思的机会，提供实践的机会，提供展示的机会。

（4）教师的专业发展是一个持续不断的过程，它使一种新的专业生活方式渗透于教师的日常专业行为的方方面面，它使教师通过专业发展逐渐形成自己的教学特色，并伴随教师的职业生涯走向成功。

主要参考文献

[1] 张俐蓉.美国教师专业发展的实践案例及思考——从ACOT项目两个教师的经历说起[J].信息技术教育，2005（8）：16-19.

[2] 孙芳明.教师需要与教师专业发展[J].当代教育科学，2003（20）：22–24.

[3] 何善亮，许雪梅.把握教师专业发展特征在实践中提高教师的专业化水平[J].教育科学研究，2003（1）：51–55.

[4] 张志越.谈教师专业发展的新理念[J].教育理论与实践，2002（6）：34–35.

[5] 周耀威.教育行动研究与教师专业发展[J].全球教育展望，2002（4）：53–55.

[6] 罗树庚.教师如何快速成长[M].上海：华东师范大学出版社，2018.

[7] 查晓虎.教师专业发展：路径与策略[M].合肥：安徽大学出版社，2018.

[8] 陈霞.教师专业发展的实效性研究[M].北京：北京大学出版社，2012.

做教师隐形的翅膀
——谈对中小学体育名师的培养

北京市朝阳区教育研究中心　王晓东

通常认为，“名师”是一个约定俗成的称呼，外部特征显示“名师”是指在一定地域范围内有影响、有声望、有名气的著名老师。但“名由实生”，“名师”“实”的核心在“师”，所以“名师”是指对某一学科有较深入的研究，能带领整个学科群体发展，具有坚实的理论基础、宽广的专业知识面和丰富的实践经验，有高尚的品德修养、道德情操，在学科发展、梯队建设、科学研究、人才培养中起带头和核心作用的专家型教师。

体育名师是指那些具有很高的师德修养，学识渊博，教育教学效果好，已形成自己独特的教育思想和教学风格，在其所在地区和系统中有较大凝聚力，在教育教学实践中起着重要的领衔、示范、激励、凝聚和辐射等支配作用，对体育学科某一领域有深入的研究，能带领整个学科群体发展，能引领教改新潮流，为学生、同仁、社会所认可的有相当名气和威望的体育教师。

提高学校体育教学工作质量，高质量的体育教师是重要因素之一。习近平总书记明确指出：“国家繁荣、民族振兴、教育发展，需要我们大力培养造就一支师德高尚、业务精湛、结构合理、充满活力的高素质专业化教师队伍，需要涌现一大批好老师。”“要努力构建德智体美劳全面培养的教育体系，形成更高水平的人才培养体系。”为此，必须培养能够在体育教育教学中勇于改革创新、破解学生体质健康难题、有较深刻的学校体育教学主张、有独到的教育教学策略和风格的优秀教师，并鼓励他们发挥“以点带线，以线带面”的辐射作用。2010年7月13日，胡锦涛在全国教育工作会议报告上提出“强国必先强教”，在报告中总结新中国教育的60年，得出了十分重要的5条结论，其中第五条是“教育事业发展的关键在教师”。上述教育思想在《国家中长期教育改革和发展规划纲要（2010—2020年）》中也得到充分体现，文件指出：“建设高素质教师队伍，教育大计，教师为本。有好的教师，才有好的教育。”要通过研修培训、学术交流、项目资助等方式，培养教育教学骨干教师、学科带头人，造就一批教学名师和学科领军人才。

作为一名体育教研员，我不仅热爱教育工作，更对体育教师怀有深深的敬意。我把培养教师当作自己的责任，并把教师成长当作自己的最高荣誉。通过多年精细培养与潜心研究，我深知教师成长呈现出时代性、阶段性、融合性等特性，根据教师成长特性与不同需求，我立足培养一批专业素养突出、业务能力出众、“德能勤技”精湛的新时代教育新人，在朝阳区小学体育培养具有时代担当与时代责任的体育教学接班人，并将精神与智慧融入小学体育教师团队，将心血与力量倾注于该团队的建设与发展之中，打造一支新时代优秀的小学体育教师队伍，从而更好地发挥团队的智慧与力量，孕育并培养更多学科名师。岁月荏苒冬春去，光阴如梭日月行，斗转星移，经过几十年的深入研究与深耕探索，我培养了一批在全国、市、区屡获佳绩，具有较强影响力的名师。每当颁奖音乐响起，看到他们手捧奖杯或证书时，我从心底为他们感到骄傲与自豪。

一、德高为师，身正为范，做教师的引路人

古往今来，师者，均以传道授业解惑为正道。历尽沧海桑田，历代传承与发展唯一不变的就是尊师重教。教师不仅是人类灵魂的工程师，也是启迪学生智慧与梦想的明灯，为学生成长、成才、成志指明前进的方向。作为一名教研员，作为教师的指导者，我身上肩负着更多的时代重担：培养更多的优秀教师，打造更多的名师，丰厚更多教师的羽翼，实现教师的成长梦想，从而成就学生的人生梦想。由此可见，教研员对教师的培养直接或间接影响着学生的成长与发展，个人的教育作用力看似微弱，但名师的辐射影响之大，作用之强，不可忽视。百年大计，教育为本；教育大计，教师为本。教师是教育之本，师德是教师之本，所以提升教师师德

师风，就是建设高素质教师队伍的内在要求和重要保证。作为培养教师的人，我的表率作用就显得尤为重要，以加强自我修养，自觉追求高尚，以德立身、以德立学、以德施教、以德育德为出发点，规范自己的言谈举止，努力成为教师眼中儒雅、博学、卓越的导师，更要努力成为教师专业成长的伯乐、心灵寄托的恩师。

作为一名性格刚强，内心充满阳光的“领头雁”，我时刻用正能量来激励自己，来引导教师，帮助教师建立教学自信，引领教师步入成长的正轨与人生的正道，不断启迪教师的教育智慧，用人生信念去克服成长的困难，让教师懂得感恩、懂得珍惜、懂得铭记。光阴荏苒，岁月如梭，十多年的真心陪伴与心血倾注，一批批优秀的教师就像春笋拔节般快速成长起来，朝阳区小学体育教育就像一台充满动力的汽车在教育的跑道上飞驰，伴随着朝阳区教育的快速崛起而发展。

朝阳区正从教育大区向教育强区迈进，朝阳区小学体育教育群体数量不断壮大，从2003年的300多人发展到如今近900人的庞大队伍。作为一名体育教研员，我一直怀着教育之初心，发扬工匠精神，砥砺前行，秉承全心全意为教师服务的宗旨，做到有需必应。多年来为教育教研的奔波让我的脚步遍布朝阳区的每一个角落，实现小学体育教研的角落回声，做到教研无盲区，教研无死角。通过我的倾听与引导让更多的小学体育教师上知道“天气”——理论提升，下懂得“地气”——学生所需，中凝聚“人气”——教师发展。人人都知道青春是充满活力且动力澎湃的，在朝阳区小学体育教师队伍中，青年体育教师数量占教师总数的70%，注重培养青年教师，帮助他们树立教育信念、建立教学信心、凝练教学经验、增长教育智慧、拓展教育思维，让青年教师在2年内成长为能够独立胜任学校体育工作的合格教师，5年内能够成长为教学有法的熟教型教师。中年教师作为教育的中坚力量，更是教育发展的中流砥柱，但这时教师职业倦怠现象容易凸显，个人发展陷入了瓶颈期，对于更高的目标缺少追求，工作和生活都进入了安逸期，在此我会结合教师的个人性格特点，引导教师不忘初心、牢记使命，帮助教师重新构建教育工作规划，在校际间形成教师教育共同体，在校内以师徒结对的形式营造较为浓厚的教学研究氛围，促使教师间形成共发展同进步的教育合力。经过多年精心培养与情感交融，朝阳区涌现出一批拥有体育教育情怀、在工作岗位上默默奉献、对体育教学潜心钻研的中年新生力量，更好地肩负起朝阳教育强区的发展责任与使命。

一位来自农村校的体育教师曾这样写道："与您在一起永远都能体会到什么是勤奋与专注，能懂得青春是用来奋斗的。教师职业都是平凡的，默默奉献是其基调，注定与一些时尚潮流、浮躁诱惑无缘。笃定身心，才可能做到学高为师、身正为范，才可能全身心耕耘育人园地，把整个心灵献给孩子。我们年轻教师或在平时工作中，或在业务学习提升方面存在一些短板，有时难免走弯路，犯错误，但您总能用关心、耐心和信心，以'风物长宜放眼量'的远见和'老树春深更著花'的胸怀，为我们青年人的成长铺路搭桥。作为一名农村体育教师，除了在教育教学技能方面得到了您的指导，我还在您的影响下，认识了一批具有共同价值观和目标的教师，借助他人的赞赏与督促，相互鼓气，相互监督。您的教诲引燃我们青年体育教师内心奋斗的激情，进而促使我们在平日工作、生活中生成执行力、节奏感、成就感、归属感与幸福感，让我们成为教育事业上的追梦人。我们选择了教师职业，并为它专注用功，我们感激今天的自己，更感激您让我们'不因虚度年华而悔恨，也不因碌碌无为而羞耻'。"

立足教研15年，我每天往返几十公里，累计在朝阳区穿行几万公里，每年听课近150节。人人都知道陪伴就会产生感情，我无限感慨身边一批又一批教师快速地成长起来，其中北京市名师、朝阳区名师层出不穷，不仅谱写了朝阳区小学教育的新篇，更是为北京教育的快速发展助力。我坚信付出就会得到回报，我会一如既往地坚定信念，向着教育发展现代化的卓越追求，在小学体育教研战线上奋斗拼搏，甘愿成为教师登高摘星的人生阶梯。

二、潜心钻研课堂教学，做用心的教师

教师教学水平的高低，直接关系到一所学校教学质量的优劣。随着我国教育事业的深度发展，教师专业化发展也蓬勃兴起。中小学教师要经过严格的培养与培训，具有良好的职业道德，掌握系统的专业知识和技能。因此，当前中小学教师专业发展已成为教师队伍建设的重中之重。课堂是教师的主阵地，体育教师走进课堂，他的价值才能得到真正的体现。教师的专业发展，不仅要依靠教师自身专业发展的自觉意志和内驱力，外力的推动也是必需和必要的。

体育教研员把如何引领与促进体育教师专业发展作为自己工作的重点。带领教师钻研课堂教学，让教师从一开始就能用心做事，并在每次教研活动后，都能写出自己参与活动得到的收获，从而反思自己的教学行为，这对教师的成长非常关键。教师的成长都要经过新手教师、熟练新手教师、胜任型教师、精干型教师、专家型教师（名师）几个阶段，在每一阶段发展中都需要名师引领。

如何带领教师钻研课堂教学，让教师从课堂教学中找到自信，发现不足，规划自己的发展目标，要带领教师从备课、说课、上课、评课四个环节做起。教师要想得到发展，提升课堂教学质量，让每节体育课都成为孩子们喜欢的课堂，让每个孩子都能在课堂中学有所得，技有所长，那么备课就是上好一堂课的出发点。备课是对教材内容深度研究的过程，体育教师备课不只是简单地会讲、会做某一个动作，而且需要教师根据自身教学能力与水平，在课前备教材、备学生、备场地与器材，全面建构课堂教学影像，从而在头脑中完成思维教学模拟，构思教学预设与生成问题，寻求适当的解决方法，为课堂教学内容的顺利实施提供强有力的保障。说课就是教师将整节课的设计思路用语言表达方式呈现出来，其表述内容并不只是对教学过程进行描述，而且还要全方位阐述课的设计思想与理念、对教材内容的深层理解、对学生学业水平的检测分析、课的单元构成与重难点判定、教法与学法设计思考与设计意图说明、评价指标的规划与设计依据、教学特色彰显与说明等，形成独具创意的教学设计风格。上课就是检验教师教学设计与课堂教学实施的度量衡。教师通过教、学、练、赛、评等多个教学环节与层次的并构，运用语言的激发与渲染调动学生的参学热情，通过丰富且具有针对性的教法学法，引导学生有趣地学、刻苦地练，从而获得运动体验与技术感受，达到增强学生体质、提升运动技能、塑造健康体态的目标，培养体育精神、意志品质与完整人格。评课是教师积累多年教学经验后能力的升华，也是对教师的一种新考验。对于评课而言，教师站位要高，不仅要明确先进的教育思想和理念，更好地在教育教学中渗透与实施，而且要求教师能够深入地理解教材，创造性地使用教材，并能够根据教学重难点准确地判断教法与学法在课堂教学中实施的科学性与有效性，并结合课上教师的组织措施、教学指导和易犯错误的判断与纠正方法，科学地进行主观与客观评价，同时提升自身的教学能力与辩证分析能力。

历经多年的教研引领，朝阳区有100多名教师在国家、市级评优与展示活动中获奖。不经历风雨，怎能见彩虹，教师在成长中必定要经历如此之历练与培养，才能不断超越自己、实现自己、发展自己，在我的引导与帮助下朝阳区小学体育教师的教学能力发生了日新月异的变化，实现了从量变到质变的转化，广大体育教师真正成为教育的有心人。

三、提升教师自身素养，做用情的教师

教师是一个神圣而又崇高的职业，更是一个能够净化灵魂的职业，教师每天耕耘在三尺讲台，做着传道授业解惑的育人工作，所以自身言谈举止就成为一种无声的教育。教师的知识储备、教育技能、创新意识、文化修养固然重要，然而教师的教育情怀、职业情操、人格魅力、敬业精神才是支撑教师成长和发展的关键。

学校体育工作是一项系统工程，它包括教学、训练、竞赛、管理和科研等环节，帮助教师制订自己的工作规划是非常重要的。我们应首先告诉教师教学是首要的，其过程又是体育工作的中心环节。教师在工作伊始，以熟悉工作环境、完成角色转变、熟悉掌握体育教学过程为首要任务。建立健全体育教学的各项规章制度，将体育教师的教学活动纳入学校的日常化、制度化管理之中，以提高体育教师的教学能力。在教师的培养方面我遵从以下几项制度，第一是听课制：和学校领导取得联系，保证教师参加教研活动的时间，不定期进行常态课听课，并给予教师更多展示的机会。第二是建立秘书制：让体育教师担任学校主管校长的秘书或助理，帮助学校处理日常工作琐事，其目的是让教师适应工作环境，熟悉业务，实现教师角色转变。第三是建立培训制度：为了使教师尽快地适应小学体育教学工作，早日进入成熟期并成为优秀的体育教师，我亲自担任对教师的指导工作，全面负责教师思想修养、业务、教材的选择、教案的撰写、备课、试讲、教态、教法、课堂常规等方面并同步进行培训。第四是实行每月一次的集体备课制度：首先对将要进行的教学内容进行集体研究，探讨最佳教法，并由经验丰富、教学能力强的专项教师进行演示、讲解教法，对教材的难点及学生易犯的错误、练习方法等进行练习，掌握技术要领，同时进行体育教师自身技术的诊断、修正，以提高自身的运动技能。实践证

明，这是提高教师教育教学能力的最有效的手段。提倡教师间互相听评课、讨论、学习，并做好记录。对于所参与的课程应在经过自己的思考后及时写出反思，做反思型教师，对自己的教学实践进行沉淀，才能促进教学水平进步。一名教师在她的成长记录中这样写道："我是王娟，一位缺少自信的女教师。记得刚毕业参加工作的第一年，我特别幸运地接受了朝阳区小学体育教研员王晓东老师的听课与指导，从此走上了幸福的教学之路。王老师是一个很低调的人，没有一点领导架子，让我们年轻教师很容易亲近。记得王老师听我讲的第一节课是投掷课。第一节课，我上得并不好，但是王晓东老师在课后一直鼓励我，帮我找到课上的闪光点，让我觉得自己还是可以胜任体育教师这个岗位的。从此以后，我上课多了一分自信，渐渐觉得上课不是一件可怕的事情，有老师来听课也不会像当初那样紧张。我觉得有这样一位好领导、这样一位领路人、这样一位导师在我们身边给予我们指导与帮助，是朝阳区体育教师的幸运。后来我很荣幸地加入了体育中心组这个大家庭，王老师每次组织的活动我都会积极参加，因为每次组内活动前他都认真备课。记得一次基本功培训，王老师亲自做单杠示范，示范动作之标准让我看得目瞪口呆，当时的王老师已经40岁左右了，他还能保持如此好的运动状态，我真的打心底佩服！十年后的今天再回想起来仍历历在目。我当时心里就想，能够跟这样优秀的教师学习，我一定也可以变得一样优秀。在和王老师的接触中，我不仅学到了教学技巧，而且还懂得了许多为人处世的道理。经过王老师的培养，我很荣幸参加了教学生涯中第一次朝阳区体育评优活动并荣获了一等奖，随后被推荐到北京市参赛。为了能代表朝阳区取得好成绩，王老师下了班还要陪我备课，牺牲了很多周末休息的时间。最后在王老师的指导下，我获得了人生中第一个北京市一等奖，全国二等奖的好成绩。王老师作为我最尊敬的体育前辈与恩师，不但关心我的工作，还特别关心我的生活。记得2017年，我相继经历了父亲的离世与全国体育评优课的展示活动，他对我进行了及时的心理疏导才帮助我走过人生中最低谷、压力巨大的那段时间。在全国体育评优课活动中，全程都是王老师陪着我，帮助我备课、组织当地的学生、建立自信。我们的努力终于没有白费，最后的展示我赢得了在场专家和老师们的一致肯定。王老师是一个永远在幕后帮助和支持我们的好师父。和王老师一起走过的点滴我都铭记于心，他对我的付出之多，我无以为报，只想继续为朝阳区体育教学工作奉献自己的绵薄之力，不辜负王老师对我的培养。”

这就是一名体育教师的心声，她之所以能有今天的成绩，与她自己的辛勤付出是分不开的，但是教师的成长更需要名师的引领。

四、提升教师科研能力，做创新型的教师

课题是教师快速提升教学能力的基石，教师要有一双善于发现教育教学问题的慧眼，才能在课题研究中剖析问题的本质。通过查阅相关资料寻求理论支撑，从而获得前人总结出的具有价值的研究经验，用来当作补充自己研究内容的材料，为研究目标的达成提供重要的理论依据。通过深入研究与大胆实践，获得具有研究价值的成果，从而实现自身科研能力的提升与发展。

创新是人类发展的第一动力，更是教育快速发展的动力源泉。作为教研员的我不仅要在自身创新方面下功夫，更要在启迪教师的创新思维方面下功夫。帮助教师立项研究；让教师通过教学问题进行思考；利用已有知识与先进理念进行并构；结合问题寻求解决方案；通过动手操作与反复整体实践、测试检验创新教法或学法的合理性与科学性；通过广泛普及学生测试实践进行成败案例分析，从而实现创新方法的科学论证，最终让创新且具有实效的教法学法走向课堂，服务于学生，让教师教得精彩，学生学得轻松，让课堂丰富多彩，为学生人生的精彩打好底色。通过多年的坚持与不懈的创新，我指导的教师在《中国学校体育》《体育教学》等国家级期刊上发表教学创新、教法创新、教学器材创新类文章20余篇。

做课题、写论文也许对于体育教师来说，是最发怵的一件事。在教学一线经常会听到一些体育教师对我说：“王老师，我不怕干活，就怕让我写……”这可能是很多体育教师的心里话。怎样解决教师写的问题呢？其实教师不是不能写，而是写什么的问题。写自己的感受、教学心得、教学案例，编写教学游戏、教育故事等，这些看似小豆腐块的内容由教师写出来却是非常真实的。为了能给教师搭建这样一个写的平台，我创建了《小学体育》区级杂志。自创建以来，教师投稿率非常高，至今已经出版了多期，虽然比不上那些国家级刊物，但是《小学体育》确实受广大体育教师的欢迎，因为刊物中登载的都是教师在教育教学实操中要解决的问题，每

个学校的校长对本校教师是否投稿，本校的体育教学新动向是否在上面登载颇为关注。长期坚持下来，教师的写作能力提升了，课题研究的水平自然也得到了快速发展。由刚开始我带领教师一起做课题研究，到教师能够自己独立开展课题研究，目前有一半以上的教师主持或参与过课题研究，很多教师的研究成果获得了市、区级教育教学成果奖。现在市、区级骨干教师都有自己的课题，研究的领域也从课堂教学扩展到运动训练，从体质健康延伸到家校合作，研究的范围越来越广。

五、增强教师团队意识，做专家型的教师

“一个人可以走得很快，一群人才可以走得更远”的道理人人都懂。朝阳区小学体育教师作为一个大的团队，在时代发展的大潮中被不断冲刷与洗礼，时代的发展不允许我们止步不前，更不允许我们只关注个人发展与个人实现而不关注教师队伍整体质量的发展，我们希望更多的孩子能享受优质的教育资源，其主要就是名师资源。所以培养教师的团队意识就显得尤为重要，作为团队的带头人，我希望团队中每个人都能够明确团队目标、知晓自身角色、具有配合意识。通过多年的培训与学习，广大体育教师的教育使命感与责任感得以提升，为人师表的角色意识得以增强，相互配合的协同发展意识得以激发，从而形成了青年教师之间沟通合作、老教师指导带动青年教师、骨干教师与普通教师经验分享的学习模式。我还在“拉链式”团队教研模式建构下形成了点、线、面、体的立体化教研风格，形成了全面立体的结构。在我的引导与帮助下，在团队中全体教师的共同努力下，这个立体结构相互支撑，互负责任，从而形成了一人上课众人帮、一人讲座全校荣的局面，迎来了团队发展崭新时代，令教师深刻感受到“飞速行驶的动车，不允许任何一节列车脱轨”的道理。飞驰的动车靠动力前行，这个动力的源泉来自一个核心，那就是马达。我们要重点打造这个核心，才能让火车飞驰，然而在团队中的核心就是我们的专家型教师，做专家型教师已经成为广大教师心中的愿望，为了实现这个愿望，我结合朝阳区小学体育教师的人员分布与工作特点，建立了兼职教研员团队、中心组团队与中心组编外人员学习团队，为那些具有学习愿望和发展期望的教师提供共同学习的机会，同时重点培养让他们朝着专家型教师的目标进发，从而构建起朝阳区专家型教师团队雏形，通过教材分析说明、听

课评课、说课磨课等活动让教师在坚守教学阵地的同时发挥个人特长，并扬长补短，实现自身教育教学软硬实力的全面提升，为专家型教师的成长、成才、成功铺路搭桥，给予教师们更多的教育教学经验，从而提升教师们的教育智慧，为早日实现教师们的愿望而不断助力。

我很庆幸能够在教育中享受快乐，同教师、学生一起成长。我始终把新的一天作为自己新的起点，看到一批批教师的成长，看到他们收获喜悦，看到他们对教育的热爱与追求，我愿为他们插上一双隐形的翅膀，愿他们扬帆起航，脚踏实地，面对新的挑战，走好体育的教学之路，成为体育名师！

优秀体育教师成长的共性与促进因素的研究

北京教育学院　张庆新

教师是教育之源、教育之本。如果没有优秀的体育教师，那么学校体育教育工作的全面推进、体育课程与教学改革都难以体现和把握。在全面推进素质教育的进程中，体育要想充分发挥其特有的教育价值，就要有开拓、创新的体育教师；在新的体育课程与教学改革实验过程中，要想实现体育课程的现代化，也要有睿智、专业的体育教师；在面对严峻挑战的形势下，要想促进学生体质快速增长，更要有爱岗、敬业的体育教师。本文在采用文献研究法收集15个省市34位体育特级教师的先进事迹和教学经验的基础上，选取部分优秀体育教师进行访谈调查，对优秀体育教师成长的共性和促进因素做了分析和总结，旨在为广大体育教师的健康成长提供榜样力量和成功经验。

一、优秀体育教师成长的共性

（一）优秀体育教师的基本状况与整体特征

1. 优秀体育教师的年龄、教龄分布范围较广，但整体表现出中年成才的特征

大多优秀体育教师年龄分布在40~55岁，尤其是体育特级教师的评选年龄，这说明体育教师需要较长时间的积累、奋斗与创造，才可能成为优秀的体育教师。这些优秀体育教师的教龄大多在20年以上，有的体育特级教师的教龄甚至达到30年，如宁夏回族自治区特级教师高建仓老师自20世纪70年代参加工作，直至2004年才荣获“宁夏回族自治区特级教师”称号。这反映了优秀体育教师成才的艰苦性和长期

性，以及中年成才的必然性。

2. 优秀体育教师整体上表现出较高的专业化程度

大多优秀体育教师均受过各类高等院校的专业体育教育，部分教师还获得硕士学位，如北京市特级教师蔡福全老师、姚卫东老师、张建中老师，湖南省特级教师陈奇志老师，江苏省特级教师嵇明海老师等；大多数优秀体育教师的职称均在高级以上，教师的职称和学历在一定程度上反映出其教学科研的水平。此外，大多数优秀体育教师曾担任过国家级、省级、市级竞赛裁判，有的特级教师甚至担任过国际级竞赛裁判，如北京市特级教师胡凌燕老师担任过2008年北京奥运会、世界青年田径锦标赛等大型国际比赛的裁判工作。这一切都表明，优秀体育教师整体上的专业化程度较高。

（二）优秀体育教师具有教学、训练、科研相结合的综合优势，取得全面的显著成果

1. 优秀体育教师在体育教学中大都出类拔萃，积累了相当丰富的教学经验，教学效果良好，深受学生欢迎

优秀体育教师都能在教学实践中得心应手地开展体育教学工作，并逐渐形成自己的教学特色，均承担过省、市、区、县级公开示范课，有的特级教师甚至承担了国家级公开教学观摩课。例如，北京市特级教师索玉华老师在第二届全国中小学体育教学观摩展示活动开幕式上做示范课，赢得了专家的认可和同行的好评；又如，广东省特级教师彭佩华老师在全国“十城市”体育教学研究会上做了一节非常有创意的富有沿海地区特色的体育课，并被评为一等奖及最佳教态奖。由此可见，优秀体育教师在教学上显示了丰富的经验和卓越的工作能力。

2. 优秀体育教师在学校课余训练和运动竞赛中成绩突出，为国家各级体育部门输送了大批体育人才

绝大多数优秀体育教师都在学校课余训练和运动竞赛领域对国家和社会有突出贡献，为国家各级体育部门输送了大批体育人才。被输送的体育人才中，有从体育院校学生到亚运会、世界大赛中获取金牌的国手。例如，湖南省特级教师陈奇志老

师，多年来始终致力中学生课余训练工作，硕果累累，多次带队参加国际及国家比赛，获得国际比赛金牌3枚、银牌3枚、铜牌3枚，全国比赛金牌19枚、银牌26枚、铜牌17枚。此外，优秀体育教师所训学生在省、市、区、县级比赛中获奖甚多，举不胜举。这反映了学校体育在面向全体学生的体育教育的多元任务中，在培养优秀体育人才方面也是大有作为的，优秀体育教师培养的体育人才数量与质量都是较好的。这也显示出学校体育对整个国民体育和竞技体育的基础作用。

3. 大多数优秀体育教师能结合体育教学与训练实践开展科研，取得累累硕果

优秀体育教师较高的整体专业化程度在一定程度上反映其教学科研水平，大多数优秀体育教师怀着强烈的事业心，结合教学训练，积极从事科研工作，在各级各类体育学术期刊上发表学术论文多篇。例如，北京市特级教师蔡福全老师，多年来笔耕颇丰，发表论文、经验总结等百余篇，主编、编著体育著作和教材共12册；辽宁省特级教师邱志钊老师，荣获国家级优秀论文奖17篇，发表学术论文21篇，参加教材编写30册，出版专著7册。这些对于科研条件较差的中小学体育教师来说，实属难能可贵，成果来之不易。

（三）优秀体育教师的身上凝聚着体育人的精神，蕴含着体育文化的精神

每位优秀体育教师都有各自的成长环境和专业背景，都有各自的教育思想和教学特色，但在以下方面他们是相同的。

1. 敬业

敬业指的是大家在工作时，优秀体育教师在工作；大家在休息时，他们还在工作，所以他们比大家走得更远、更快。例如，河北省特级教师张东兵老师平时表现优秀，刚工作不久便被推荐代表张家口市参加全省体育课观摩比赛。但这需要在从确定参赛到比赛的1个月准备时间内将高中3年的教材一一熟悉才行，张老师深感肩上的压力重大，于是每晚加班加点通读教材，白天利用课余时间加紧备课、编写教案，并恳请校内外的经验丰富的教师精心指导，克服重重困难，最终圆满而精彩地完成了此次教学任务，获得比赛一等奖。

2. 善思

善思指的是大家在听时，优秀体育教师在思索；大家在说时，他们还在思索，所以他们总比大家想得更多、更深。例如，北京市特级教师姚卫东老师常把学生学习中遇到的问题、同行交流中讨论的焦点，当成需要研究和思考的问题，经常问自己“学生听不懂，是不是我讲得不清楚？学生做得不好，是不是我教法选择得不对？学生不爱练，是不是我对学生实际了解不够？”诸如此类的问题。并通过教学观察、反复思考、分析研究、总结经验、把握关键，找到解决问题的方法。

3. 创新

创新指的是大家都在这样做时，优秀体育教师在审视是否可以那样做；大家在那样做时，他们又在考虑为什么不能这样做，所以他们总比大家更独特、更有新意。例如，福建省特级教师朱素丽老师为了激发学生对体育课的兴趣，让学生在不断探索与创造中形成正确的认识，获得积极的情感体验，总结出多样的教学方法，尝试各种创新游戏，自制器材，以丰富的练习内容吸引学生。近年来，朱老师利用破球自制实心球，利用体操棒和跳高竹竿做各种跳跃练习，教学生做沙包、毽子、接力棒来练习投掷，或者将室内器材——体操垫、体操圈、体操凳和跳绳进行改造。

4. 大度

大度指的是大家在批评时，优秀体育教师在寻找其中的可取之处；大家在否定时，他们在寻找其中的优点，所以他们总比大家更辩证、更全面。例如，北京市特级教师丁玉山老师在一些人忽视我国学校体育50年的传统经验，一味提倡、推崇西方体育之时，他以在北京101中学50年的体育实践为依托，着手我国学校体育传统经验的挖掘与整理。经过深入的调研和素材积累，他公开发表多篇相关学术论文，以驳斥忽视国情、歪曲历史、否定传统的观点。

二、优秀体育教师成长的促进因素

优秀体育教师在其多年成长的过程中，必然有许多不同于与其他人才成长的一些特征和规律，在这些特征和规律中有一些促进因素对优秀体育教师成长的作用是不可忽视的。

（一）从业动力——强烈兴趣

“兴趣是最好的老师。”任何专业人才的培养，都离不开他们对某一活动或学科的浓厚兴趣，尤其是青少年时代的兴趣选择和保持，往往促使他们在某一方面得到长足发展进而成为专业人才，不少人都是沿着兴趣走向终身职业和成功顶峰的。而强烈的兴趣是优秀体育教师立志学体育、当教师的起始动因。优秀体育教师绝大多数在青少年学生时代就热爱体育，在中小学时就喜欢参加各类体育活动，打好了学体育的身体基础和兴趣基础，这也是优秀体育教师长大选择学体育、当体育教师的主要原因。

例如，福建省特级教师张培基老师从小酷爱体育运动，曾是市少体校的体操和田径运动员，有过学生时代荣获省级奖牌的欢乐，也有过花甲之年荣获区级体育竞赛个人冠军的喜悦。曾有人问他：“你可以教别的学科，为何偏要上体育课？”“你的工作担子已经不轻了，为何还要带运动队？”“为什么你教体育一教就是四十多年？”……张老师斩钉截铁地回答：“这是爱的选择！”“回顾我走过的教育历程，也许是从小与体育结下不解之缘，也许是对在体坛辛勤耕耘之后的眷念，我对这辈子当一名体育教师的选择无怨无悔！”

因此，只有那些具有强烈的体育兴趣并真正立志终身从事体育的工作者才可能在体育教师岗位上长期工作，并为学校体育事业充分发挥自己的才能，贡献自己的力量。

（二）职业特点——长期奋斗，中年成才

职业特点使优秀体育教师必然要经历艰苦和长期奋斗，并多在中年成才。他们多数需要在学校体育的各个环节（教学、训练、竞赛、科研等）历经长时间、多方面的磨炼与积累，要奋斗到中年才可能被评为优秀体育教师。体育教师的职业特点决定了他们不可能像竞技场上的体育明星一样，经早期专门的系统训练后少年成才。体育教师的角色地位不是自己去创造运动成绩，而是要对千百万青少年进行系统全面的学校体育教育。教学活动的复杂性、双边性，学生的群体性，教学目标的多样性，知识技

能掌握的长期性和教学工作的创造性，决定了他们要长期不懈地在体育教学实践中反复探索和不断总结。大多数人要经十多年，甚至终生不懈的努力奋斗，才可能达到优秀体育教师所要求的德、才、学、识方面的水平。

例如，湖南省特级教师刘平贵老师认为想成为一名优秀体育教师，创造一流的工作，为人民多做贡献，除了要有甘为人梯的奉献精神，更重要的是要有教书育人的真功夫、硬本领。在三十余年的教学和训练生涯中，首先，刘老师做到立足本职，有的放矢，全面提高自己的教学水平和教育能力；其次，做到扎扎实实，打好基础，不仅在身体素质上艰苦训练，还在教学中勤奋学习；再次，做到及时总结自己教学和训练中的得失，注重反思，才能不断地创新和提高，将自己的专业水平和事业成果达到一个新的高度；最后，做到从生活上关心学生，关注学生的全面发展，同时还要关心学生的前途，特别是体育特长生的前途。

因此，只有安心在学校体育的园地中长期耕耘，不断奋斗，扎扎实实练好教学基本功，熟悉各项业务工作内容与方法，努力探索体育教学、训练的规律，创造性地开展学校体育工作，才可能成为体育教师中的佼佼者。

（三）职业发展——个人努力

对于优秀体育教师的成长，个人因素、社会因素和学校因素都起到很重要的作用。毋庸置疑，个人长期不懈的奋斗和努力是优秀体育教师成才的根本条件和前提。个人因素的核心是理想信念与工作、学习态度。大多数优秀体育教师工作在基层，长期面临各种难以预料的困难，比起其他科技、竞技、文艺人才的成长道路更艰辛。体育教师在这样艰苦困难的环境中长期奋斗，必然需要远大的理想和坚定的信念，为他们工作提供前进的动力源泉，支持他们在艰苦长期的工作中跨越障碍，克服困难，鼓舞他们去努力奋斗，奉献青春。

例如，广东省特级教师彭佩华老师将“努力成为孜孜以求的学习者”作为自己的信念，坚定地认为“牢固的敬业乐业思想、过硬的专业技能和强烈的工作责任心是教育工作者的必备条件”。从教二十余年，彭老师努力虚心学习，不断充实完善自己，在坚持利用业余时间阅读教育教学理论专著的同时，积极主动地参加各类教师素质培训班，学习先进的教育思想和理念。尤其是1999—2002年间，彭老师以孜孜不倦、坚持不懈的精神和毅力，同步参加和完成了广东省“百千万人才工程”首批省级名教师培养对象高级研修班、区中小学名教师培训班、华东师范大学体育系自考本科班及广东省体育（与健康）新课程培训班等培训进修学习，解决了多年来在体育教学和训练中积累的一些问题，加深了对体育教育思想和本质规律的理解和认识，向着科研型教师行列迈进，朝着高层次的教育教学理论研究前进。

因此，只有在具备了理想信念之后，才可能有良好的工作态度与钻研精神，才会在教学、训练中勤奋工作、努力探索，才会为实现理想不断自学进修，提高业务能力。

（四）环境影响——获得支持，帮助他人

优秀体育教师的成长离不开他所处环境的影响。这需要体育教师要在学校体育工作中取得显著成绩，除了个人努力外，还需要争取学校各级领导的支持与信赖，进而采取必要措施解决工作中的困难，为优秀体育教师成才提供发展的条件。同时，一位优秀体育教师的成长离不开教研室乃至全校其他教师的帮助与支持。因为学校体育工作的各项任务与内容，绝不是一个人能独立包办的，它需要体育教师之间的密切配合与相互协作。越是优秀的体育教师，越应尽可能地去争取别人的帮助支持，并更多地去帮助别人。

例如，江苏省特级教师杨潘顺老师认为“学校体育工作的发展仅仅依靠个人的力量显然是不够的，需要团结协作，以求共同发展”。因此，杨老师在担任体育教研组组长工作期间，致力抓好体育教研组的组织与建设，提升教研组教师的整体教学和科研水平，提升学校体育工作的整体层次。在杨老师的引领下，全组教师团结协作，积极开展教学研究工作，努力做到“人人有课题，人人有文章”，并多次承担了国家、省级、市级教改与教学观摩课活动，使得体育教研组的先进管理经验，在全市范围内被介绍与推广。

因此，只有在一个相互扶持、关系融洽的良好环境中，才能避免内耗、增强合力、发挥个人和群体优势，进而取得优异的工作成绩。

（五）学生评价——获得尊敬与爱戴

教师对工作的热爱、突出的成就及独特的个人魅力，常获得学生的尊敬与爱戴，而正是这一点，常给体育教师以巨大的精神力量，鼓舞他们在艰苦的工作环境、生活条件下含辛茹苦、为国育才，鞭策他们常守师道、乐此不疲。很多优秀体育教师在访谈中深情回顾，他们正是在中小学时受到体育教师的良好教育影响而爱上体育，走上了终身从事体育的道路。而今，他们又用知识去点燃学生求知的火焰，全身心地为学生树立前进的旗帜！

例如，北京市特级教师韩玲老师三十年执教不离操场，无怨无悔，这种动力和对体育教师职业，尤其是一线女体育教师永久的新鲜感源自被教育者——学生回馈给韩老师的每一份成绩。看到学生的迅速成长，知晓学生的人生进路，听到学生亲切的声音，所有的艰辛真的就化为乌有。韩老师认为："热爱就是我的动力，热爱使我保持着对职业的新鲜感，我感谢这些活泼可爱的学生们！"

因此，什么样的教师称得上优秀教师，什么样的教师形象在学生心目中占有一定的位置，作为学习主体的学生最有资格对优秀教师做出客观的、准确的、公正的评价。而学生的肯定是对长期奋斗在一线的优秀体育教师最好的回报。

三、结束语

本文采用经验归纳总结和案例分析的形式阐述了优秀体育教师成长之路上的一些共性和促进因素。当前我们正面临着学校体育发展的大好机遇，但也面临着更多的重任和挑战，这就需要有更多的优秀体育教师，把学校体育工作做得更好。要想成为我国学校体育名师，必须具备崇高的敬业精神、先进的教育理念和科学的教学方法，同时要做到爱岗敬业，不断提升自己的专业素质，为广大青少年学生的健康成长做出积极贡献。

创设新时代中小学高质量体育教研活动的思考

北京教育学院　张庆新，张锋周

《中共中央、国务院关于全面深化新时代教师队伍建设改革的意见》（以下简称《改革意见》）是第一个专门面向教师队伍建设里程碑式的政策文件，提出振兴教师教育就是要建设高素质专业化创新型中小学教师队伍，这样一支教师队伍的建设离不开高质量的教研活动。体育教研活动是提升体育教师教学能力最直接、最有效、最现实的一种方式。高质量的体育教研活动是指参与者对一个共同关注的问题或课题进行有准备的教学与驱动式的观摩、有针对性的研讨与开放式的分享，形成一种敢尝试、敢出声、敢争论的教研氛围，进而促使不同角色的参与者发出不同的声音、迸发不同的观点、引发不同的思考、获得不同的提升。因此，如何创设新时代中小学高质量的体育教研活动，成为广大体育教育工作者关注的焦点、思考的重点、持续的痛点。

京浙中小学体育名师教学思想研讨与实践活动（以下简称“京浙教研活动”）于2018年1月4—8日在北京举行，笔者作为此次活动的组织者，结合京浙教研活动主题，对4种教研形式进行了比对分析，结合多年来承担各级各类培训的负责人、授课教师、教研活动的指导教师等经历与经验，结合北京市名师发展工程体育学科的研训主题，提出了确立新时代中小学高质量体育教研活动的主题及呈现方式的创新做法，以供同行商榷。

一、新时代中小学高质量体育教研活动主题的确立

创设新时代中小学高质量的体育教研活动的关键要素是确立适宜的主题，这

直接关系到教研活动的新颖度、活跃度和实效度。此次京浙教研活动主题做到了以体育教师的专业发展为生长点，以体育教育的先进理念为着力点，以体育教学的现实问题为突破点；实现了两手抓，即一手抓学校体育改革与体育教师专业的热点话题，一手抓学校体育工作与体育教师专业成长的基本原点。

（一）确定主题的生长点：体育教师的专业发展

《改革意见》明确指出："深入贯彻落实党的十九大精神，造就党和人民满意的高素质专业化创新型教师队伍。"教师队伍建设如何全面适应新时代中国特色社会主义的新方位、新征程、新使命成为重要的议题，而体育教师如何不断提升自身的专业素质与能力、创新意识与行为成为新时代体育教研活动的核心问题。

此次京浙教研活动的主体是处于成熟和卓越发展阶段的体育教师，他们有着丰富的教学经验和专项背景，年富力强且正是发挥承上启下作用的黄金年龄；多次参加省市级专项教师培训，在专业上有自己的创新意识与实践成果，有非常强烈的成长需求与发展欲望；但对自己的实践成果缺乏系统梳理与特色形成，区域内的影响力还不够。基于以上考虑，活动确立了"核心素养"这一生长点，并力求突破。"当教育指向核心素养——京浙中小学体育名师教学思想研讨与实践"顺理成章地成为此次教研活动的主题。

（二）确定主题的着力点：体育教育的先进理念

近年来，核心素养跃升为我国基础教育界的热点，中国学生发展核心素养和各学科核心素养，成为众人眼中借以推进学校教育课程改革、落实素质教育目标的关键要素。学生发展核心素养指向的是学生应具备的面向未来自身和社会发展需要的必备品格和关键能力。体育学科核心素养主要由运动能力、健康行为和体育品德构成，是学生发展核心素养中珍爱生命、健全人格、社会责任等要点的重要体现，是学生在接受体育教育过程中形成的体育知识与技能、过程与方法、情感态度与价值观的综合表现，是用体育学科核心素养培养学生的独特品格和关键能力的集中反映。

由此衍生出来的适合学生自身的自主体育学习方式、适合学生自身的运动方法和技能、养成健康文明的行为习惯和生活方式、适合学生的体育生命教育、健全学生人格的体育活动等成为创设新时代中小学高质量体育教研活动的主题来源。

（三）确定主题的突破点：体育教学的现实问题

从当前体育教学迫切需要解决的现实问题中确定体育教研活动的主题，能很好地调动体育教师的积极性、主动性、参与性。从体育教学的现实问题确定新时代中小学高质量体育教研活动的主题途径包括以下几个方面。

（1）发现体育教学中的“亮点”和“暗点”，把教研主题落在体育理论实践的结合点上，如基于项目特性创设真实情境的体育课堂等。

（2）追溯教学疑难中的“本源”和“根源”，把教研主题落在体育教师教学的困惑点上，如体育教学方法选用能力的进阶指导等。

（3）捕捉现场听课中的“问题”和“难题”，把教研主题落在体育课堂教学的普遍点上，如提升小学生运动能力的有效策略等。

（4）抓住学生学习中的“应然”和“未然”，把教研主题落在学业目标达成的本质点上，如学生体育学习表现性评价的方式等。

二、中小学新时代高质量体育教研活动实施的载体

创设新时代中小学高质量体育教研活动的实施载体是设计丰富多样的教研活动类型，如以新任教师入职培训、卓越教师提升培训为例的培训型，以全国中小学体育优质课、优秀教师示范观摩课为例的观摩型，以教学基本功大赛、优秀课例评选为例的竞赛型，以中国学校体育科学大会、专项课题研究为例的科研型，以新课标、新教材为例的专项型。而目前比较流行的具体呈现形式包括集中面授、远程录播、现场直播等。

精彩纷呈、形式多样的教研活动能激发体育教师参加教研活动的兴趣和热情，更深层次的影响是能有效提升体育教师的学科教学能力。本文以京浙教研活动采用的同课异构、交换课堂、智慧课堂、展示课堂四种不同教研形式为例，阐述备课—说课—上课—听课—评课五大基本元素的主要特色和优势，以及对上课教师提出的要求与能力提升的要点。

（一）备课——检验教学设计的能力

备课反映的是一位体育教师的教学设计能力，在体育教师教学能力中居于核心地位，既体现了体育教师的教学思想，如两地名师代表在展示课堂中呈现特色鲜明的主题式教学，又反映了体育教师驾驭、处理教材的能力，如同课异构与交换课堂中呈现的小学四年级体操跪跳起和篮球高低运球的三种迥异的教学风格。不同教研形式的备课要素对比见表1。

表1　京浙教研活动中四种教研形式的备课要素比对

形式	教材	时间	形式	与学生接触时间
同课异构	规定	前期	个人为主	提前10 分钟接触
交换课堂	规定	前期+现场60 分钟	集体为主	
智慧课堂	抽题	现场30 分钟	集体为主	
展示课堂	自选	前期	个人为主	

本次京浙教研活动的共性特点是均采用异地授课，只能提前10 分钟接触学生。因此，“备学生”成为最大的挑战，也是检验授课教师在准备阶段学情分析方面的教学决策能力，需要掌握小学生的年龄特征、与小学生沟通交流的技巧，能够在教学前10 分钟或是在教学实施中快速进行学情调研、学生基本运动能力或是运动技能水平等学习准备的检测。

在创设新时代中小学高质量体育教研活动中，可以分成若干小组，围绕主题，从田径类、大球类、小球类、体操类、民族传统类、新兴类运动项目中，根据各自的需求，结合封闭性运动技能项目和开放性运动技能项目的特点，在常规课内容中选取单主题、双主题、多主题的形式，围绕撰写一份教学设计的关键要素，针对新任、熟练、成熟、卓越等发展阶段的体育教师，展开不同深度的研讨与交流。

（二）说课——衡量教学思维的能力

说课重在说理，是从教育学、生理学、运动心理学等理论层面出发，把个体的、隐性的、用书面语言表达的备课构思结果，变成集体的、显性的、用外部语言陈述的备课思维过程。体育说课的要点与具体表现见表2。

表2　体育说课的要点与具体表现

要点	具体表现
一种风格	形成独自的说课风格
二个突出	突出体育运动项目的特性、突出体育课的特点
三种价值	具有学术研讨价值、审美价值和借鉴价值
四点结合	做到教和学相结合，传授体育知识、形成动作技能和培养运动能力相结合，知识的点和面相结合，增强体质和体育品行教育相结合
五大规律	掌握认知规律、运动技能形成规律、人体生理机能变化规律、人体对运动负荷的适应规律及运动中注意情绪等心理变化规律
九个环节	说思想、说教材、说学生、说准备、说目标、说教法、说学法、说程序、说反思

本次京浙教研活动的说课是在授课结束后呈现的5 分钟，重点在于小学体育名师各自的教学特色、教学理念、教学创新、教学反思。

在创设新时代中小学高质量体育教研活动中，可以重点抓上课前的说课，可采用分组说课与组间说课的方式呈现，以任务驱动式说课与点评的形式组织进行，即各小组组长负责确定发言人和不同专项的点评人，确保每个人都有发言的机会与责任。具体安排首先是第一组的发言人就本组主题教学设计进行说课5~8 分，其他各组的第一个点评人进行点评2~3 分；然后第二组的发言人与各组第二个点评人，以此类推。

（三）上课——体现教学实施的能力

本次京浙教研活动采用异地授课的微课30 分钟与完整课40 分钟的形式呈现，涉及体操、篮球、足球、田径、武术、民族传统等项目内容，共计16名小学体育名师代表授课。4 节同课异构关注的是同一教材的不同处理方法；2 节交换课堂关注的是点评建议的课堂即时融入；4 节智慧课堂关注的是教学智慧的头脑风暴碰撞；6 节展示课堂关注的是教学特长的多维全面展现。

本次京浙教研活动的创新举措是智慧课堂，采用现场抽题、集体备课30 分钟、异地授课40 分钟。这是体现一个团队在短时间进行头脑风暴、分工协作、群策群力的作战能力，需要以特级教师为核心的团队，根据各自的特长推选授课代表，根据抽题内容进行教材的项目属性与技术特性分析，快速完成目标设置与教学设计方案，完整展现课堂全貌，对团队的教学经验、教学能力、教学智慧等方面是一个很大的挑战。

在创设新时代中小学高质量体育教研活动中，上课可以从不同的元素切入，展现不同类型体育教师的教学能力，如实地与异地授课地点、开放式与封闭式运动技能项目特性、同课异构与同课同构或是交换课堂形式、不同教师特长、微课与完整课的教学时长等的变化与结合而呈现不同的教研方式。

（四）听课——考查教学观摩的能力

本次京浙教研活动采用的是分组任务驱动观摩的方式呈现，也就是将现场参加活动的体育教师根据当日活动的体育课数分成 4 组或 6 组，分别针对当日活动的某节体育课进行深入观摩记录。

在创设新时代中小学高质量体育教研活动中，听课采用的是分组任务驱动观摩的方式，针对体育教学精选时间分配、内容搭配、教师教法、学生学法、师生互动、学习评价、场地器材、组织管理、教师教态、基本功等10个观摩指标，每个小组选取其中一个指标进行任务驱动式观摩，在以往全课观摩、泛泛而听的基础上，针对某个指标进行深入细致的观摩与比较，并填写任务驱动式观摩记录表。任务驱动式观摩记录表见表3。

表3　任务驱动式观摩记录表

学员姓名		学员单位	
学校		任务分配内容	
时间		班级	
过程记录			
教学优点			
课堂问题与解决方案			
总结与反思			

（五）评课——诊断教学反思的能力

评课是在任务驱动式观摩的基础上，针对各组自选的观摩指标进行分组研讨、主题发言与互动交流，由点评专家总结授课教师与评课教师的优缺点，同时就现场生成的一些争论和质疑进行10分钟左右的即兴微讲座，如本次京浙教研活动的评课聚焦在“跪跳起教学，分解在先？完整在先？”“篮球教学，技能为先？能力为先？”“学生能力，是运动能力还是思维能力？”“教师发展，运动专项和教学特长”“运动环境，真实情境的创设”等话题。

在创设新时代中小学高质量体育教研活动中，评课可以采用以上方式，建议在教研活动结束之后，各小组完成由观摩指标延伸出的研修小报告，同时上交授课教师的教学设计、任务驱动式观摩记录表。

三、结束语

总的来说，本次京浙教研活动取得圆满成功，带给我们许多宝贵的实践经验，同时也引发了更深层次的思考。通过此次活动，我们知道创设新时代中小学高质量体育教研活动是一种情境式学习模式。在这一学习模式中，参与者很多已知与未知的教学理论与实践问题的来源、分析、诊断、解决均在体育课堂现场，展示了体育教师的真功夫、生成了体育教学的真问题、进行了体育教研的真对话、实现了学科专家的真指导。同时，创设新时代中小学高质量体育教研活动还是一种研修共同体学习模式，需要全体参与者共同协作与分工完成，每个人都扮演一定的角色和承担明确的职责，但不同环节中的角色与职责是随时变化的，是由组内成员互相督促学习、由各环节的任务驱动监控学习、由体育教师的智慧碰撞推动学习、由学科专家的专业能力引领学习。

主要参考文献

[1] 林崇德. 21世纪学生发展核心素养研究[M]. 北京：北京师范大学出版社，2016.

[2] 尚力沛，程传银. 核心素养、体育核心素养与体育学科核心素养：概念、构成及关系[J].体育文化导刊，2017（10）：130–134.

[3] 陈雁飞.. 做好体育教研工作的十个关键问题[M]. 北京：高等教育出版社，2013.

第二篇
名师成长案例

【本篇导言】

目前，完成培养及在培养期间的北京市中小学体育名师共计11名。这些名师均是由北京市教委按照一定条件遴选出来的，具有高级职称及北京市级骨干教师或市学科带头人等荣誉称号，是北京市中小学体育教师队伍中的高端人才，分布在市区级中小学教学与教研、培训各个岗位。11位体育名师均从事本职工作20年以上，3位教研员也拥有10年以上的体育教学经历，具有非常丰富的教学经验，有一定的专项背景与教科研成果积累，在学校担任着重要职务，承担着指导青年教师队伍的职责。在培养期间，名师均处于经验丰富、精力充沛、易出成绩的阶段，是发挥承上启下作用的黄金年龄；多次参加北京市级卓越教师培训，承担过骨干、新任教师培训及协同创新整校推进项目、专项教师培训的主讲教师角色；表现出爱岗敬业，在专业上有自己的创新意识与实践成果，有非常强烈的成长需求与发展欲望。本篇主要是从名师档案、成长感悟、教学亮点等方面展现11位北京市中小学体育名师的成长历程。

本篇的主要内容

- ★ 名师档案
- ★ 成长感悟
- ★ 教学亮点

第三章

问题与机遇

让学生带走快乐，收获健康

北京市海淀区中关村第一小学　秦治军

名师档案

秦治军，男，1969年出生，中共党员，北京市特级教师。1988年毕业于海淀区体育师范班，2000年获得北京体育大学体育教育专业本科学历。现任北京市海淀区中关村第一小学体育中心主任。

1993年首次在海淀区开创了“情境教学模式”，并多次参加北京市、海淀区评优课，先后多次获得一等奖、二等奖。被评为海淀区教育系统“五四”先进青年、海淀区首届“创新奖”优秀教师、北京市优秀教师、北京市骨干教师、北京市体育学科带头人。现担任海淀区兼职教研员、海淀区教材选择委员会委员、海淀区名师工作室导师、北京教育学会体育研究会理事。

1999年在《学校体育》期刊上发表《情境教学应注意的五点》，2003年在《北京市城区小学体育教师工作满意度调查研究》中获北京市体育论文一等奖，2004年参加北京市重点课题“北京市小学生健身365游戏”，2007年在《实施大课间活动对小学生身心发育的实验研究》中获全国体育论文一等奖，2012年在《运动》杂志上发表《体育课呼唤游戏》，并于同年出版个人专著《跑道，永无止境》。

成长感悟

每个人的成长，都有无数个偶然和必然，而我今天能够成为小学体育教师中的一员，也可以说是偶然中的必然。因为在人们的印象中体育教师的身材应该是高大而魁梧的，可我小时候却偏偏是体弱多病、弱不禁风的，由于经常生病父亲骑自行车带我去卫生院看病似乎成了我童年时代最难忘的记忆。上小学时，由于体弱多病，我几乎每学期都要请病假，从来没有满勤过。上初中时，有一段时间我早晨起床后鼻子经常流血，整个上午都是昏昏沉沉的。后来，我喜欢上了踢足球，由于经常和同学一起踢足球，到初三时我的身体逐渐地强壮起来，从那时起我开始认识到了体育锻炼对人体健康的好处。再后来伴随着体质增强、技能提高，我也如愿地考上了海淀区体育中专班，成为一名小学体育教师。为人父后，儿子的健康时时刻刻牵动着我的心，让我从父亲的角度更加认识到孩子健康的重要，也更加坚定我在教育的道路上带给孩子们一个健康快乐童年的信念。

（一）深悟教学，做教育的智者

31年的教学生涯是我对体育教学的渐悟过程，也使我逐渐地对小学体育有了较为深刻的认识。我认为孩子健康是关系三代人的幸福的大问题，作为父母最关心的就是孩子的健康问题，体育教师是为学生一生健康打基础的人，也是给学生带来快乐最多的人，因此我们要让学生“带走快乐，收获健康”。

小学阶段是学生身心变化最为显著的时期，从6～12岁共计6个年级，分为3个水平段，相差6岁，从一年级什么都不懂的“小豆包”到六年级的花季少女、翩翩少年，犹如脱胎换骨一般。同一个学生一年一个样，甚至一个月一个样，身体变化快，思想变化更大。现在的学生知识面广了，自由、民主、平等意识非常强烈。由于家长的过度关注，作为独生子女的他们，常常以自我为中心，很少替他人着想，合作意识差，怕苦怕累等问题较多，身体素质差了，比以前娇气了，怎样让这些个性鲜明的“小公主、小太阳”上好体育课一直是我思考的问题。

1. 体育教学中“牵、引、导”

我的体育教学实践以情境教学为主线，注重把学生的素质培养和体育教学结合，通过巧妙的教学设计来创设情境，引导孩子们求真、向善、创美。遵循这样的教学策略我分别在低年级（一、二年级）、中年级（三、四年级）、高年级（五、六年级）采用“牵、引、导”的方法，取得了积极的教学效果，使学生们喜欢上我的体育课，更重要的是，体育课不再仅仅是学习体育技能，更是一个广阔的生活化课程。

对一、二年级学生，我在教学中采用以“牵”为主的教学方法。从最简单的运动做起，从最容易的教起，多一点耐心，多给一次机会，有“静等花开的心情”。每次只要求进步一点点就行，让学生有时间玩，让学生觉得他在童话中、故事中、游戏中玩，这样能起到事半功倍的效果。我的课堂经常就是在故事中进行的，让他们扮演小动物、解放军、工人、体育运动员，等等，孩子非常高兴，因为这是他们熟悉的世界。为此我也经常看动画片，了解孩子的世界，建立共同的语言，寻找他们的爱好。比如在一年级学习排队时，按“小猫、小狗、小羊和小鸭子”编排四队，每队学生模仿动物叫声，既帮助他们记住又变得有趣味，学生能很快地记住。又如“走路要学小猫轻悄悄，不学大象咚咚咚，下楼靠右慢慢行，不学兔蹦蹦跳”，要学“鹰的眼睛、狼的耳朵、豹的速度、熊的力量”，这些童趣化的语言比要求提示要更加形象地让学生理解掌握。低年级学生的特点是教师说什么，学生信什么。他或许不能马上理解我提的要求，但是能立刻想象出我说的情境，并热衷于角色的扮演。另外在常规建立时要做到令行禁止，对遵守规则的学生要奖励游戏，对不遵守规则的学生要以观看游戏的方式让他们明白规则的重要性，这样久而久之教师树立了常规，也让学生明白守规则的重要性。

对三、四年级学生，我在教学中采用在前面“引”的教学方法。用游戏吸引学生，把学习内容说成玩个游戏，学生一听游戏非常高兴，注意力也能集中，然后再以比赛的形式吸引他们持续保持练习热情。三、四年级的学生喜欢比赛，但不十分看重结果，不管是输了还是赢了，只要你说再来一遍，他们都很高兴。每节课我都尽量安排一个比赛性的游戏，把本节课学习内容尽可能地融入比赛中，在比赛中教师不断提高练习、比赛难度和要求，让学生没有压力，在课中尽情地“大呼、小叫、高兴地跳”，为同伴加油。我的三年级障碍跑和四年级投掷垒球就是这样安排的课，在游戏中逐渐“引”着孩子们学会技术动作。

对五、六年级学生，我在教学中采用在前面引“导”的教学方法，告诉学生该怎么做，让学生以小组形式研究、体验、体会、再研究、提高。教师多提问，学生多开动脑筋，注重发挥体育骨干和特长生的作用，培养优秀体育生的领导能力，给优秀体育特长生展示空间。这阶段的学生喜欢挑战，喜欢竞争，喜欢展示自己的长处。我经常给他们虚拟出一个比他们强的班级向他们挑战，让他们超越对手，实际就是在超越自己。

在体育评价上，我更加注重学生的情感态度的评价，有些学生天分较差，虽然十分努力但成绩依然达不到优秀，按照这种标准就会严重挫伤这部分学生的自信心与自尊心，因此我采用“借优”的方法：想“借优”的学生提出申请，家长签字，班主任同意签字，并在规定的时间再测试，若“还优”，就承认以前的优。凡是到教师这来“借优”的学生都是有上进心的，对这样的学生就要鼓励表扬，家长也会予以监督支持，班主任也会重视，体育课就得到了更广泛的关注。

不管多大的学生都爱听表扬，教师在教学中恰当地运用表扬，会起到事半功倍的作用，对一、二年级学生可适当夸大，对三、四年级学生表扬要具体，对五、六年级学生表扬中带动集体，表扬中要带建议。

2. 体育课中“粗、俗、浅、显”

怎样才能上好一节体育课？什么样的体育课才算好呢？我觉得一名好的体育教师是想上什么内容就能上什么内容，想怎么上就能怎么上。这样的体育教师应该是名优秀的体育教师，不在于他有多高的学历，是什么职称，评优课获过什么奖，能驾驭学生、能驾驭教材的教师就是好教师。我觉得一节好的体育课要有“粗、俗、浅、显”四大特点。

第一是“粗”，教师备课时要“粗”。要重视教材的主要环节，要理解教材重难点，要大致了解学生情况，要给自己、给学生、给教材留有余地。不要想得太细，一节课十几步教法，精确到每分每秒，甚至每半分钟干什么都清清楚楚，看似没有一点漏洞，实际上教师就像一个装好程序的机器人，按事先设定的程序走，没有一点自主性。学生累，教师更累，只是机械地重复，教师一直是在执行教法，却忘记了，教案是为教师教学服务的。这样的教师不会有创造力，教师没有创新的意识怎能培养出有创造性的学生？多给体育教师一些余地，体育教师多给学生一些空间，我们将得到有创造力的学生。

第二是“俗”，教材选择要通俗。选择受众面大的，不要选择“高精尖”的教材内容——只适合一两个学生的高尔夫球、保龄球等，多选择学生喜爱的篮球、足球、羽毛球、跑步，等等。学生上课所学的运动技能在课外活动时、在社区与小朋友交流时能用得上最好，我们所教的运动技能是学生锻炼身体的手段，是与同伴交往的工具，不是身份的显示和高雅的象征。在技术讲解时教师语言要通俗易懂，要有体育术语，但要让学生听得懂，要用通俗的语言解释明白，让学生能理解、能接受。

第三是“浅”，教法选择要“浅”。由浅到深，由易到难，要让学生学着容易，要让大多数同学能做到。做到“玩中学”，让学生只知道在“玩”，不感觉到“学”，这是小学体育的最好教法。另外，体育课上思想和行为的表现较多、较为明显，比其他课程提供了更多进行思想和道德教育的机会，体育教师要善于抓住机会给学生讲“浅显”的道理，这时学生往往很乐意接受，深奥的道理用“浅”的话讲出来，学生才爱听，并能接受。

第四是“显”，就是学习效果要有显现。每节课能完成一个小目标，每节课体验到一次成功的喜悦。今天学会前滚翻了、今天会运球了、今天敢跳山羊了。每次学生都能看到结果，体验到成功，感受到快乐。学了好几节课跨栏，最低的栏也跨不过去，孩子认为自己什么都没学；技术太难没有在短时间内让学生看到效果，慢慢地学生会失去耐心，失去动力，失去兴趣。学一节课学生就能比谁跑得更快，学一节课学生就可以比以前投沙包投得更远，学生体验到了体育给他带来的乐趣，教学有了显著的效果，学生就会爱学、乐学。

人们常说“授之以鱼，不如授之以渔”，我认为要看是什么时候，在小学尤其是低年级一定先给“鱼”，再给“渔”。如果只给“渔”，有人会等不及而“饿死”，只有先有“鱼”解决生存问题，也就是小孩的“兴趣”，再解决方法问题。跑步时，我先不教技术动作，先随便跑，学生很高兴，再教“冲刺”，再教“途中”，最后教“起跑”。等“鱼”下锅，没“鱼”吃就“饿着”，方法不管用，给现成的鱼最能解决问题，还是先给“鱼”吧。吃饱了，解决了现实的生存问题，有力气了再给“渔”也不迟。无“鱼”则无“渔”，无“渔”无“鱼”。

体育课中的“粗、俗、浅、显”还要“粗中有细”“俗中有雅”“浅中见深”“显中隐念”。

“粗中有细”，粗的是备教材，细的是备学生。

“俗中有雅”，俗的是教材内容，语言讲解，雅的是学生的行为。

“浅中见深”，浅的是组织教法，深的是教师教学基本功。

“显中隐含”，显现的是学习效果，隐含的是教育成果。

3. 体育比赛中的团队竞争

大多数的比赛都是强者的舞台，但我认为体育比赛是将体育育人价值展现得淋漓尽致的地方，既能让学生学会承担责任，又能让学生学会理解与包容，面对胜利不骄不躁，面对失败不埋怨、不抱怨，学会进取与拼搏。这样的机会不应该只有体育好的学生才有，应该让每个学生都能感受。因此我校很早就提出“全员参与、团队竞争”的理念。在跳绳比赛中，一、二年级的跳短绳比赛，所有同学上场参与比赛，把成绩相加求出各班平均成绩，按平均成绩排列名次。三至六年级的跳长绳也是全员参加，每个班出A、B、C三个队，A队为本班12名跳得较好的男生队，B队为本班12名跳得较好的女生队，C队为本班剩下的男女生混合队。首先A、B、C队分别取名次，然后A、B、C三个队成绩相加为本班的团体成绩。这样全班同学都上场，没有观众，没有局外人，每个人的成功与失败都会对自己队和班级产生影响，每个人的分量同等重要。通过参加比赛让学生体验体育活动带来的快乐，学会在公平的规则下竞争，这是别的学科所不能给予学生的宝贵的学习机会，也是体育德育育人良好的教育契机。

4. 个人“宝典”

（1）表扬。表扬的时候要当着全体同学的面大声宣布，让所有的同学都听到。

（2）批评。批评的时候，把他单独叫过来，只对他说，并告诉他犯了什么错误，严重性是什么，怎样改正，并要后续监督、检查落实效果。批评可让人进步很快，批评的艺术是学生成长的捷径。

（3）体育教师教给学生什么。小事靠技，大事靠德。体育教师最重要的是传授给学生道德，尤其是体育道德，体育教师留给学生最多的是自己的人格。

（4）教法。教无定法，贵在得法。体育教师灵活的教法是教师水平的核心，教法不在多，合适的一条就够。教法越简单越好，越少越好，学习效果越明显越好。

对小学生最好的教法就是“示范”——请你像我这样做！

（5）师生关系。你可以不让学生怕你，但一定要学生敬你，如果他不敬你，他不配做你的学生，你也不适合做他的老师。体育教师要与学生交朋友，但不能仅限于朋友，要在关键时刻起决定作用，把握方向，裁决胜负对错。要拿学生当朋友，“亲其师，信其道”；不要和学生对立，学生终归是孩子，不记仇，教师就更不必和孩子一般见识，记孩子的仇了。

（6）挑战。学生对有挑战性的内容天生就有好奇心，教师要会利用，使学生保持好奇又不产生畏惧，要让学生获得小的成功的体验。

（7）备课。以前备课强调教师备教材，现在应该多备学生。现在的学生与十年前、五年前、一年前学生相比心理变化很大，同一学生的心理与一个月前就有了不小的变化，了解学生心理是体育教师最重要的工作之一。

（8）教材。学生喜欢的教材可以一节课只上一个内容，如篮球、足球等项目，学生练习次数越多，运动技能掌握得越牢固。最好每节课都安排比赛，学生会更高兴，成为课堂真正的主人。难度特别大的项目一节课也可上一个内容，分组要少一点，教师一定要全程监控避免出现伤害事故。一节课尽量多次的练习能让学生尽量快地从技能学习的分化阶段进入泛化阶段，否则下节课的学习还要从头再来。

（9）点与面。体育教师的眼睛要能看到所有的同学，不管他离教师远近，不管他有什么优点还是什么缺点，尤其是他违反纪律时，不管多远教师都要看得到，并且让学生知道教师在时刻关注着他。

（10）讲解“精、睛”。体育教师的讲解要“精”，体育课最大的特点是精讲多练，学生不是“讲”会的，而是“练”会的。第二个“睛”是要画龙点睛，讲最关键的，尤其是纠正学生错误动作的讲解时一定要“点睛”，不用多讲，讲多了学生也记不住，一条能改就行了，下次再“点一次睛”。

（11）组织。小学体育低年级教学组织更重要，学的内容动作比较简单，学生注意力集中是关键，好的组织实施利于教师观察学生，提示学生保持学习积极性，提高课堂效率。

（12）纪律。体育课课堂纪律尤其重要，没有良好的课堂纪律就没有学生安全的保障，没有安全的体育课就无法贯彻“健康第一的指导思想”。建立课堂常规要从小做起。

（13）强度。一节课学生应至少有一次发全力的机会，要有1~2次大强度运动，就像开车一样，拉拉高速对发动机有好处。

（14）负荷。平均心率135~145 次/分，学生不觉得累的体育课没有达到负荷要求。

（二）求同存异——团队的力量才更强大

我经常与新来的年轻教师讲述风筝的故事。风筝飞上天是要有条件的，首先风筝的结构要合理，能够利用空气的流动动力，本身不能太重；风筝本身结构要结实，要经得住风吹。其次要有风，三四级最好，风太大会把风筝吹坏，无风也很难留在空中。更重要的是要有一根线牵着它，它才能飞得高。所以决定风筝飞多高的是牵着风筝的线，而不是风筝本身多大、多漂亮，风有多大。就像一个人的成功自身条件固然重要，但起决定作用的往往是所在的集体环境。如果个人脱离了集体，没有了团队的帮助将很难成功。人不能自大，不能做断线的风筝。有线牵着风筝好像是被束缚，但有归属感，一旦没线牵着将会立刻“失落”。如果风筝一心想往上飞，挣断了牵着它的线，得到了它想要的自由，但结果一定是不知自己飘落到哪里。我想告诉青年体育教师一定要有清醒的头脑，正视自己的能力。体育教师要干好工作，首先要得到学校的支持，如果得不到学校的支持，学校体育工作寸步难行。我之所以能有今天小小的成绩，首先要感谢学校领导的全力支持，支持我本人，支持体育组工作；其次要感谢班主任老师的支持与配合；最关键的还是体育组的精诚团结。

学校的体育组从最早的6人团队快速发展到来自五湖四海的20多人的大集体，随着人数增多，小矛盾、不愉快偶有出现，虽不影响大局，但也是一粒种子。有一天我提议把“长期共存、求同存异、肝胆相照、荣辱与共”当成组训。大家有缘才聚在一起，每天有近10个小时在一起，比与家人相处的时间还要长。因此如果与同事在一起时是快乐的，那每天除去睡觉的时间，你有70%的时间是快乐的。我们要长期共存在一个组里，快乐共存是目的，求同存异是前提。大家年龄不同，家乡习俗不同，受教育程度不同，家庭环境不同，个人奋斗目标不同，但我们要求大同存小异。只有求大同存小异才能共存。“肝胆相照”是做法，每个人心中有学校、体育组这个集体，每个人心中有其他老师，在利益面前，在荣誉面前有话直说，有话在会上说，有意见当面交流，有矛盾不瞒着、藏着，争取做到解决矛盾“今日事，今日毕”。当面指出不足是帮助同志，避免他犯更严重的错误，是对同事的爱。大家讲团结，不是讲一团和气，不是无原则的妥协，体育组要树正风正气，同歪风邪气作斗争取得的团结，才是真正的团结。“荣辱与共”是结果，大家只有把学校的荣辱当成自己的荣辱，把体育组的荣辱当成自己的荣辱，共同努力维护集体的荣誉，把维护集体的荣誉和为集体增光添彩当成实现自身价值的目标来做，这个集体才会有凝聚力、战斗力、荣誉感，每个人才会为自己成为集体的一员而骄傲。

让这么一个大团队紧密团结在一起光是靠组训是不够的，我采用滚雪球的原理在组内实施管理制度。现在我们体育组有25个体育教师，是一个不小的团队。怎样让大家团结在一起，是个不小的问题。而且现在的年轻人知识面广，信息量大，向往个性自由。一个组里老中青都有，年龄跨度大，又来自全国各地。要团结就要有个核心，精神核心和业务核心合在一起，用核心团结进步力量与骨干力量。体育组由林老师和李老师形成了第一层核心，外面一层是四个教研室的组长和工会组长、教科研组长，再外面一层是在学校工作五六年的骨干教师；再往外是来学校二三年的年轻教师，最外面是刚来学校一两年的年轻教师。组内形成正风正气，确立一个文化核心——团队意识。后来的人，自然会成为外面的雪包围着里面一层的雪。外面有了新的雪，原来的外面就变成了里面，原来的里面就变成了核心。外面越大，核心越大。外面压力越来越大，里面核心越来越结实。这样就可以滚到任何地方，战胜任何困难。求大同存小异很重要，只有这样才能形成核心，团结才能紧密。

一个集体最重要的是团结，一个人能走得很快，但一群人能走得更远。一个人在教育事业上奋斗能使其所教授的学生受益，如若打造一个优秀的团队，那将会影响这个学校乃至社会更加深远。

教学亮点

（一）让体育为成功铺路——上好开学第一课

“好的开始是成功的一半”，我一般开学第一课先讲一个关键词，然后是本学期计划。

例如，我新接的五年级班开学第一课我讲“体育”。我先写一个“亻”，问同学们：“这是什么?”学生回答：“是单立人。”我再写一个“本”，问同学们：“这是什么?”“本。”我说：“对，连在一起，就是以人为本，那什么是以人为本呢?就是一个人要以自己的身体为本，所以身体最重要。”然后，我又写了个“育”，问大家：“这是什么?”“育。”我又解释道，“‘育’字下边是一个‘月’字，告诉我们要养成锻炼身体的好习惯就得坚持一个月。也就是说，一两天不行，一定要坚持到一个月，以后就能养成习惯了，就不觉得是负担了”。我又说:“记住体育老师对体育的解释，回家告诉自己的父母和爷爷奶奶，再对自己的同学说一遍，这就是第一节课的体育作业，回来要考试。”我让学生们记住三句话:①身体是1，其余的都是后面的0，没有前面的1，后面的0就没有任何意义；②重视身体健康就是以人为本；③养成良好的锻炼身体的习惯需要一个月。

第二学期开学第一课我讲“规则”。我说：“‘规’字，左边是‘夫’，右边是‘见’，就是说规则是人人都能看得见的，是摆在明面的，不能是潜规则。‘则’左边是‘贝’，是钱财，右边是‘刂’。如果违反规则获得利益，获得钱财，就会被‘立刀’砍断头。所以我们只要遵守规则，就能上好体育课。”我也让同学们记住三句话：①规则是必须遵守的；②规则是一切安全的保证；③规则能保障体育课顺利进行。

六年级第一学期开学第一课我讲“自信”。我说：“自信就是自己要相信自己，自己给自己信心。我们有时需要别人的帮助，但最关键的是自己要有信心。开始时，我们都会对自己信心不足，通过自己的努力、成功，我们就会建立自信。一年级时，我们跑不快、跳不高、投不远，现在我们都没问题了，有的同学还能在海淀区运动会上得第一名。”我又让同学们记住三句话：①自信来源于实力；②自信是靠成功积累起来的；③自信能够使我们挑战更大的困难。

第二学期开学第一课我讲“游戏”。我说：“我们都喜欢游戏，其实游戏是伴随我们一起长大的。在游戏过程中就能得到快乐，是没有其他学科可以代替的。比赛是游戏的一种，一年级玩“老鹰捉小鸡”“找朋友”，二年级玩“猎人打野鸭子”，三年级玩“迎面接力”，四年级踢足球，五年级打篮球，六年级样样游戏都能玩。在游戏里，我们流了很多汗，也摔了很多跤，跌倒了无数次，但每次都勇敢地爬了起来。后来，跌倒的次数少了，我们也长大了。如果没有游戏，我们的童年将没有颜色。”我又说：“体育课是我们一起学习游戏的课堂，操场是我们游戏的场所，也是我们竞技的赛场，更是我们体验成功与失败、快乐与悲伤的舞台，把汗水和泪水留在操场上，将来会得到一辈子的幸福。”我依然让同学们记住三句话：①游戏让我们享受快乐；②游戏让我们学会团结；③游戏让我们遵守规则。

（二）创设情境——上学生喜欢的体育课

在小学低年级体育课中，学生学习以直接兴趣为主，有意注意时间短、易分散，兴趣易转移，抓住学生的有意注意是提高学习效率的关键。小学生对体育活动具有广泛的兴趣，喜欢游戏，善于模仿，愿意在教师的带领下参加集体活动。将情境教学引进课堂，不但适合学生的心理需求，而且可以使教学方法多样、灵活、富有趣味性。可以通过从“境”入手，以“理”入心，实现理论与实践的统一。“教是为了不教”，教师的主导作用就在于发挥学生的主体性。

情境，即情况、环境，是由外界景物、事件和人物关系等因素构成的某种具体的教育境地。简单地说，就是教师要用生动形象的语言，给学生描绘出一个欢快的氛围，给学生提供一个展开遐想、创造的空间，从而满足低年级学生“游戏心理的需要”。

在发达国家，有先进的场地、器材，有条件优越的训练馆、运动场，每个班的人数也少，学生可以自主选择、自我练习，因此学生的积极性很高，也不乏创造性的行为。而在我国，目前还不具备这种条件。受场地、器材的限制，一部分学生成为“观众”，时间一长，这些“观众”就容易走神儿，注意力分散，影响课堂纪律和教学效果。采用情境教学可以有效地缓解这一情况。如何使情境教学更好地为教育教学服务?如何通过情境教学充分调动学生的积极性，并能使每一个学生都获得最大限度的发展呢？我认为，应该做到以下几点。

第一，情境教学要以教材为中心，为完成教学目标而服务。完成课程的目标是中心，采用情境教学是为了更好地达到目标，不能本末倒置。按教材内容设置情境，采用相关的线索至关重要。如教学立定跳远时，可以模仿“小青蛙找妈妈”为线索贯穿全课。开始时，引导学生扮演一只可爱的小青蛙，在寻找妈妈的途中遇到了许多可爱的小动物，模仿小动物的动作。模仿大雁飞；模仿小鸭子走；模仿小猴看东西、找食物；模仿小熊摘玉米；模仿大象走路；模仿小白兔跳。遇到一条小河，要踏石过河，遇到比较宽的河过不去，就要进行立定跳远的训练，进行比赛，看谁学得快，跳得远。小青蛙学到了本领，勇敢地过了河，来到了一片稻田，发现许多害虫，于是小青蛙拿起武器（海绵包）去消灭害虫。害虫被消灭了，小青蛙也找到了妈妈。它们一起唱歌，一起跳舞。这一情境的设置，不但很好地完成了教学任务，而且使学生乐在其中。

第二，教师的教育对象是学生，“学生的任务不只是接受，更是创造”。因此，教师在选择和使用情境材料时，不但要依据学生身心发展的规律及学生的个人特点，更要给学生创造发挥其想象力和创造力的空间。例如，设置带领学生参观体育运动中心这一个情境，在做游泳、滑冰、射箭、打网球、划船、举重等模仿练习时，可以先说出项目的名称，让学生按自己的理解去做动作。鼓励有创造性的学生，然后，再加以正确的引导。尽可能少用“1、2、3、4”口令指挥。让学生按照自己的节奏练习更好，不要把学生套住，束缚死，要多给学生自由发挥的机会。

第三，师生要建立良好的人际关系，为创设情境教学奠定基础。“教育过程必须在幸福、欢乐的感情交往中展开。”“教师应当成为孩子们的朋友，深入到他们的兴趣中去，与他们同欢乐，共忧伤，忘记自己是教师。”当师生间建立良好的人际关系时，教师所置的情境就特别容易被学生接受。教师应抓住这一契机，以身作则，率先垂范。教师设置情境，如去参观解放军军营，进行队列练习，去参观工厂，模仿工人做工，去参观农村，模仿农民劳动，去野生动物园，去大森林等，渗透给学生人与人、人与动物、人与自然，和谐相处的关系准则，不失时机地对学生进行集体意义、团结协作、认真负责、互相帮助、吃苦耐劳、坚强勇敢、机智灵活的教育，使学生既有一个健全的体魄，又有一个美好的心灵。

第四，创设情境应遵循科学的教育原理，科学的教育原理是教师创设情境的重要依据。教师应时刻注意所选用的情境材料要符合生活事例、符合学生心理需要，要具有启发性、可接受性、直观性，要因材施教，循序渐进，使科学性和实效性相统一。

第五，教师要具有渊博的知识和高尚的人格。教师应具有一定的专业技能、技巧和知识，用以帮助学生获得同样的知识。教师要创造一个良好的课堂气氛，向学生展示成人的行为样式，起到良好的榜样作用。教师要能巧妙地开阔学生的视野，能及时、妥善处理突发事件，避免过多直白的表述，适当地使用具有文化品位的语言。

总之，情境教学可以把低年级学生的情感活动与认识活动结合起来。体育是全面发展教育的重要组成部分之一，一名体育教师应积极投入到情境教学的研究中去，尽量避免使体育课成为练兵场，要通过对情境教学的研究，使单调、枯燥的教材情趣化，令学生的学习变被动为主动。

守正出新　精业笃行

北京市东城区教师研修中心　海汶

名师档案

海汶，男，1964年出生，北京市首批中小学体育名师培养对象，北京市学科教学带头人，1982年考入北京体育师范学院（现首都体育学院），1986—1990年分别在东城区花园中学、六十五中学担任中学体育教育教学工作，1997—1999年参加北京师范大学、北京教育学院主办的“体育教学论”专业研究生课程进修班学习，成绩合格予以结业。2008年被调入东城区教师研修中心体育教研室，现为东城区教师研修中心中学体育教研室主任、教研员。

工作30余年来先后获得“东城区优秀青年教师”“东城区优秀教师”“东城区教育系统优秀教育工作者”“北京市市级骨干教师”等荣誉称号。担任东城区第十三届、十四届人大代表，北京市教育学会体育研究会理事会理事，北京市体育教师专业技能考核评审委员会委员、北京市体育教学观摩展示活动评审工作委员会专家、北京市青少年校园足球特色学校评估专家、北京市教师资格认定教育教学能力测试学科评委等职务。

承担教育部“国培计划”、全国中小学教师继续教育远程培训专题讲座20余次，其中“新课标下初中篮球教材、教法分析”“中学生体能发展”等课程被全国中小学教师继续教育网、全国高校教师网络培训中心选用。参与全国、北京市“十一五”课题2项、中国教育学会“十三五”课题1项、2018年“教材建设中创新性发展中华优秀传统文化研究”专项一体化子课题研究工作2项，负责主持全国教育信息技术研究重点课题子课题“东城区在‘互联网+Brain Breaks’背景下探讨学生自我学习效能影响的实践研究”等4个课题的研究。

主编和参与编写《中学教学改革实践与研究》、七至九年级人教社《教师教学用书》等教材教参9册，出版学术著作《基于常态教学的中小学体育教师专业技能提升与修炼》等7册。在《中国学校体育》《体育教学》等核心期刊上发表文章16篇。《新时代健康中国理念下区域结构校学生体质大数据剖析——我区初二年级体测数据情况为例》等10余篇论文获全国学校体育科学大会一、二、三等奖，《东城区中学体育教师课堂教学行为的调查研究》等27篇论文在北京市体育科学论文报告会获奖。

成长感悟

（一）做一名师德高尚、业务精湛的专业领跑者

学校体育教学以学生得到全面发展为最终目的，以提高学生身体素质和运动能力为根本。22年学校体育教学工作，我在教学组织上强调“严”字，即课前严密组织，课上严肃教学、对学生严格要求，同时提高单位时间的教学效益。我多次承担市区组织的各种类型、层次的评优课、评价课、研究课任务。我担任学校教研组组长，强调成果意识，重视教研组的建设，确定教研组共同的工作目标：“团结、有序、自律、创新、争先”；讲话有根据（理论），办事有效果，遇事有高度（觉悟），友好有原则；青年教师要处理好“位”与“为”的关系，有“为”才能有“位”，有“位”更要有“为”。

我校先后荣获“全国中学贯彻《学校体育工作条例》优秀学校”“北京市贯彻《学校体育工作条例》百所优秀学校”称号；学校体育教研组成为东城区教委表彰“先进教研组”，六十五中学体育传统项目足球、排球曾最高获得北京市“振兴中华杯”足球赛初中男子组第一名、北京市体育传统学校排球赛高中男子组第一名的优异成绩。

我担任教研员工作，秉承“继承中求发展，规范中求创新”的工作理念，坚持以教师为本，推进教育教学改革，确保各项工作朝着有力（前期设计：理论支撑、

科研引领）、有序（过程实施：研究、培训、实施）、有效（最终结果：推广、固化、提升）的方向发展。坚持以专题讲座为载体，加强教师的专业培训，促进体育教师专业化发展，以开展公开课、研究课、展示活动为载体，大力推动课程改革向纵深发展，提高教育教学质量，以课题研究为载体，大力开展体育教学研究活动，提高教育教学科研水平。

（二）做一名文武双全、学术有成的时代改革者

2013年，我有幸成为北京市名师工程的一员，经历了以“成长规划—教研反思—理论提升”“追踪课堂—课题研究—迁移凝练”“观摩研讨—专著出版—课题结题”“特色交流—成果交流—展示交流”为主旨的北京教育学院体育与艺术学院基地承担的北京市体育与健康学科名师学员的四个阶段培训。与导师一起学习、交流、研讨，不仅拓宽了我的视野，还丰富了我的实践经验，更让我的思想得到了升华，使我对教研工作有了更新的认识。

作为一线体育教研员，我也第一次感受到了一个名师的分量，有高端的理论学术导师指引、有经验丰富的实践导师指导、有专业博士的学术秘书跟进、有体育重点学科建设团队的服务，为此我很幸福、很骄傲，也有了一分成为名师的自信，更有了一分在区县教研工作的突破。

在陈雁飞导师的指导下，数次的专题研讨、主题研究、教研跟踪指导、深入学校，带给我的有压力，也有动力，压力在于教师们需要有人去引领，动力在于有专家在我急需帮助的时候，答疑解惑。日常教研工作得到了一线体育教师的肯定，教研活动有了研究点、有了新的招数、有了新的亮点、有了新的途径、有了上层的名师团队，这让我更清晰地构建了一支我的下位教研团队。参加名师培训，不只是自己学习，更重要的是带动教研团体学习，促进每一位教师的共同成长。

大强度的刺激、长时间的强化、新项目的举措、树名师的能量，我看到了自己的进步，作为一名教研员，我要用我的力量，影响东城区的每一位中学体育教师，为教师做好服务工作，搭建平台，引领教师认真学习、研修学科前沿知识，开创东城区体育教育的新局面，为学校提供强有力的组织保障和人才支持。

（三）做一名慧眼识才、诲人不倦的承前启后者

深入学习贯彻党的十九大精神，以习近平新时代中国特色社会主义思想为指导，坚持党的全面领导，落实立德树人根本任务，加强师德建设，为深化教育综合改革服务，为教育人才队伍建设服务。

创新研修工作模式，提升服务品质，打造教师队伍，提高教育质量，树立以提高质量为核心的教育发展观，围绕“创新、协调、绿色、开放、共享”的理念，构建开放性的教与学模式，努力培养学生的创新精神、核心素养和实践能力。

通过随堂听课、随堂抽查、定期监测等方法，将运动负荷、练习密度纳入体育教学评价范围，促进我区体育教学质量的提高和教师的专业化发展。构建学区、专项教研组、学校三级教学研修新模式，探索建立“研修一体化”工作方式，充分发挥龙头校的引领、示范作用，建立校际间合作机制，全面提高我区体育教师的教育教学水平。

立足本区实际，积极推广利用小场地增强体育锻炼实效性的典型经验。开展了体育课卫生评价，科学指导上好体育课，加强了对体育常态课教学、课间操、大课间的运动量的监测、评估。教委体卫科、体育教研室、学校领导、体育组共同听课，掌握体育教学的一手资料，研讨加强体育工作的措施、途径。

坚持“以人为本”，推进教师教育创新，促进教师专业化发展，全面提升体育教师的专业素养和教学技能，教师的专业素养决定了课堂教学的深度和广度，关系到课程改革的深入，开展教师专业技能培训、考核、评比。

（1）切实提高教师对专业技能培训、考核意义的认识，形成良好的学练氛围。加强教师（特别是青年教师、见习期教师）专业技能培训的组织管理工作，做到时间、地点、任务“三落实”，实行区、校两级负责，教研室具体操作的管理体系。

（2）集中培训与自觉训练相结合，以考促练，讲求实效。全方位的理论学习与考核相结合；教材教法培训与实际操作相结合；力求学以致用。

（3）建立激励机制，强化检查评比。开展竞赛活动，强化教师考核评价的驱动作用。近年来经过培训、考核，我区涌现出一批青年教师在北京市乃至全国获奖，如六十五中王玉中老师获全国传统项目比赛一等奖、全国教学展示一等奖、全国教

学技能比赛二等奖；五中分校张堃老师、广中张丹老师获首届“京教杯”一等奖；五中分校陈兆老师获市教学课例评选一等奖，黄鹰老师、马志老师、王玉中老师获市优秀课例一等奖；五十四中刘璋获市足球课例评选一等奖。

王玉中老师在“第二届全国中小学体育教师教学技能比赛和备战回顾”中写道：“整个比赛准备过程我得到了区教研中心的专业指导、悉心的培养和帮助，这使我进步很大、收获颇丰。我通过对课程标准和教材的反复研读，提高了对中学体育健康教学的认识和掌控能力；通过对中学教材的梳理和模拟教学的准备，提高了自身教学技能，增强了我上好体育与健康课的信心。目前，我可以对教材中的任何内容进行常规教学，而紧张的赛程也让我提高了应变能力、心理承受力和自我调节能力，为更好完成体育教学训练工作打下坚实的基础。”

（四）做一名面向全体学生、身心健康的守护者

1. 东城区“健康·成长2020”工程初期实施合理性分析——关于学生体质、运动场地情况的调研

党的十八届三中全会做出了强化体育课和课外锻炼的重要部署，国务院对加强学校体育提出明确要求。为此东城区教委制订了青少年“健康·成长2020”工程计划。为使此项工程更具针对性，能够客观反映我区学生体质情况，对我区“阳光体育”工作起到补充促进作用，东城区教师研修中心体育教研室开展了此次调研。研究重点从学生体质情况和运动场情况两个大方面进行延伸分析，就东城区中小学校实际情况做前期调研，调查对象覆盖了全区99所中小学、303名体育教师及随机抽取的9362名学生。采用文献资料法、访谈法、问卷调查法、逻辑分析法、数理统计法，从区体育文件的制定、学校体育管理体制、体育课程设置、体育场地和器材情况、家长的重视度等方面进行分析，并结合我区体育开展的实际状况进行研究，发现存在的问题，并针对问题提出相应改进策略。研究结果表明：东城区中小学学生体育活动时间不足，体育课程内容较为传统，不能满足我区学生的学习需求；耐力练习学生热情度不高；体育基础设施需要完善。根据调研结果提出建议：①增加体育课时；②丰富和充实体育课程内容；③合理有效利用我区体育资源。

2. 建立《东城区中小学体育教学教师指导与学生锻炼系统》大数据平台

为每个学生建立可追踪的健康档案，将《国家学生体质健康标准（2014年修订）》测试成绩、学习态度、出勤情况、日常体育课学业水平成绩、学生运动技能的掌握情况，录入监测与分析系统，便捷地为教师提供考核平台，提高学生成绩的公平性和客观性。开发学生体能筛查分析系统，通过体能素质的测试评估指标数据给教师以教学反馈，使学生对身体状况和锻炼程度有了解。对个体进行健康体适能组成要素的测试、评价、分析，制订适合个体的运动处方进行锻炼。

监测学生体育课、课间操、课外锻炼的运动负荷与密度，根据不同运动项目，追踪各年龄段学生体育锻炼的效果，形成中小学生参加体育活动参考依据，通过对相关数据进行分析，为教学提出合理化建议，为提高体育课堂教学实效性服务，为增强学生体质、提高学生运动能力、培养学生健全人格服务。

教学亮点

对体育教学设计规范化的再认识

（一）课堂教学设计规范化的内涵

“规范”的定义是“使合于一定的标准”（《现代汉语词典》，商务印书馆，第7版）。体育课堂教学设计的主要任务就是解决教学过程中的问题，使得相同的问题在今后类似的教学情况下不再出现或减少其出现的频率，从而优化教学过程，取得教学实效。课堂教学设计的规范化是课堂教学的有效性行为之一。

北京市体育教师专业技能展示与比赛对教学设计的要求如下。

1. 体育课堂教学的指导思想与理论依据

教学指导思想明确，以科学的教育教学理论为依据，以新课标理念为指导，并与教学内容、过程及学生实际联系紧密。

2. 教学背景分析

分析教学内容的特点、锻炼价值和育人功能，在学科知识体系、年级（模块）

或单元中的内在联系；结合具体内容和学生实际确定教学重点、难点；了解所教学生的身心特点和差异；了解学生前期的学习状况、运动技能基础、体能基础等；清楚前期教学方式、教学手段、问题分析并有改进对策。

3. 体育课堂教学目标的设计

从知识、运动技能和体能、情感态度与价值观三维角度阐述教学目标，并有所侧重。目标设计符合课程标准的要求，难度适宜，针对性强，内容具体，具有可操作性。

4. 体育课堂教学重点和难点设计

根据运动技能的形成规律和过程设计课次的教学重点，从教材自身学生难以理解和掌握的内容及学生容易出错或混淆的内容两个层面设计课次的教学难点。

5. 体育课堂教学手段、主要教学方法、教学资源设计

明确表述教学过程中的教学方式、教学方法和教学手段及学生练习方法。教法和手段有助于突破教学重点，化解教学难点；明确练习的时间和量。教学指导策略多样，符合学生年龄特点和认知规律，能体现关注学生个体差异与不同需求，确保每一个学生受益等课标基本理念。教学资源安全、卫生、实用，且符合学校和学生的实际。

6. 教学过程的设计

按照教学流程对课堂教学的组织形式及教师讲解示范的位置和方向进行说明。

7. 运动负荷、密度预计与学习效果评价设计

教师评价与学生评价的方法和手段简便、有效、可操作性强。合理预计课的练习密度和运动负荷。

基于此，本研究认为，规范化的体育课堂教学设计要求体育教师以先进教育思想、教学理论为基础，对教学对象与教学过程及构成体育教学过程的基本教学环节加以具体分析，并进行有效的调控，如学校场地的大小、学生人数的多少、现有教学设备情况，学生的身体发育水平、认知水平、技能水平、心理素质等。规范化的

体育教学设计应该包含体育课堂教学的指导思想与理论依据，教学背景分析，体育课堂教学目标的设计，体育课堂教学重点和难点设计，体育课堂教学手段、主要教学方法、教学资源设计，教学过程的设计，运动负荷、密度预计与学习效果评价设计七个方面的要素，它是教学设计者共同的规范，也是体育教师要明确的教学指导思想，要理清的体育教学思路，对课堂教学具有导向和约束作用。

（二）课堂教学设计规范化的要素与案例分析

1. 体育课堂教学的指导思想与理论依据

确立“健康第一”的指导思想，明确学校体育的首要任务是“育体”和“育心”，提高学生整体健康水平。学校体育要坚持面向全体学生，提高学生的健康意识，发展学生素质，促进学生身心健康发展。通过体育，教会学生掌握基本的体育卫生知识，基本的运动技能和技巧，基本的健身方法和手段，使学生养成锻炼的习惯；发展学生的个性，提高学生的创新、实践和自主活动能力。

体育课堂教学设计中“指导思想与理论依据”的具体描述如下。

实例：七年级男生教学班横箱分腿腾越第二次课（以下实例均选自本节课）。

本课依据《义务教育体育与健康课程标准（2011年版）》，遵循“健康第一”的指导思想，以学生发展为本，结合七年级男生的身心发展特点和运动技能形成的规律，在教与学的实践过程中，为学生积极营造主动体验、合作交流、探究拓展的学习氛围，将知识传授与技能、方法的学练有机结合，在练习中，通过评价、鼓励和激发学生的学习热情，使学生体验合作学习的乐趣，形成正确的价值取向，促进学生的和谐发展。

2. 教学背景分析

进行体育教学设计的第一个工作就是要认真分析体育教学系统的环境，对学生的学习需要和发展需要进行分析，通过一定的调查研究，发现教学中存在的问题，并分析该问题的性质，论证解决该问题的必要性和可行性。只有在客观分析学生学习需要和发展需要的基础上，才能提出合理的体育教学目标并进行科学的体育教学设计。

（1）课堂教学内容分析。从教材地位分析、技术角度分析、锻炼价值分析三个方面进行。

实例一：从教材地位分析。支撑跳跃是体操项目中唯一采用快速助跑踏跳，通过两手推撑，在十分短暂的时间内空中腾起并保持一定身体姿态，超越器械后平稳落地的项目。支撑跳跃动作实用价值很高，在日常生活、军事训练或旅游中，常常可以运用一些类似的体操动作来腾越障碍，摆脱困境。

实例二：从技术角度分析。横箱分腿腾越是由助跑、上板、踏跳、第一腾空、推手、第二腾空、落地七个环节组成，动作技术要求助跑、踏跳快速有力，直臂远撑推手及时，落地屈膝缓冲。在支撑跳跃技术中，起跳和推手是完成动作的两大主要动力，在教学中都应作为重点进行练习和指导。

实例三：从锻炼价值分析。进行支撑跳跃锻炼，对增强学生上下肢的肌肉、关节、韧带的力量和灵活性，发展跳跃、平衡能力及灵敏、速度等体能，都有很高的锻炼价值。同时，在支撑跳跃的学练过程中，学生将通过克服困难，相互鼓励和帮助，逐步形成勇敢、果断的意志品质和团结合作的行为品质。所以，支撑跳跃教材也是对学生进行价值观教育的有效载体。

（2）学生情况分析。学生情况分析要考虑以下三个方面：学生一般特征分析、学生体育学习风格、学生初始能力和教学起点的确定。

实例：授课对象是七年级年级男生教学班，共36名学生。学生处于快速生长发育期，自尊心和独立意识不断增强，具有较强的求知欲望、竞争意识和参与意识。学生善于表现自我，对体育与健康课程有着浓厚的兴趣；该教学班学生身体素质较好，基本具备完成纵箱分腿腾越动作技术的基础，但学生间也存在差异，部分学生由于心理上对于体操项目比较畏惧，完成动作比较困难。因此，本课在教学目标的制订、教学方法的选择及教学评价等方面要体现分层教学的差异。

3. 体育课堂教学目标的设计

体育课堂教学目标是指一节体育课所能达到的教学结果和标准，包括知识与方法目标、运动技能与发展目标、心理品质与教育目标三个方面。体育课堂教学目标应该包括“达成什么样的课题”“在什么条件下达成课题”“用什么标准来评价”三个内容，即课题、条件、标准，构成体育教学目标的三大要素。

实例如下。

目标一：知识与方法目标——95%以上学生建立横箱分腿腾跃的动作概念，理解并掌握保护与帮助方法。

目标二：运动技能与发展目标——通过练习，85%左右的学生在保护与帮助下能较好地掌握直臂顶肩撑手、提臀分腿动作并能腾跃过“山羊”或低箱，其中30%左右的学生在保护与帮助下能完成高箱分腿腾越的完整动作。发展学生速度、力量和灵敏等素质。

目标三：心理品质和教育目标——培养学生勇敢、果断、顽强拼搏和团结互助的精神，体验合作学习带来的乐趣。

4. 体育课堂教学的重点和难点设计

体育课的重点是指一节课的主要任务或主要教材，一般而言，短短的一节体育课不可能面面俱到地完成所有的体育教学任务，它仅是学期或单元教学计划的有机组成部分之一。因此，一节体育课应该有一个重点。

教材重点是指身体练习的主要部分，即某一个身体练习的技术关键或技术环节的重要连接部分。教材的重点是客观的，它不以学习对象的不同而改变。例如跨越式跳高教材的重点就是起跳。

教材的难点是指学生对某教材的技术不易掌握的部分。教材的难点具有主观性，它不仅与教材有关，而且与教学对象的学习能力、身体素质等有关。

实例如下。

教学重点：踏跳有力，提臀分腿。

教学难点：及时的顶肩推手。

5. 体育课堂教学手段、主要教学方法、教学资源设计

（1）教学手段设计。教学目标是选择运用教学手段的工作指向和直接依据，教学手段则是实现体育教学目标的现实条件和必要前提。体育教学手段的运用分为辅助式和直接式。

（2）主要教学方法设计。选择体育教学方法的依据：根据具体的教学目标、任务；根据教材内容的性质和特点；根据学生的实际情况；根据教师自身的条件和特

点；根据教学条件；根据体育教学方法的功能、运用范围和使用条件。

（3）教学资源设计。教学资源主要指教材、教法和网络等资源。体育教育是一个周期性较长的学科，因而它的教材、教法既有整体性，又因学生年龄、性别特征而具有灵活性；既便于我们根据本学校的场地、器材、师资等实际情况进行合理有效的整合，又要求体育教师熟悉和钻研本学段的教材、教法，同时还要广泛收集适合本校、本学段各种教材为教学所用。

实例如下。

主要教学方法：针对本课的教学目标和学生的实际情况，遵循“以教师为主导，学生为主体”的教学原则，采用讲解示范法、引导启示法、表扬激励法、综合评价法、教学展示法指导学生练习。

教学手段：教学手段上采用观察法、模仿法、合作练习法等主要教学手段，教学中使用教学挂图辅助教学。

教学资源：在本次课的教学中要用到跳箱两个，“山羊”一个，踏跳板三个，教学挂图一张。

6. 教学过程的设计

所谓体育教学过程的设计就是用流程图的形式，简洁地反映分析和设计阶段的结果，表达教学过程，直观地描述体育教学过程中教师、学生、学习内容、教学媒体等基本要素之间的关系，给体育教师提供一个有参考价值的课堂教学设计方案。

实例：七年级男生教学班横箱分腿腾越第二次课教学流程图（图1）。

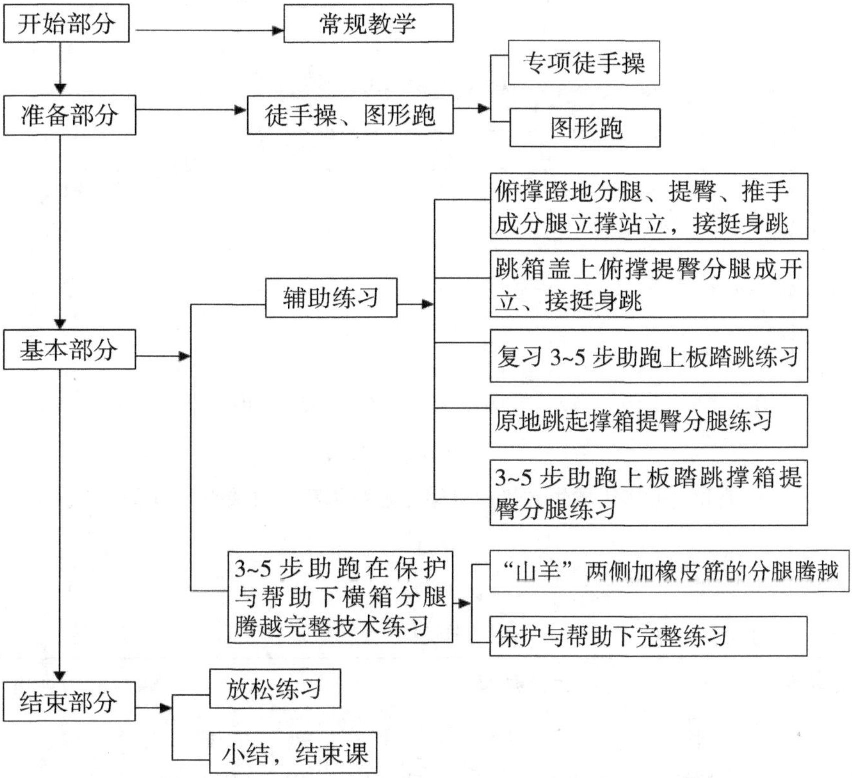

图1　七年级男生教学班横箱分腿腾越第二次课教学流程图

7. 运动负荷、密度预计与学习效果评价设计

对学生学习效果及教师自身教学效果的评价，分析要具体、实事求是，评价方式应尽可能做到目的性和可操作性强，灵活多样。

实例：七年级男生教学班横箱分腿腾越第二次课运动负荷。

（1）课的密度预计。32%~35%。

（2）运动负荷预计。参照七年级男生教学班横箱分腿腾越第二次课心率曲线图（图2）。

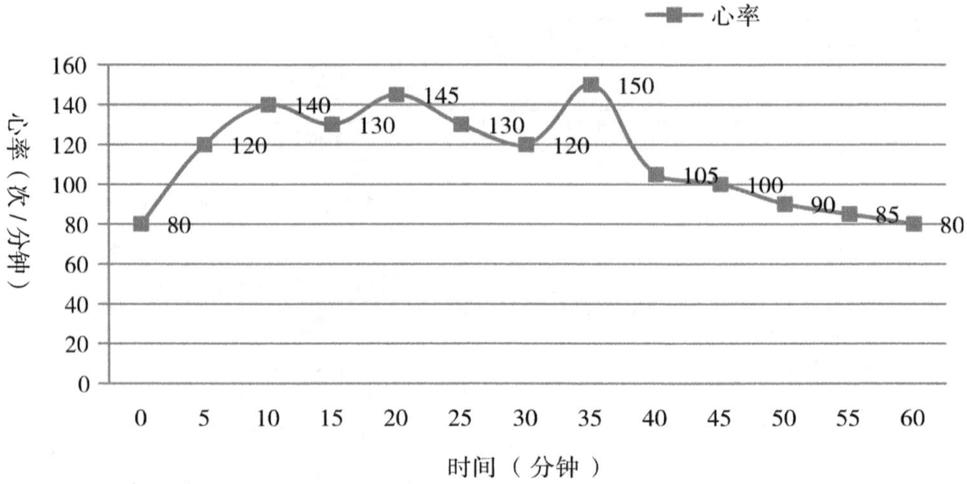

图2　七年级男生教学班横箱分腿腾越第二次课心率曲线图

（3）学习效果评价见表1。

表1　学习效果评价

项目/标准/动作	动作质量				综合能力评价		
	优	良	中	差	好	中	差
分腿腾越	助跑轻松、自然、协调，速度快，起跳快，腾空高，直膝分腿大，稍屈髋，有明显的制动和上体挺身动作，展体充分，姿态美，落地稳	助跑轻松、自然、协调，速度较快，起跳快，腾空较高，分腿大，直膝推手快，有制动和上体急振意识，有展体动作，姿态较美，落地较稳	助跑较快，能完成动作，但腾空不高，动作不美，落地不稳	完不成动作	能分析动作完成情况，会保护与帮助，受同伴信任；能主动克服胆怯心理；应用能力较强	有分析能力，能进行保护与帮助，同伴较信任；能在帮助指导下克服胆怯心理；有一定的应用能力	不会分析动作，不会保护与帮助，同伴不信任；始终存在胆怯心理；不会应用

（三）体育课堂教学设计规范化的思考与建议

任何一项课堂教学设计除了具有科学性、方向性外，还必须具有实践性、可行性和可操作性。坚持实事求是的设计原则，体育课堂教学设计才有生命力。

1. 分析教学过程，控制影响因素

体育课堂教学设计要注意对教学对象与教学过程的基本要素（诸如教学目标、教学内容、教学对象、教学方法、教学媒体等）和构成体育教学过程的基本教学环节（诸如准备器材、导入新课、讲解示范、学生练习、总结评价、布置作业、整理器材等）加以具体分析，并针对影响学生学习成果的各种因素进行控制。

2. 体育课堂教学设计须以现代教学观为指导

体育课是各级学校教育的主要课程之一，是贯彻素质教育思想，培养德、智、体全面发展的新人的重要途径。因此，体育课堂教学设计必须以现代教学观为指导，以先进教育思想、教学理论为理论基础。

3. 体育课堂教学设计须遵循体育课教学规律

以身体练习或身体实践活动为主线，是体育课堂教学设计区别于其他学科设计的最重要标志。体育教师在进行教学设计时，应突出教学实践环节的设计，使整个体育课堂教学设计以技能学习为主线，并将运动参与、社会适应等教育与技能的训练有机结合起来，将对基础知识的学习与基本技能的训练结合起来。

4. 体育课堂教学设计须实事求是，讲究实效，具有可操作性

实事求是就是按照体育学科教学本身具有的特点规律，根据体育课现有教学条件，如学校运动场地的大小、学生人数的多少、现有教学设备情况，教师和学生的身体发育水平、认知水平、技能水平、心理素质等。

善待他人　善待自己　享受工作　享受生活

北京教育科学研究院　樊伟

名师档案

樊伟，女，中学高级教师，北京教育科学研究院基础教育教学研究中心简称“北京教科院基教研中心”体育教研员，从事一线体育教学工作11年，市、区级小学体育教研工作18年。荣获“北京市优秀青年教师”“北京市爱国立功标兵”等称号；从2001—2007年连续被评为市级骨干教师、市级学科带头人；2015年被评为北京市名师；多次获得“北京市体育教学评优”一等奖，并赴外省市交流。指导的教师获得“全国中小学体育教学评优”特等奖。曾担任北京教育学会体育研究会副秘书长、全国学生体质健康标准推广活动组委会特邀专家、人民教育出版社简称“人教社”义务教育教科书培训团专家；受邀于北京师范大学担任澳门中小学体育学科教师培训导师等。

曾参与教育部和北京市的多项课题研究工作。2016年参加国家社科基金重大项目“中国百年教科书整理与研究（10&ZD095）”之子课题“百年中小学体育教科书的变迁研究”；参与教育部体育卫生与艺术教育司“学生体质健康标准健康诊断与运动处方”课题；参与北京市教委立项课题“网络体育教育多媒体课件系统建设（PXM2009-014206-080741）”之子课题“全国中小学体育教师继续教育资源库建设与开发”项目研究工作等。2018年参加国家社科重大项目子课题“大中小学体育课程一体化研究(VFA180003-12）”，负责小学体育学习评价研究。“学生学业成绩差异及其相关因素的实证研究”成果，荣获北京市第六届教育科学研究优秀成果二等奖。撰写发表学术论文数十篇，其中《北京市小学体育学科学业质量现状及其影响因素研究》一文，发表在《教育科学研究》（中国人文社会科学核心期刊）上。曾有多篇论文荣获“中华人民共和国学生运动会——科学论文报告会”一、二等奖。编著出版了《基于常态教学的中小学体育教师专业技能提升与修炼》《小学体育学科主题教学案例研究》等。担任人教版《义务教育教师教学用书体育与健康》（水平三）副主编、北京版《义务教育教科书体育与健康教师用书》1～6册编委、教育部体育卫生与艺术教育司主持编写的西部教材《小学体育教学教师用书》（水平一）副主编、《北京市青少年校园足球教育指南》《北京市青少年校园篮球教学指南》《北京市青少年校园排球教学指南》3套系列音像教材主编等。

成长感悟

每个人在生命中走过的每一步都有一个故事，不经意间回首，那些在生命中灿烂过的笑容，那些在阴霾里温柔过的目光，在生活的沧桑中，都成了一片片折叠的记忆。

1990年的秋天，我和一群年轻人怀揣梦想，来到了既熟悉又陌生的校园，开启了教师职业生涯的第一个篇章。我是那么幸运，遇到了一位经验丰富的老教师！他手把手地教我，把我这个新兵很快就带上正轨。春去秋来，寒来暑往，转瞬间，我在体育教学一线，一干就是11年。做体育老师的日子，是我一生中最快乐的时光！孩子们清澈明亮、充满好奇和期待的双眼，让我的心灵变得平和与宁静！我爱我的学生们！学生们也爱我！

我是一个幸福的人，因为，我得到了别人更多的爱！同事们、领导们对我的爱护，就像温暖的阳光，助我茁壮成长！工作后的第二年，我就开始做市、区级观摩课、研究课、评优课，并赴外省做交流课了。1991—1999年，我先后获得市、区级教学评优、教学基本功大赛、教学文件比赛一等奖。幸运的事情接踵而来！1994年，我破格由小学二级教师晋升为小学高级教师。各种荣誉也纷至沓来！我荣获“北京市优秀青年教师”称号、“北京市爱国立功标兵”称号、“十佳园丁”、优秀青年教师等。

2001年9月，我被调到崇文区（现为北京市东城区）教研中心，2005年被调入北京教科院基教研中心，由此揭开了我教师生涯的第二个篇章。这一次，我幸运地遇到了我的实践导师——马凌主任。在业务方面，我得到他的引领与悉心指导；在做人方面，他的正义、直接、勇敢、真诚、执着、果断和善良，更使我终身受益。

我在教研这个岗位上，悉数已有18载，也许由于担任教研员这个特殊的身份吧，社会兼职多了许多！从原来的北京教育学会体育研究会副秘书长、教学研究与开发部部长，发展到被教育部体育卫生与艺术教育司、人民教育出版社、北京教育学院、中国教师研修网等聘为专家、讲师、指导教师，为全国的中小学体育教师做培训工作。北京教科院基教研中心的领导和老师们也对我的工作给予了充分肯定。2005年我被评为先进工作者，2008年被评为优秀共产党员。一位资深的教研员曾讲过：教研无小事！因此，从做教研的第一天起，我就从不敢怠慢，也不敢偷懒！因为，我知道作为教师，由于自己的原因，可能影响一个班级甚至一个年级的学生。但作为教研员，影响的是一个区域甚至全市的体育教师的发展和学生的健康成长！于是，我在如下方面苦练基本功。

（一）课程教材编写基本功

我认为，对于教研员来讲，深入学习和研究体育课程体系和教材建设的相关理论是搞好学科教研工作的前提。因此，我一方面在备课听课的实践工作中学习，广泛听取一线教师意见；另一方面，将研究、实践的成果尽量体现在教材编写中。

2001—2006年我有幸参与北京出版社《体育教学指导用书》的编写工作，负责撰写1~6册第四章“游戏”、第九章“民族民间体育类”教材约8万字；2007年、2008年分别担任高等院校小学教育专业《体育游戏》和《小学体育教学与研究》编委，分别完成第五章、第六章近2万字的编写工作；2010年，受邀于教育部体育卫生与艺术教育司为西部教师编写《小学体育教学教师用书》（水平一），担任教材副主编，负责撰写教材约3万字，统稿10万字左右；2013年担任“全国亿万学生阳光体育运动课外活动指导书”《2+1快乐跳绳（小学）》《2+1快乐跳绳（中学）》主编，撰写各约1万字，统稿2.5万字左右；2014年，担任人教版《义务教育教师教学用书体育与健康》（水平三）副主编、北京版《义务教育教科书体育与健康教师用书》1～6册编委。另外，我还参与“十二五”职业教育国家规划教材《体育与健康》的编写工作。2015—2017年，我担任《北京市青少年校园足球教学指南》《北京市青少年校园篮球教学指南》《北京市青少年校园排球教学指南》音像教材主编；2018年，参与人教版《校园足球运动丛书学生用书》和《聋校义务教育教科书体育与健康》的编写工作。多年编写教材的经历，促使我对各类教材更加熟识，有更深刻的理解，为指导体育课堂教学练就了扎实的基本功。

（二）教师培训基本功

当女儿问我：“妈妈，你是做什么工作的？”我说：“是教研员。”“教研员是做什么的？”“教研员是老师的老师！”我用最能让孩子理解的语言回答了她。老师的老师！在轻松的话语中，我突然感到自己肩上的责任！是呀，作为“老师”，我能给我的“学生”讲点什么呢？11年的一线教学经历，使我更加了解一线教师的“困苦”！聚焦课堂实际问题，做真研究、说实话、谈问题、给出切实可行的建议，这是我做教研员以来一直秉承的工作作风。

2008年以来，我承担了国家级培训任务，参与教育部组织的西部小学体育骨干教师培训工作，为内蒙古、新疆、甘肃、四川等地区的骨干教师做教材培训；受北京师范大学、北京体育大学、首都体育大学、北京教育学院的邀请，承担“国培计划”讲课任务，每年为北京市及其他地区体育教师做30多场讲座；多次在全国中小学教师继续教育网、中国教研网等网络平台举行讲座；作为人教社课程教材培训专家，多次赴重庆、青海、河北、山西、福建、湖南等地，为中小学体育教师进行培训；为中国青少年发展基金会希望工程义务讲课。2013—2015年，我连续3年受聘于北京师范大学继续教育与教师培训学院，赴澳门为体育教师做培训。另外，我受邀于国家体育总局教练员学院，在西部送教项目中多次为西藏、新疆、青海的教练员做专题讲座，不顾失眠、头痛等高原反应，一站就是一整天。培训内容涉及课程标准、核心素养、体育评价、教材教法、教学方式、教学课例及青少年训练方法等方面内容。

（三）课堂教学研究指导基本功

多年来，我坚持体育教研员听课及报告制度，充分发挥教研员的研究、指导、服务职能。高度重视日常课堂教学的督察与调研，通过推门听课、听常态课的方式，全面了解北京市中小学体育课堂教学现状，并按照市教委文件要求，形成中小学体育课堂教学质量报告。另外，我高度重视对骨干教师的培养与历练，为青年教师搭建平台、压担子，在历届全国中小学教学观摩展示活动及体育教师教学技能大赛中，我指导的教师都取得了可喜的成绩。

2004年，教育部体育卫生与艺术教育司委托全国中小学体育教学指导委员会、中国教育学会体育与卫生分会举办第一届“全国中小学体育教学观摩展示活动”，我指导的王宝华老师荣获特等奖。2012—2017年在第五届、第六届、第七届“全国中小学体育教学观摩展示活动”中，我指导的商维禹、郑源源等多名教师荣获一、二等奖。在2013年第二届“全国中小学体育教师教学技能大赛”中，我参与指导的北京代表团，取得团体总分第一名，荣获民族传统项目表演一等奖，我指导的郑源源老师荣获一等奖。

（四）策划与执行能力基本功

自从被调入体育教研工作岗位，我就体会到了一个字：“忙！”有人说：“一个体育小学科整天瞎忙什么？”小学科？我认为学科不分大小，因为对于学生来讲，哪个学科都有不可替代的价值！只要对学生有益，再忙，也是值得的！

为贯彻落实中央7号文件和市委6号文件精神，北京市教委体育卫生与艺术处简称“市教委体卫艺处”委托基础教育教学研究中心体育教研室于2006—2012年对我市适龄中小学体育教师进行专业技能考核工作。7年累计考核小学体育教师3697人，补考后的合格率为91.46%。一年一度的专业技能考核工作，提升了体育教师讲解、示范、保护与帮助、易犯错误与纠正方法等教学能力。此项工作是考核与培训相结合的工作模式，因此也提升了市、区级教研员的培训水平。除此之外，市教委体卫艺处委托北京教科院基教研中心体育教研室，隔年举行一次北京市中小学体育教学评优和优秀创编操评审工作，在集体的努力下，我们每次都能够圆满完成任务。2018年10月，为贯彻落实全国及北京市教育大会精神，落实习近平总书记在全国教育大会中提出的“要树立健康第一的教育理念，开齐开足体育课，帮助学生在体育锻炼中享受乐趣、增强体质、健全人格、锤炼意志”的指示精神，北京市教委、北京教科院联合召开了“北京市中小学体育与健康教育大会”，会议全面总结了北京市中小学学校体育教育工作，并对未来工作进行了部署。我代表体育教研室做《基于核心素养背景的体育与健康学科教学改革——抓实三“教”保基本，关注健康求创新》主旨报告，此文发表在《体育教学》2018年12月刊。多年来，我们秉承实事求是、勤奋执着、踏实实干的精神，做中学、做中悟，既历练了团队，又历练了自己，不断提升自身的项目策划能力与执行能力。

任教研员以来，在领导、导师和老师们的关心与支持下，我迅速成长并收获了一点点成绩：从2001—2007年连续被评为市级骨干教师、市级学科带头人；2015年被评为北京市名师；获得北京教科院基教研中心先进工作者、优秀共产党员等称号。

讲真话，是我的性格！

真诚待人，是我与人交往的准则！

脚踏实地干实事，是我的工作作风！

读书、健身、旅游，是我的生活方式！

闲看庭前花开花落，是我的心态！

善待他人、善待自己，享受工作、享受生活！

教学亮点

基于核心素养背景浅谈体育与健康学科教学改革现状及对其的思考与展望

中共中央、国务院印发的《“健康中国2030”规划纲要》明确要求：“加强各部门各行业的沟通协作，形成促进健康的合力。”健康是世界人民追求的永恒主题，但健康受诸多因素的影响，体育对健康的促进在一定程度上超过了其他学科对健康所能发挥的作用。面对“健康”主题，我们需要重新审视北京市青少年“健康”现状，需要重新审视北京市学校体育现状。

（一）面对“健康”主题，重新审视北京市青少年健康现状

《北京市2016—2017年度卫生与人群健康状况报告》数据显示，北京市中小学

生肥胖检出率为16.8%，比2015—2016学年度上升3.1%。由2010—2017年北京市中小学生肥胖检出率总体趋势图可知，男生高于女生，郊区高于城区（图1、图2）。

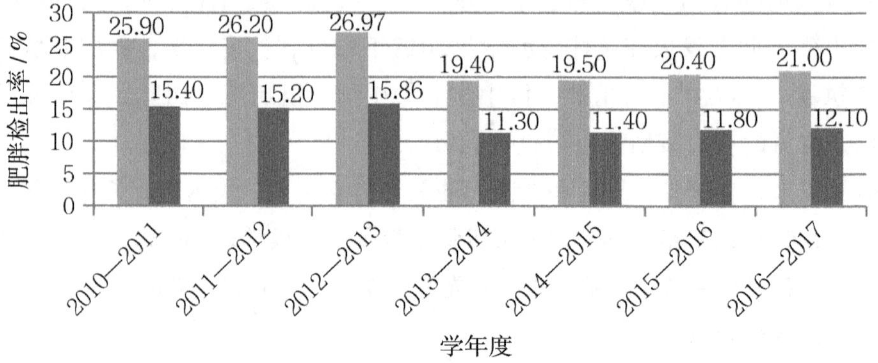

图1　2010—2017年北京市中小学男女生肥胖检出率总体趋势图

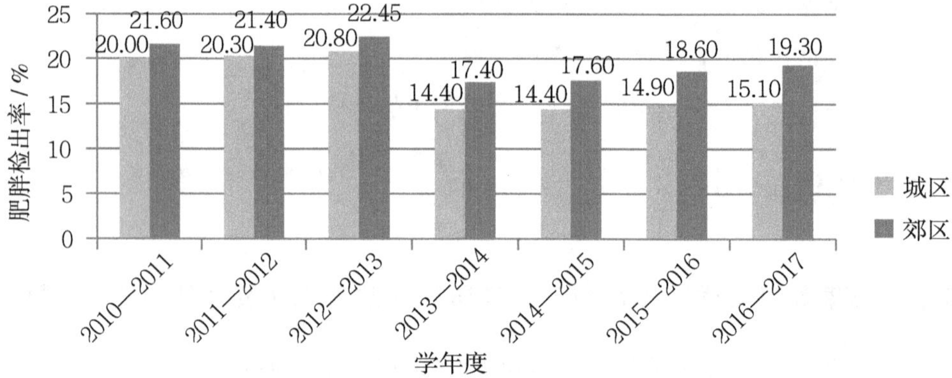

图2　2010—2017年北京市中小学城区、郊区肥胖检出率总体趋势图

《北京市2016—2017年度卫生与人群健康状况报告》数据显示，北京市中小学生不良视力检出率为58.6%，与2015—2016学年度基本持平。与2010—2011学年度相比，小学生不良视力检出率下降了3.6%，初中生上升了3.7%，高中生上升了2.5%，如图3所示。总体来看，不良视力检出率女生高于男生，城区高于郊区，如图4、图5所示。

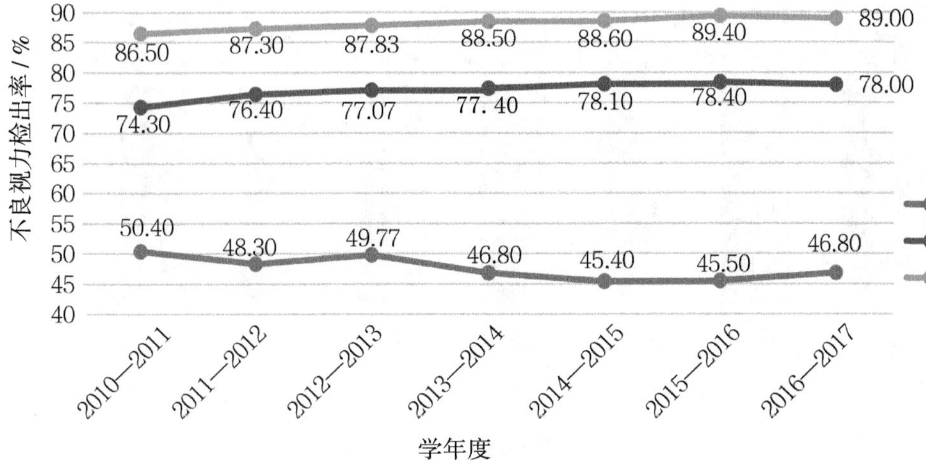

图3　2010年—2017年北京市中小学生不良视力检出率总体趋势图

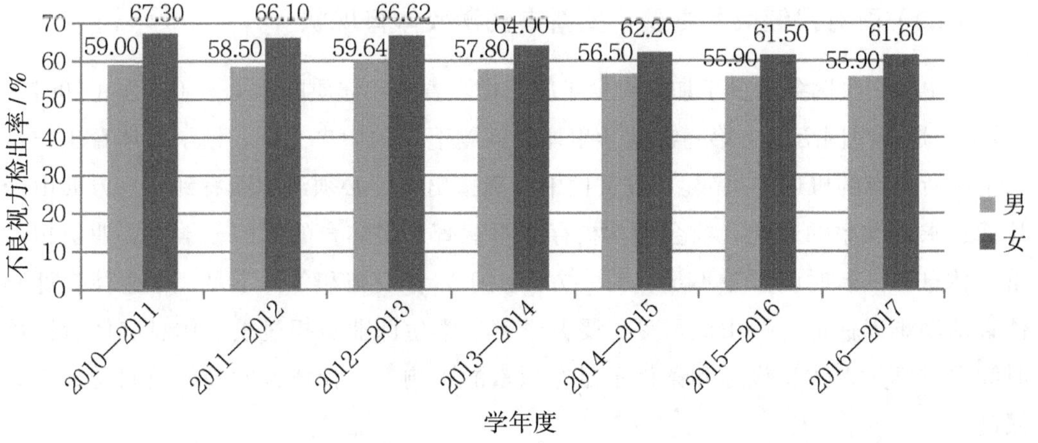

图4　2010—2017年北京市中小学男生、女生不良视力检出率总体趋势图

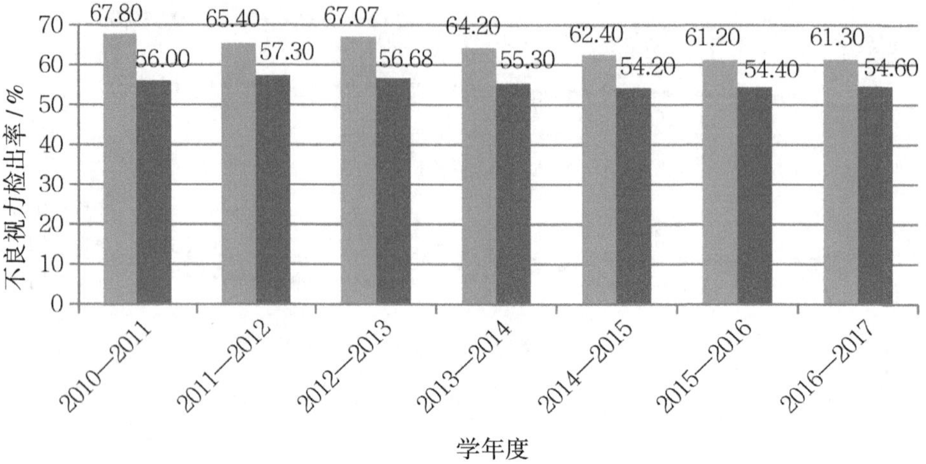

图5　2010—2017年北京市中小学城区、郊区不良视力检出率总体趋势图

（二）面对“健康”主题，重新审视学校体育现状

《中共中央国务院关于加强青少年体育增强青少年体质的意见》（中发〔2007〕7号），是新中国历史上第一次就学生体质问题下发的中央文件，给学校体育工作带来了前所未有的机遇和挑战。7号文件中明确指出：“必须清醒地看到，一方面由于片面追求升学率的影响，社会和学校存在重智育、轻体育的倾向，学生课业负担过重，休息和锻炼时间严重不足；另一方面由于体育设施和条件不足，学生体育课和体育活动难以保证。”由此可见，受升学率、学生课业负担过重、休息和体育锻炼时间严重不足、体育设施和条件不足等因素的影响，学校体育发展的空间受到极大限制。

自该文件下发已有十余载，学校体育的现状又当如何呢?

目前，在学校教育的实际工作中，仍然存在着重智育、轻体育的现象。一些学校管理者思想认识上，根本不重视体育工作，在学校教育中体育工作被边缘化；在学校体育实际工作中，重竞技、轻教学的现象也相当普遍，这导致体育课教学和课外体育活动成为学校教育教学中最薄弱的环节，体育成了少数人的事情；在体育教学实际工作中，重展示、轻常态的现象也普遍存在。急功近利的思想，制约了体育教学的发展，严重侵害了大多数学生接受良好体育教育的权利。

体育教学是学校体育的一个部分，学校体育是学校教育的一个部分，这两个“一部分”限制了体育教学的发展空间。重智育、轻体育，重竞技、轻教学，重展示、轻常态，“三重三轻”压缩了体育教学的宝贵时间。由此可见，体育课程改革的压力与阻力依然存在。

（三）立足于体育与健康学科，思考责任与担当

面对北京市青少年体质健康现状问题，面对学校教育、学校体育、体育教学的现状问题。北京教科院基教研中心中小学体育教研室立足于体育与健康学科，思考责任与担当。从师资队伍、课程教材、课堂教学、学业评价四个方面入手开展深入研究，大胆实践，勇于创新。

1. 师资队伍建设是确保青少年健康成长的根本

（1）通过政策引导，吸引大量高校毕业生进入中小学校，配齐、配强中小学体育师资队伍。

（2）狠抓两支队伍建设，确保中小学体育师资队伍和体育教研员队伍质量稳步提升。

2. 课程教材建设是改善青少年健康现状的载体

（1）规范管理，把好教材使用关。

（2）教材培训，把好教材实操关。

（3）研究教材，把好教材拓展关。

3. 课堂教学研究是提升青少年健康水平的主阵地

（1）找准定位，明确任务。

（2）聚焦问题，指明方向。

（3）突出重点，狠抓落实。

4. 学业评价研究是检验青少年健康状况的坐标尺

（1）北京市多次进行体育考试改革，力图客观公正地检验九年级和十二年级学

生体育课堂教学效果及其影响因素等。

（2）借助北京市义务教育学业质量监控与评价项目，检验五年级和八年级学生体育学业水平及其主要影响因素。

（四）新时代背景下体育与健康学科的思考与展望

1. “一万小时定律”，使我们清晰地认识到学校体育的定位，更加坚定了保证有效锻炼时间，是学校体育坚守的底线

“一万小时定律”是作家格拉德·威尔在《异类》一书中指出的定律。“人们眼中的天才之所以卓越非凡，并非天资超人一等，而是付出了持续不断的努力。一万小时的锤炼是任何人从平凡变成世界级大师的必要条件。”英国神经学家丹尼尔·利维廷认为，人类脑部确实需要这么长的时间去理解和吸收一种知识或者技能，然后才能达到大师级水平。顶尖的运动员、音乐家、棋手，需要花一万小时，才能让一项技艺达到至臻完美。

让我们计算一下一至十二年级学生在校体育锻炼时间：小学、初中、高中，学生在校时间共计12年。如果每年按照36个教学周计算，12年共计432个教学周。如果按照每天体育锻炼1小时，每周体育锻炼5小时计算，学生12年在校体育锻炼时间共计为2160小时。

由此可见，2160小时决定了我们学校体育的定位应该是：培养兴趣、打好基础、保证基本、追求创新。我们深知，仅仅靠2160小时，不奢望能够培养出体育方面的顶尖人才，但为了青少年健康成长，2160小时的有效体育锻炼时间，一定是学校体育坚守的底线！

2. 课内打好基础，课外拓展延伸，全面提升青少年体质健康水平

体育与健康教学既要着眼于学生在校期间的学习，更要着眼于学生终生体育能力的形成。课内要培养兴趣、打好基础、保证基本；课外要形成特色、发展专长、全面提升。只有课内外、校内外形成合力，才能真正提升青少年的健康水平。

3. 小学、初中、高中，三个学段整体规划，遵循规律，相互衔接，促进学生健康成长

（1）小学阶段。以“趣”促“趣”，关注学生的实际获得。小学阶段以丰富内容、有趣方法、多样手段，激发学生的运动兴趣，点燃学生关注生命、关注健康的火种。在体育教学中，教师重在关注学生的实际获得！

（2）初中阶段。以“趣”促“练”，促进学生的健康成长。初中阶段以多种选择、多样方式、多元评价，引导学生发现自我锻炼的潜能，初步形成自我锻炼的意识，获得运动带来的快感。在体育教学中，教师重在关注学生全面健康成长！

（3）高中阶段。以“趣”促“专”，提升学生的生命质量。高中阶段自主选择、形成能力、养成习惯，唤醒学生内在的学习动力，形成自己的运动爱好和专长。在体育教学中，教师重在关注学生学科素养的形成，使体育与健康课程真正成为基于生命、指向生命、提升生命质量的学科。

4. 树立“享受乐趣、增强体质、健全人格、锤炼意志”四位一体的学校体育目标

学校体育已经进入了一个全新的时代，提出了帮助学生在体育锻炼中“享受乐趣、增强体质、健全人格、锤炼意志”四位一体的学校体育目标。要构建大中小学体育与健康课程一体化，即纵向衔接、横向一致、内在统一和形式联合的课程体系，探索体育教育教学规律，进一步推动体育与健康课程教学改革向纵深发展。

5. 克服困难、提高时效、勇于创新，是学校体育人的责任与担当

面对目前的机遇和挑战，勇于担当是体育人应有的勇气与表现；追求时效、勇于创新，方可创出一片新天地。

我们应有的状态：以促进学生的健康成长为着眼点，积极开展有利于学生健康成长、与学校体育工作密切相关的各项工作；要具有“守土有责，守土负责，守土尽责”的精神追求和职业操守。

6. 学校、家庭、社会，共担责任，同心协力，形成关注健康的社会氛围，为“健康中国”点燃火种，为“健康中国”奠稳基石

党的十八届三中全会公布的《中共中央关于全面深化改革若干重大问题的决

定》中明确要求“强化体育课和课外锻炼，促进青少年身心健康、体魄强健”。习近平总书记在全国教育大会上明确指示：“要树立健康第一的教育理念，开齐开足体育课，帮助学生在体育锻炼中享受乐趣、增强体质、健全人格、锤炼意志。”

身体是人生一切成功的本钱，家庭、学校、社会都要为青少年增强体魄创造条件。在党和政府高度重视青少年身心健康，全市上下正在认真贯彻落实教育大会精神的今天，我们必须努力做好学校体育工作，尤其是面向全体学生的体育教学工作，切实保障每一位学生享受到公平、优质的体育教育。

路虽远，行则将至；事虽难，做则必成！让我们携起手来，为孩子们的身心健康砥砺前行！

让青春在教育事业中闪光

北京市通州区漷县镇中心小学　魏敬

名师档案

魏敬，男，1979年生，1997年参加工作，22年教龄，中共党员，高级教师，曾荣获北京市劳模、北京市特级教师、北京市级骨干教师、北京市优秀教师、通州区名教师、通州区政府青年英才奖、通州区政府杰出人才奖、通州区政府运河计划领军人才等称号和奖项，是北京市第三批名师工程培养对象。

在教学中认真落实体育课程改革，采用以优化体育器材资源为手段，以“创新体育教学”模式为主线，贯穿生动活泼、符合学生身心特点、有利于教学目标完成的教学竞赛游戏形式进行教学，取得了较好的教学效果。2012年承担了北京市BDS名师同步课程的讲课任务，并多次承担区级、市级、省级研究课、公开课，2009年、2011年参加北京市体育课堂教学评优均获一等奖。

2015年立项北京市教育规划办课题“开发创新体育器材整合优化体育课程资源的研究”，通过开展课题研究，制作了几百种体育器材，多篇体育教学论文获得北京市体育科学论文报告会一等奖，有15篇文章在《中国学校体育》《体育教学》等杂志上发表。

2015年入选第三批北京市名师培养工程，成为体育学科的培养对象。在北京教育学院体育与艺术学院学习深造期间，由陈雁飞院长担任导师，两年中先后多次承担市级研究课，并在陈雁飞院长指导下于2016年年底出版第一本教学专著《学校体育教学器材资源的创新与优化》。

成长感悟

（一）这里是我成长的基石，教育梦想的起点

1997年，18岁的我来到了漷县镇草厂小学（原草厂乡中心小学）开始了我的教育生涯。一进校园，简陋的校舍、破落的器材、正在修缮的校园围墙、黄土盖脸的操场一一映入我的眼帘，从农村走出来的我并没有被吓倒，相反地，瘦弱的我用自己满腔的热情开始了漫长的农村体育教育工作：推土填坑修补操场，挖坑栽树绿化校园，修缮器材补充教学……一样样井然有序地开展起来。

我每天迎着初升的太阳早早来到学校，与运动员们一起慢跑热身开展早训；每天早操前搬着广播机，现场接线后开始上早操；自编旗操、队列操、太极扇操，等等。渐渐地这所农村的校园充满了激情与活力，周末校园里依然有运动员的身影在田径场上驰骋。2002年，经过与校长共同努力，多方筹措资金，草厂小学篮球队终于成立了，并在当年首次参加了篮球联赛，获得优异成绩。回顾以往经历，10名队员每天和我一起练习投篮、运球、打战术配合，还要骑着自行车往返周边校进行篮球对抗赛，这些情景都历历在目。

沈航、刘晓雪、胡建梅是那个时代我在草厂小学时经常叫的名字，这些运动员和我一起放弃很多休息的时间，常年坚持训练。沈航参加通州区田径运动会获得两项区第一名、一项第三名，刘晓雪、胡建梅也在冬季越野赛、区运动会上取得前两名的好成绩，像这样的运动员还有很多，如赵阔、王艳、张月、王新月、杨晨宇……

2008年北京承办奥运会期间，中心校因教委通知暂停了暑期田径队集训工作，我为了不影响学生的训练成绩，向学校申请自己在草厂小学独立承担训练工作。这一干就是30天，放弃了和自己2周岁大的儿子共处的时间、放弃了和家人一起休息的时间，整个暑期带领12名队员天天坚持训练，风雨无阻。最终在当年的区运动会上，我校12名队员荣获佳绩，获得团体第二名。

在草厂小学工作的12年里，我培养了一大批优秀的运动员，并输送至通州区潞河中学、通州区运河中学、通州区第二中学等田径重点学校，目前还有几名优秀的运动员已经走上通州区中小学教师的岗位。

（二）这里是我成长的翅膀，教育梦想的腾飞

1. 为责任而担当，奉献就是幸福

2009年因工作需要，我被调入漷县镇中心小学并担任体育教研组组长。担任教研组组长以后，我的工作不再局限于田径队的训练，而是谋划整个体育教研组在全区的体育工作定位及体育教研发展上，于是我结合中心校办学理念、结合学校体育工作实际情况、结合现有体育师资队伍情况向全组体育教师提出“以科研为先导、以竞技为龙头、以教学为根本、以校本为特色”的工作方针。

担任中心小学体育教研组组长以来，我深感肩上的担子更重了，全中心校下辖6所完全小学，要想做好学校的体育工作，必须带领教研组20名体育教师努力工作，每年参加市级、区级比赛达18项。通过带领全组体育教师刻苦拼搏，现在学校已经初步形成了以田径为特色，一校一品特色校本项目，各完全小学先后在跳绳、轮滑、毽球、空竹、皮筋、花辊等项目上取得了区一等奖或团体第一名的好成绩，并多次代表通州区参加北京市比赛，经过几年的发展学校在体育工作上取得了较大的成绩。我所在的教研组也先后被评为区级、市级优秀体育教研组；学校曾获得区级课间操标兵校；我带领的学校田径队在2017年通州区中小学生田径运动会上取得团体冠军的好成绩；10年来我训练的数百名运动员被输送至潞河中学、运河中学等通州区体育重点学校学习。自2004年以来，我校在通州区中小学生田径运动会中团体成绩一直名列前茅。15年的时间，5次获得团体第一名，7次获得团体第二名，2次获得团体第三名的好成绩。漷县镇中心小学两次被认定为通州区田径重点校和北京市体育项目传统校。

2. 做教育的行者、学者、智者

做教育的行者、学者、智者，不仅要深深扎根于教育教学的第一线，练好教育教学的基本功，还要扎实做人做事的基本功。每一位教师的成长都有自己独特的经历，那份执着与追求、付出与奉献，凝聚着更多党和学校的培养，凝聚着家人的关爱，更凝聚着团队的力量。多少次送教下乡，多少次承担研究课，多少次指导青年教师，即使自己生病了，也不轻易离开岗位，也要默默地坚守。

古人说：绳锯木断，水滴石穿。教育教学工作需要的就是这种持之以恒、坚持

不懈的精神。作为一名一线小学体育教师，“让学生喜欢上我的体育课”是我多年来一直追求的目标和工作宗旨。为了激发学生学习的兴趣，我对教材反复琢磨、挖掘内涵，多角度组合，变换练习方式，使学生在学习过程中一直保持一种爱学、乐学的状态。在日常教学中我擅长开发自制一些体育器械，以此来突破传统的教学方法和手段，提高学生学习的兴趣。例如，我自制了活动挂图，原来的体育教师为了上好一节课都要认真去准备一幅精美的教学挂图，上一节课就要画一幅很麻烦。于是我制作了一个活动人教具，充分满足体育教学演示的需求，这个活动人可以进行10多种体育动作的演示，进一步帮助学生理解了动作，像这样的器械还有会发声的踏板、会变形的小沙包、多功能投掷靶等，经过课堂实践都取得了较好的效果。经过多年教学，我形成了“新、序、乐、健”的教学风格。2011年我参加了通州、东城、朝阳、怀柔四区体育教学现场课展示活动，我作为通州区唯一的授课教师代表，充分发挥我个人的特长开发自制了一套多功能摸高架和弹力发声踏板，在现场课上受到与会200多名教师的关注，同时也得到点评专家的较高评价。2012年北京市启动数字学校名师工程，我有幸成为首批受聘上课教师，让我承担的教材是小学单杠内容，这项教学在小学是一门很难的课程。经过近一年的努力，我克服重重困难成功地自制了一套可以移动拆卸的单杠器械，在北京清华大学附属小学出色地完成了5节共100 分钟的录像任务。

3. 名师工程，伴我成长

2015年，经过市教委层层选拔，我最终入选第三批北京市名师培养工程，成为体育学科的培养对象。我在北京教育学院体育与艺术学院学习深造期间，由陈雁飞院长及北京教科院基教研中心马凌特级教师担任导师。为期两年的培训与学习对我来说是千载难逢的机遇，是我个人教学能力提升的加速剂。两年中我先后两次承担市级研究课“跪跳起”和“跑动中单脚起跳”，结合立项课题两位导师给予了我全面细致的指导，基地校为我的教学成长搭建不同的平台。我先后前往西安、长春、厦门等地和中国教研网、奥鹏教育网等网站进行讲座，在导师及韩兵副院长、张庆新博士、张凯教授的大力支持下于2016年年底出版个人第一本教学专著《学校体育教学器材资源的创新与优化》。

2017年4月12日，第三批北京市名师工程（体育学科）魏敬老师教学观摩研讨会在通州区漷县中心小学举行。本次活动共包括3个阶段：第一阶段，观摩了漷县中心小学腰鼓队的表演，参观漷县中心小学体育教师利用业余时间开发的体育器材；第二阶段，观摩我和徒弟——通州区青年骨干教师张光月利用自制器材做的“跳跃——跑动中单脚起跳”“支撑跳跃——跳上成跪撑跪跳下”两节优质教学研究课；第三阶段，进行教学交流研讨，在漷县中心小学冯玉海校长致辞后，我进行了“开发创新体育器材优化体育课程资源的研究”课题研究汇报，北京教育学院体育与艺术学院院长陈雁飞教授进行了教学点评。这次活动的主题突出了我多年来专注于体育教学研究，以体育器材创新推进教学改革的探索心路。通过这次名师教学观摩活动，充分体现了名师在专业成长中的引领示范作用，推进课改形势下新的教学理念的传播，调动了广大体育教师研究体育教学、提升教学质量的热情。

4. 使命担当，推动学校特色发展

2011年和2014年学校成功地举办了两届校园文化节，其中令我印象最深刻的是2014年第二届校园文化节。因为这届文化节恰好和北京市校章建章活动一起举行，为了完成区教委的指示，为了我校能成功举办全区的大型展示活动，作为活动的总设计及负责人，我没日没夜地修改活动编排方案，一次又一次地与各个项目的指导老师进行沟通交流，征求大家的意见，经过近3个月的精心准备终于迎来了展示的时刻。那天的场面我至今记忆犹新，来自全区的小学及市里几十所学校、市区教委的领导来到我校参观，我校共有1000名学生、200名教师参与了现场展示活动。动感的健美操、感人泪下的校园情景剧、气势恢宏的团体操，一个个精彩的节目，迎得了全场观众一次又一次雷鸣般的掌声，特别是团体操表演的多个图形变化展示出祖国山河的壮美辽阔，在雄壮的乐曲中将展示活动推向了高潮，让观摩的领导和学生家长赞不绝口。

2018年5月11日，“共沐阳光　携手飞翔”——2018年灯市口小学优质教育资源带和通州区漷县镇中心小学联合运动会在国家奥林匹克体育中心举行。作为本次“手拉手”运动会的筹备者，我先后前往灯市口小学3次，在校内举行4次干部教师工作布置会，周密策划运动会每一个细节，与各个节目组、各校代表队沟通相关工作，为大会的顺利召开做了充足的准备。参加此次运动会的师生和学生家长共计

6000余人，经过精心构思，运动会在入场式、团体操中都融入中华传统文化元素。

当天上午8:30，运动会开幕式正式开始。伴随着《运动员进行曲》的激昂旋律，进入眼帘的是国旗护卫队和举着两校校旗的队伍。他们个个精神抖擞，意气风发，威仪又庄重。高举会徽的队伍走来，寓示着灯市口小学教育资源带和滦县镇中心小学的同学们携手并肩，走向未来。开幕式表演中铿锵有力、热闹非凡的锣鼓声阵阵响起，红色和黄色两条长龙在会场上翻腾起舞。他们穿着艳丽的龙装，手舞长龙，不是真龙胜似真龙。看他们快速地奔跑，敏捷地穿梭，每个动作都是那样细致入微，淋漓尽致，把龙舞得活灵活现，惟妙惟肖。龙如波浪一般连绵起伏，忽上忽下、忽高忽低，他们的配合是那么的默契，动作是那么的娴熟，精彩的表演赢得了一片喝彩声……

5. 成长舞台，追求我的教育梦想

（1）师徒协力，参加省际教学交流。新年初始，万象更新。核心素养背景下京浙两地小学体育名师教学研讨交流活动于2018年1月在通州区拉开帷幕，此次教学研讨时间之长、交流形式之多、活动范围之广难得一见。京浙两地名师齐聚一堂，共同奏响两地核心素养下小学体育教学研讨的乐章。在本次交流展示中，受大会的邀请我带领徒弟张光月老师和永乐店镇中心小学张健波老师共同登场，与江浙老师进行同课异构教研活动。两位徒弟突出运用了辅助器械帮助学生学习，巧妙利用小红旗辅助器械帮助学生体会摆压练习，利用旗子的软、薄等特点将其平铺于膝下，当练习者膝关节离垫后迅速抽出旗子，效果明显。他们还运用了闯关游戏层层深入，主教材设计“巧如弹簧”“更上一层楼”“低空跳伞”等游戏，内容有趣、富有挑战性，符合水平二阶段学生的年龄特征。

在核心素养背景下，两地体育教学交流与研讨围绕运动技能属性与特性课堂生成性问题进行了交流与碰撞，达到了在教学理念、教学方法、教学风格等多个方面融合的目的，两位徒弟的课受到江浙专家及教师的认可。会后撰写的教学设计被发表在《中国学校体育》杂志上，同时也再一次检验了我所带领的师徒团队的教研能力。

（2）区域体育教学联动，搭建农村教师平台。教研组是学校的基层单位，也是学校上级负责部分教育教学工作落实的主要单位，而教研组组长又是教研组的核心、“领头雁”。我作为教研组组长，理所当然地要担当教研组教研活动的“发动者和组织者”，担当起“青年体育教师发展的促进者和指导者”的角色。由我发起的通州区漷县、陆辛庄、永乐店中心校三校体育教学联动成功举办，此次活动的开展以课堂教学为依托、以交流研讨为平台、以区域联动为机制。为了此次活动的顺利举行，我每天往返于漷县中心校和张湾中心校，与6位上课教师及三校的体育教研组组长进行教学研讨，并做好活动的沟通协调工作。经过近1个月的前期准备，我们这个农村团队终于迎来展示的时刻，老师们发挥出色，得到了与会专家的好评，研究课展示圆满成功。

（3）爱心捐赠，关爱每一位学生。2017年4月20日，通州区区委教工委、区教委、区教育工会组织开展的“通州区教育系统劳模进校园宣讲活动”正式拉开帷幕。宣讲活动第一站来到漷县书院，区委教工委、区教育工会及各学校代表近300人参加了此次活动。活动第一部分由通州区教育系统市级劳模代表做先进事迹宣讲，讲述他们从教多年的工作实践和体会。在平凡的讲台上教书育人，用青春岁月演绎出亮丽的人生。活动第二部分为“魏敬健康少年爱心基金”捐赠仪式。我在2016年被区委、区政府授予通州区杰出人才奖，并发放奖金10万元。我决定将10万元奖金全部捐赠给漷县镇中心小学，用于漷县地区健康少年的奖励，奉献自己一份爱心。

什么是教育？许多教育大师都有比较权威的解释，柏拉图说：“教育是为了以后的生活所进行的训练，它能使人善变！”杜威说：“教育即生活、教育即生长、教育即经验的改造，从做中学！”那新时期新时代背景下我们的教育是什么呢？从事教育的我们又如何在新时代教育改革中发挥自己的作用呢？习近平总书记曾强调，做好老师，要有扎实学识。扎实的知识功底，过硬的教学能力，勤勉的教学态度，科学的教学方法是教师的基本素质。

作为一名新当选的特级教师，当我知晓自己评上特级教师后那一刻是一种开心、一种喜悦，但更多的是一种责任、一种使命。我千万次地问自己：今后该怎样做？在压力、责任和挑战面前，我必须更加爱岗敬业，用挚爱呵护孩子健康成长；用学识陪伴学生探索；用品格培育学生智善心灵；用信念引领学生报效祖国。把快乐带给学生，教育原本是一种享受；把快乐带给学生，我们的世界才会有无法预约的精彩瞬间。德国教育家第斯多惠说：“教师就是把自己的精神标志印在学生身上。”对这一复杂的教育过程，苏霍姆林斯基曾做过这样的描述：教育是一位向导，他熟知崎岖难行的山路上的一切曲折和坎坷，他在向初次上路的年轻人指引道路，所以一位好老师一定是一位优秀的向导，更是一位优秀的攀登者，留给学生的应有一个值得终身学习与追求的背影。在21年的教师生涯中，学生们始终是我踏实工作、辛勤耕耘、克服困难和不断超越自我的精神力量。

今天的我面对的将是一个新起点，一个新的历史使命，但更需要我高站位、高位置、大视野，去面对当前教育改革。一切从新开始、从辛开始、从心开始。转变教学意识，转变教学观念，适应新时期教育改革发展形势。

忙碌是一种幸福，它让我们没时间体会痛苦！

奔波是一种快乐，它让我们真实地感受生活！

疲惫是一种享受，它让我们无法虚度光阴和放弃使命！

所以，人生精彩的不是瞬间，而是坚持的每一个过程。

教学亮点

辅助性体育器材在小学体育教学中运用的思考

（一）辅助性体育器材在小学体育教学中运用的时机

时机，具有时间性的客观条件，特定时间有特殊机会。在体育课中运用辅助性器材也需要掌握时机，时机掌握得不准则画蛇添足，时机掌握得准则问题迎刃而解。辅助性体育器材是一种辅助性教具，在教学中一直扮演辅助的角色。课堂教学是动态，因此在教学中要因势利导、因地制宜、有的放矢地运用辅助性器材。抓住有利的时机进行运用，切勿为使用而强行运用。辅助性体育器材实施的对象是学生，在教学中这个时机就是针对学生在学习的过程中所产生的，通过教学实践具体而言有以下几种。

1. 时机之一：易犯错误动作的纠正

易犯错误是学生在每个学习阶段经常出现的现象，往往在初次课中学生动作技能尚未稳定阶段，教师及时帮助指导学生改进错误动作，形成正确的稳定的动作。教师在指导时往往会借助一些辅助性器材帮助学生理解动作、改进动作，如纠正脚内侧传球、体会正确触球部位时，利用叠落的体操垫用脚内侧部位连续踢垫子体会正确的触球部位，等等。可见，辅助性体育器材在易犯错误动作纠正时的运用是十分必要的，对学生改进提高动作技能有重要的作用。

2. 时机之二：学生由于自身素质、能力的原因无法顺利完成的动作

学生由于自身素质的原因可能会存在一些困难，如教授“单杠一足蹬地翻身上”教学内容时，如果学生上肢、腰腹力量偏弱无法顺利完成摆、蹬、倒、贴的动作技能，这就会严重影响学生的学习兴趣和进程，此时可以借助保护带在多人合作的模式下体会完整动作，让学生建立完整动作技术概念，待力量素质增长后再逐步过渡到独立完成技能。

3. 时机之三：学生对枯燥的技能学习感到乏味

小学体育教学内容多种多样，有些内容生动有趣，学生们特别喜爱，如游戏活动；有些内容学生们感到沉闷无味，如耐久跑。面对这些教学困境，教师们在多年的教学中一直在探索着，课题组经过实践开发设计了多种辅助性体育器材应用于比较枯燥乏味的教学内容中，通过器材的创新唤起学生们学习的动力，让学生们不再感到无趣无味。

4. 时机之四：对动作技能重点环节的强化

有效解决体育教学内容的重难点是广大体育教师一直关注的问题。在众多方法中运用辅助性体育器材受到体育教师们青睐。辅助性体育器材借助自身功能多、适应性强的优势能在教学中帮助学生解决各种“疑难杂症”，体育教师们精心设计的各种辅助性教育器材在教学中巧妙运用，使教学中各种问题迎刃而解。

5. 时机之五：完成课堂中的评价任务

评价是课堂的重要环节，评价的结果客观、公正、公平对激励学生、鼓励学生有很重要的作用，若评价得不全面对学生会有负面的影响，因此如何设计评价方案是体育教学过程的重要一环。日常评价的方法种类很多，口头评价、师生评价等，

而借助辅助性体育器材进行量化的评价会更加客观、公平，评价的结果一目了然，例如，制作环形投掷靶，沙包可以粘贴在投掷靶上，学生完成投掷后看沙包粘贴的位置即可得分，以得分多少评价学生完成的投掷掷准情况。

（二）辅助性体育器材在小学体育教学中运用的方法

体育课中为了更好地开展教学活动，体育教师打开智慧的大门设计制作了各种辅助性体育器材服务于课程、服务于课堂、服务于学生，使课堂教学焕然一新、趣味盎然。有了辅助性体育器材的帮助，同学们不再有后顾之忧，不再望而却步，体育教师组织教学也变得得心应手。而这一切都要得益于对辅助性体育器材的合理有效的运用，那在日常体育教学中运用辅助性体育器材都有哪些方法呢？结合实践笔者总结归纳以下方法。

1. 辅助性体育器材条件法

辅助性体育器材条件法是指借助一些材料（宽皮筋、彩色纸板、胶带、线条、海绵块、呼啦圈等）设置特定的区域，在设定的条件下完成具有一定高度、远度、宽度，需要柔韧性、滚动滚翻等变化性练习的方法。

案例1　正脚背触垫（左右脚练习）

把两块小体操垫折叠摞起来（4层），然后原地做上步支撑脚落地，脚背触垫练习，两脚交替进行。练习时可一人对垫练习（如图1所示），也可两人面对垫子练习（如图2所示），还可四人面对垫子练习。

图1　正脚背触垫（单人）

图2　正脚背触垫（双人）

案例分析：

正脚背射门是最常用的一种射门技术。射门时，学生要做到支撑脚落在球的一侧，膝微屈；射门时大腿带动小腿快速前摆；击球瞬间脚背绷直，用脚背正面击球；击球后要有随摆动作。学生要熟练掌握正脚背射门技术的各个环节且衔接熟练，只有这样才能在足球比赛中抓准时机，一击即中。通过脚背触垫练习，让学生重点体会大腿带动小腿快速前摆，以及脚背绷直、脚背正面击球的动作。

注意事项：

①限制的条件要符合教学的需要，符合学生实际情况。

②限制物的材料要牢固无安全隐患。

2. 辅助性体育器材评价法

辅助性体育器材评价法指借助辅助性体育器材的特殊设计（量化标准）对学生在练习中的高度、远度完成情况进行的评价。此项评价标准依据《国家学生体质健康标准》。

案例2　标志贴动态评价

在立定跳远教学中，教师在瑜伽垫（此垫已用魔术贴牢固粘贴于地面）的上面设置了标志贴，如图3所示，右侧黑色魔术贴旁有数字，这是学生自己测试的标准，练习时学生用标志贴准确地贴在黑色魔术贴上与后脚跟对齐的位置，并结合刻度准确评价自己的运动成绩。另外，在瑜伽垫上还有很多圆形，这些是学生再次运用一个薄的标准贴进行自选目标，依据自己的能力选择立跳目标进行挑战练习。

图3　标志贴示意图

案例分析：标志贴动态评价法特别适合低年级学生，活泼好胜的心理使学生在教学中总是朝气蓬勃地参与每一次动态评价。案例中运用两种标志贴：一种是数字评价，一种是自选目标评价，都是以标志贴的形式动态直观地评价学生成绩，体现了学生不同的运动能力水平。

注意事项：

①评价的标准要符合学生的实际运动能力，以量化标准为主。

②评价的过程不宜复杂，易操作且效果明显。

3. 辅助性体育器材纠正法

辅助性体育器材纠正法是指当学生在技能学习中出现错误动作时，利用辅助性体育器材做限制物或做帮助的器材，辅助学生完成、掌握正确的技术动作。

案例3　手肘外展

篮球教学中双手胸前传接球及持球时需要两肘自然弯曲于体侧，对于“自然”一词的理解，笔者认为应该是两肘下垂，不外展。很多初学者，由于手指触球位置的不正确而造成了两肘外展，针对这一问题，笔者提出将弹力带套在学生的两肘之间，体会持球及传球动作，用此方法帮助学生体会并记忆两肘自然下垂的位置，如图4、图5所示。

图4　持球状态弹力带

图5　伸臂状态弹力带

案例分析：

纠正易犯错误动作是体育课常见环节，案例中双手胸前传接球是小学篮球教学的重要内容之一，是最基本、最常用的一种传接球方法，它具有准确性高、控制性强、易于变化等优点。由于小学生的年龄认知特点，还无法深刻领会传接球技术的精髓，因此，在实际的教学中通过辅助性体育器材的巧妙运用帮助学生改进动作。

注意事项：

①教学中运用辅助性体育器材要切实做到改进动作，效果明显，针对性强。

②运用时要简单易行，便于学生操作。

4. 辅助性体育器材引导法

辅助性体育器材引导法是指在教学中，教师在教授技术技能前，借助一些辅助性体育器材帮助学生体会所学技能的重点环节，让学生建立正确的技术概念。

案例4　小纸片引导肩肘倒立

第一步，移重心：一步到位。在技巧教学中利用小纸片进行辅助教学。在学生头后放置一个呼啦圈，当学生并腿坐时双脚夹住一个小纸片，然后身体后倒、压垫腿后伸把纸片放入头后圈内，若加强学生身体柔韧性可调节呼啦圈距离头的位置。

第二步，立重心：两步结合。在教学中再次利用小纸片进行辅助教学，当学生完成了压垫翻臀后双脚夹住小纸片，双手撑腰夹肘紧接着屈腿（脚夹小纸片），调整好重心后，双脚夹住小纸片缓缓向上伸直到腿完全伸直为止，最后脚松开小纸片，同伴用手顺势接住小纸片。

案例分析：

本案例教学中两次运用了小纸片作为辅助性体育器材。第一次运用小纸片，通过进行游戏竞赛的形式让学生体会到学习的乐趣，同时也掌握了动作技术。游戏教学中重点强调：后倒伸腿臀离垫，双臂支撑身体稳。第二次运用小纸片，通过上举小纸片的游戏教学再一次调动学生学习的兴趣，提高练习难度完成学习任务。游戏教学中重点强调：脚夹纸片腿伸直，挺腹展髋立重心。

注意事项：

①辅助性体育器材运用时要突出“引”的作用与效果。

②在教学中“引”得要具体、有兴趣、有层次。

5. 辅助性体育器材变形法

辅助性体育器材变形法是指借助辅助性体育器材的多次变形完成不同练习内容，利用器材的多次变形拓展练习形式，不断增加练习难度。

案例5　彩色变形尺

立定跳远课上，一位教师制作了彩色变形尺，通过各种变形设计了多项练习内容，从专项到主教材的学习循序渐进，层层深入。学生在练习中不断挑战着自己的能力极限，并且通过直观的评价，一目了然地知晓自己的运动成绩。不同的颜色表示不同的运动成绩（运动能手、运动健将等），如图6、图7所示。

案例分析：

案例中采用了自制的彩色变形尺，以“变形”为契机推动教学的进程，始终使学生沉浸在跃跃欲试的心理状态中，抓住了学生挑战求知的欲望，并且直观地评价了学生的运动能力，课堂教学效果显著，材料选择简单，学生操作简便易行。

注意事项：

①器材变形以解决教学重难点为依据，切勿只顾变形而偏离重难点。

②器材变形过程不宜复杂，应利于学生操作，尤其是不同学段学生操作。

图6　三节变形

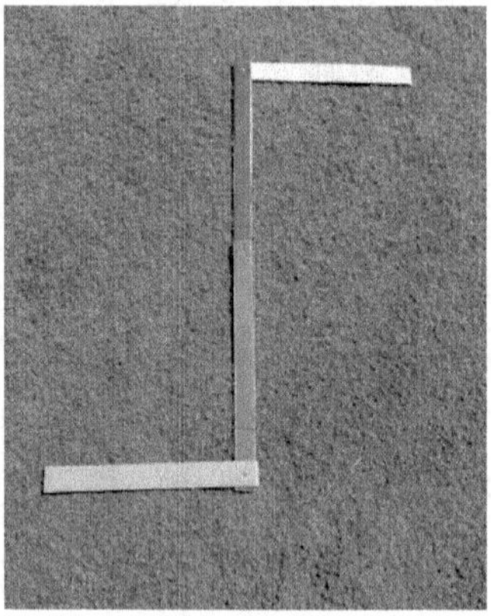

图7　两节变形

6. 辅助性体育器材保护与帮助法

辅助性体育器材保护与帮助法是指借助器材在练习中给予学生一定的保护与帮助，让学生感到安全、省力，降低学习的难度与风险。

案例6 士兵突击

跪跳起教学中，学生四人一组，将四块垫子如图8所示摆放，这时候四块垫子组合形成了“三层台阶”的练习场地，在这个场地练习时，学生在高处准备，连续跪跳下两个高度后在最低层“台阶”处完成跪跳起动作。（可以自低向高和自高向低组合练习。）

图8 “三层台阶”

案例分析：

此项练习学生首先向前完成连续跪跳行进动作，而后通过小垫子的组合，学生完成跪跳自高向低的练习，让学生进一步体会摆臂制动要领，做到摆臂压垫动作协调配合，最后通过四块小垫子的组合场地，安排了跪跳起综合练习，这个环节涵盖了跪跳上高处和跪跳下低处及在高处跪跳起的组合动作，让学生体会由低向高再由高向低接跪跳起的练习，帮助学生体会摆、压、提、收的重点动作，激发学生浓厚的学习兴趣，培养学生顽强拼搏的精神。

注意事项：

①在实际教学中辅助器材要切实起到保护与帮助的作用，让学生感到有帮助的效果。

②保护与帮助的材料要牢固、安全、结实。

7. 辅助性体育器材模拟法

辅助性体育器材模拟法是指借助一些器材模拟所要学习的动作技能，以达到体验、感知的目的。模拟的器材应比较接近所要用到的器材，便于学生理解与学习。

案例7　模拟单杠

小学六年级单杠课上，教师在教授一足蹬地翻身上动作时，为了便于学生体会腹部贴杠，教师让学生仰卧垫上，体前放置一个倒置的跨栏架，然后学生双手握杠（跨栏架底杆），体会摆腿、腹部贴杠动作。

案例分析：

学习一足蹬地翻身上动作时，学生仰卧垫上，此时把跨栏架倒置，可以体会摆腿、拉杠、腹贴杠动作，进一步帮助学生学习体会一足蹬地翻身上的动作。这样可以减轻学生的心理压力，而且部分学生由于自身力量不足无法顺利完成动作，通过垫上模拟器材的练习前期先建立动作技术观念。

注意事项：

①辅助性体育器材运用时，对所教内容关键、重点环节进行模拟要“实”。

②在模拟时还要注意器材的选择，要安全稳固，必要时给予保护与帮助。

（三）辅助性体育器材在小学体育教学中运用的方式（四个方式）

辅助性体育器材在课堂中一直是体育教师的“得力助手”，学生们学习的“好帮手”。长期的教学实践发现，辅助性体育器材的有效运用得益于它更好地抓住了教学中的需求，能有效地解决各种教学中的“疑难杂症”；能通过自身的特性带给学生更多的挑战性，能有效地激发学生学习的兴趣。由此可见，合理有效地运用辅助性体育器材是至关重要的。

1. 辅助性体育器材在体育教学中重点式运用

案例1　助力带

如图9所示，在学习一足蹬地翻身上动作中，当练习者双手正握杠时，保护者站在杠前一侧，帮助的同学在其后侧用跆拳道的道带套在练习者支撑腿上，并经过单杠和练习者肩部返回至帮助者手中，当练习者做蹬地、摆腿、拉杠时，帮助者顺势拉紧道带帮助身体翻转。当练习者身体翻转至杠下时，帮助者顺势拉下道带。

图9　助力带

案例分析：

这个案例是针对腹部紧贴杠的重难点展开设计的，借助辅助性体育器材——跆拳道道带，利用其安全性优势作为助力带，并在同伴的帮助下给练习者一个动力，降低了练习者因力量不足而无法完成动作的概率。这样运用辅助性体育器材实际是为练习者增加一个围绕单杠旋转的动力，加速练习者的双腿进行旋转动量，从而完成杠上成支撑动作。

2. 辅助性体育器材在体育教学中的综合式运用

案例2　皮筋与跨越式跳高

跨越式跳高课上，教师用皮筋先让学生以小组的形式做各种跳跃练习，然后把皮筋挂在跳高架上，一端高一端低，让学生体会如何过杆。随着教学进程的深入，皮筋逐渐升高平行于地面，学生逐步体会跨越式跳高完整动作。

案例分析：

皮筋在跨越式跳高中是教师们常用的一种手段，降低了学习的难度，提高了学生学习的兴趣。案例中教师从专项练习到主教材学习一直都在围绕皮筋进行教学技能的学习，丰富了练习的方法。另外，皮筋的各种“姿态”可帮助学生掌握两腿依次过杆的技能。

3. 辅助性体育器材在体育教学中递进式运用

案例3　立定跳远变形尺

如图10至图12所示，在一节立跳课中教师因教学需要设计了变形尺，从让学生跳跃两节到三节，再到四节彩色尺子，体验不同远度的练习，挑战学生的立跳能力。

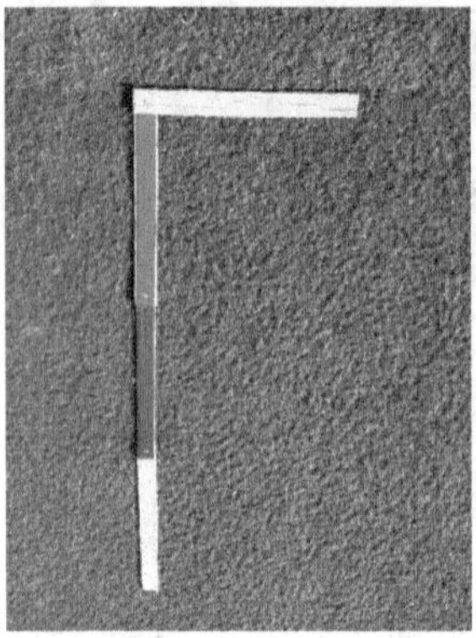

图10　三节变形

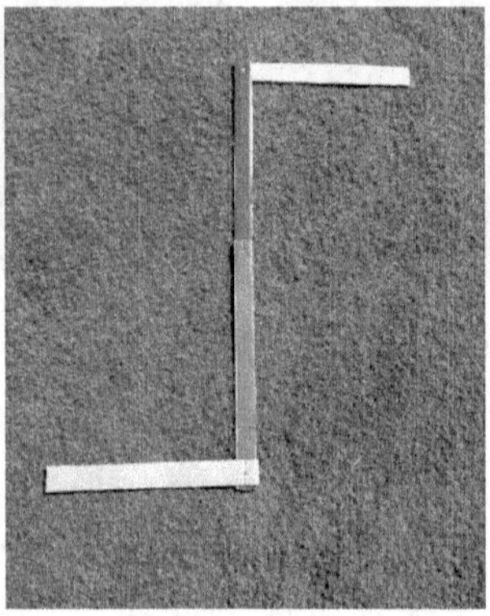

图11　两节变形

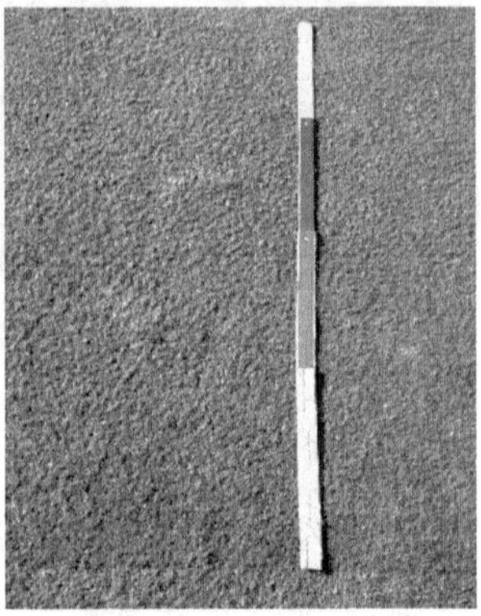

图12　四节变形

案例分析：

案例中教师针对立跳教材中快速蹬地及蹬摆协调配合的教学目标设计了具有层层递进式的变形器材，在教学中让学生由被动地跳变为主动地跳，激发了学生的挑战心理；并借用器材的层层深入，提升了学生的跳跃能力。

4. 辅助性体育器材在体育教学中情境式运用

案例4　红绿灯标志与直线运球

在篮球直线运球课上，教师出示了“红绿灯”的指示牌，当出现“红灯”时学生原地低运球，当出现“绿灯”时学生快速推进直线运球，当出现“黄灯”时学生换手。

案例分析：

本案例把生活中的情境引入课堂，将体育课中的篮球运球技术与这些交通标志巧妙地结合在一起进行教授。此种教学法不是单纯地让学生学习交通标志或者运球技术，而是生动地将学生的运球状态比作“小型机动车”，让学生边巩固运球技术，边学习交通标志知识，了解交通规则。通过看交通标志练习既养成了运球不看球的习惯、掌握了正确的运球节奏、巩固了运球技术，又能让学生牢记交通标志，遵守交通规则。

（四）辅助性体育器材在小学体育教学中解决的问题（三大类问题）

课堂是动态发展的，伴随着各种问题、现象，需要教师用更加睿智的思维解决各种情况。课堂中各种问题的呈现有的是必然的，有的是未知的，有的是动态生成的，所以体育教师在课堂中更要全面掌握教学的进程与动态发展。

辅助性体育器材是体育教师教学中的“得力助手”，辅助性体育器材在体育课堂上主要用于解决各种问题，有的帮助学生降低学习的难度，有的带给学生更多的安全性，有的更有利于学生完成技术动作。无论哪一种都是围绕技术技能的学习来解决问题的，但在实际教学中发现辅助性体育器材在解决教学中各种问题时不是一步到位、一帆风顺的，有时甚至步履艰难、一波三折，还要结合教学实际认真分析其中的主要与次要、表面与深层、关键与普遍的问题等。

1. 主要与次要问题

运用辅助性体育器材解决教学中的难题是大家常见的方法，多年的教学实践中广大教师积累了丰富的经验，教学是一个动态的过程，时刻都在发生着变化，课堂上教师要因势利导全面分析问题的原因，首先要抓住问题的主次关系，分步逐层解决，切勿一刀切，以免次生出新的问题。

案例1　后滚翻教学

一位教师在后滚翻教学中，上课后就让学生集体体会双腿夹沙包的后滚翻练习，然后集体体会斜坡状态下的后滚翻练习，接着又集体体会后翻滚直线的练习……

案例分析：

案例中看似教师的教法细致、花样繁多，其实不然。辅助性体育器材的运用是针对教学进程的需要而运用的，后滚翻动作技能初次教学一般应先关注全体学生是否能顺利地滚动圆滑，然后在大家都能滚动圆滑的基础上再解决是否团身紧、分腿、不成直线等问题，案例中教师没有抓住后滚翻教学中的主次关系，而是一刀切，这样不利于教学开展。

2. 表面与深层问题

课堂教学中遇到的各种问题，需要体育教师深入浅出地分析，结合教学内容、教学实际、学情等综合因素全面考虑，否则只知其表而不知其里。表面的问题往往会引导大家解决的方向，而真正的问题却未“浮出水面”得到有效解决。

案例2　仿生爬行

一节低年级仿生爬行课上，教师利用一组标志杆横拉皮筋，设置了几个高度，让学生爬来爬去，学生饶有兴趣地练习着，但练习一段时间后就会发现虽然学生能轻松地爬过各种高度的皮筋，但是教师教授的爬行动作异侧手臂与下肢的协同配合却未有效落实。

案例分析：

这个案例是一个典型。其实教师只抓住了问题的表面，在爬行课上设置不同高度的皮筋只能解决学生利用不同的姿态进行爬行，如跪姿、卧姿，等等，但无法有效解决异侧手臂与下肢的协同配合，而且学生在练习中会关注爬行通过皮筋的速度，这也是影响爬行动作不正确的因素。因此，在爬行过皮筋时可以在学生背后放置一个沙包，让学生在确保沙包不掉的情况下通过皮筋。

3. 关键与普遍问题

运用辅助性体育器材帮助学生解决教学问题的过程中，教师更加熟悉教学动态的进程，了解学生的状况。有时出现的问题是带有普遍性的，那在大家都存在共性的问题中应如何抓住关键因素给予解决呢？教师要去伪存真，认真地“把脉诊断”。

案例3　足球脚内侧传球

足球课上，教师让学生体会脚内侧传球动作，发现很多同学触球部位不准确，于是让学生体会脚内侧触轮胎的练习，练习时学生支撑脚不动，触球脚像钟摆一样来回摆动触轮胎。

案例分析：

足球脚内侧传球是一项教学重点内容，脚内侧传球技术应用广泛，传球时具有隐蔽性、快速性特点。案例中教师发现大多数学生都有触球部位不准确的问题，便利用轮胎加以辅助，建立正确的概念，却忽视了支撑脚与触球脚的协同配合。教师应让学生先原地跑步，然后支撑脚上步落位轮胎一侧，再触球脚触踢轮胎，反复体验直至动作准确熟练。

身在深山　志在山巅

北京市房山区河北中心校　殷剑明

名师档案

殷剑明，男，1977年出生，北京市房山区人，北京市体育学科骨干教师，北京市名师，中学高级教师，1996年参加工作后扎根山区教育20多年。曾先后多次荣获北京市优秀教师、房山区优秀教师、房山区教育改革标兵、房山区人民满意教师标兵、房山区教育创新标兵、房山区十佳教师等光荣称号。

2015年荣获第六届全国中小学优秀体育教学观摩展示活动一等奖，并在大会现场展示；2017年荣获第十三届全国学生运动会科学论文报告会一等奖，并在大会现场交流。论文多次在《体育教学》《中国学校体育》《校园足球》等杂志上发表，参与编辑了多部体育专业著作。现为“国培计划”课程主持专家，北京师范大学教育培训中心项目授课专家，联合国儿童基金会体育教师培训项目专家，是一名理论与实践经验都非常丰富的体育教师。

成长感悟

自从走上工作岗位，我一直在房山区的一所山区小学从事体育教学工作，这一干，就是20多年。多年来，我运用先进的教育教学理论指导自己的教学实践，在实践中探索，在探索中推进。本着“心中有爱、心中有人、以体育人”的精神，积极探索体育教学规律，并在体育教育教学中不断摸索，在培养学生技能、发展学生体能和塑造学生良好人格上下功夫，逐渐形成了自己独具特色的教学风格。

（一）学以致用，反哺家乡

作为一名教师，我非常清楚教育的力量和作用，多年来我一直坚定着一个信念——做一名心中有爱、心中有人的好老师。为了这个信念，为了让山区的孩子们享受到高质量的教育，我一直不敢放松对自己的要求，努力学习，勇于实践，不断提高个人的业务能力和教学水平。

来到这所学校之初，学校只有几块老式的棕垫子、几根跳绳，几乎没有球类。体育课的上课形式非常单一枯燥，学生们盼望上有体育器材的体育课。面对学校的土操场和简陋的器材，我没有气馁，把自己的全部精力都扑在了学校的体育教学上。在完成日常工作之余，我自己动手制作，像训练用的负重器械、实心球、沙包、毽子，等等。有了自制的体育器材，学生们锻炼的兴趣自然就高了，体育课的内容也更加丰富了。虽然制作简易的体育器材是一件小事，但我想，只要心中有爱，任何困难都能克服。多年来，我自己动手制作的体育器材有数百件，虽然辛苦，但是我认为，为了孩子们的身心发展，很值得。

在业务上我严格要求自己，精益求精，为了提高教学能力，我刻苦钻研，抓住一切外出听课、学习的机会，自己订阅体育专业书籍和杂志，努力提高自己的理论知识和专业能力。白天上班，晚上忙完家务后我就挑灯夜读，看书、备课、写教案、撰写论文，每天坚持。在学习和培训面前我从不退缩，我始终坚持着一个信念——努力提升自己的教学水平，回报家乡的孩子们。随着政策的保障和领导的支持，我得到了更多的学习机会。我先后多次参加北京教科院基教研中心组织的教材培训、北京教育学院承办的体育教师培训、“绿色耕耘”、“国培计划”等，这些高规格的培训、学习，对我的专业知识增长、专业技能提高起到了非常显著的作用。在随后的工作中我将学到的先进理念与课堂教学紧密结合，深入钻研，不断反思，教学思想不断成熟，教学能力也日益提高。这一切的一切都只是为了一个简单的目标，回报家乡、教书育人。

（二）肩负使命，做一名合格的体育人

首先，党的十八届三中全会通过的《中共中央关于全面深化改革若干重大问题的决定》（以下简称《决定》）对学校体育工作做出重要部署，明确提出“强化体育课和课外锻炼，促进青少年身心健康、体魄强健”。这是继《中共中央国务院关于加强青少年体育增强青少年体质的意见》（中发〔2007〕17号）颁布以来，党中央对学校体育工作提出的重要而明确的要求。《决定》抓住学校体育的关键，明确了学校体育的重点是体育课和课外锻炼，目的就是促进青少年身心健康、体魄强健。

其次，我国学生的身体素质状况堪忧。在2010年以前的中国学生体质健康检测中，我国青少年学生的体质健康水平持续下降；在2015年的检测中，个别项目虽有所好转，但情况仍不容乐观。

因此，体育教师对学生身心成长和体质培养责无旁贷。跳出体育看体育：体育关乎民族兴亡和祖国未来，只有孩子们健康，才有祖国的未来；立足现状看体育：增强学生体质责无旁贷。时代赋予了我们体育人的历史使命，体育带给我们不屈的精神，我们要把握好历史给予我们的机遇和挑战。我们要有坚定的理想信念，体育教师应尽一己之力，发扬体育人特有的人格魅力，改变学生体育运动不足的现状。培养学生养成终身体育的兴趣和爱好是我们的目标，引导他们养成科学的体育生活方式，让体育锻炼成为学生生活的一部分，成为一种习惯、一种爱好、一种乐趣。

（三）与时俱进，全面提升体育素养，坚定走专业发展之路

任何一名教师的成长都离不开经验的积累。我们要静下心来学习，踏踏实实做教育，努力提升自己的专业素养，为体育教育教学打下坚实的基础。当今，教师的专业化发展是一条必经之路，我们每一个体育工作者都要不断充电，努力提升自己的专业素养。要想提高，就必须给自己增加压力，要有明确的发展目标，要脚踏实地，就从写好每一篇教学设计开始。

《体育与健康》教学设计涉及的范围很广，大到学年、学期计划的制订，小到课时、单元计划的撰写。教学设计对提高教师深入把握教材，熟练运用教学方法，完善教学细节，提高教学效果，都有非常重要的作用。

1. 关于指导思想

指导思想是我们在设计过程中所要遵循的基本原则、所能达成的基本目的。设计指导思想主要涉及原则和目的，应力求简洁、清晰。

2. 关于教材分析

教材分析主要是对本次课的教学内容进行深入的分析研究，着重分析两点：一是本课时教材在单元教材中的地位和作用，运动技能的前后联系；二是本课时教材的主要特征。

3. 关于学情分析

学情分析，也就是学生情况分析。要准确地把握学生的生理、心理情况，这对我们选择好的方法，设计教学步骤，都很关键。在学生情况分析中，应从实际的教材，从具体的教学对象出发，做出符合实际情况的有针对性的分析。

4. 关于教学目标

体育教学目标是对学生经过体育学习后，将能达成一种学习结果的明确而具体的表述。要想重点表述出学生行为或能力的变化，应该把握好几点：一是确切，它是指教学目标的提法上要切合实际，尤其是对学生在学习中的行为表现，应可测量、可观察、能判断，比如“说出”“做出”“知道”“会做”“熟悉”“掌握”等；二是简洁，体育课堂教学目标，既要明确、具体，重点突出，在文字的表述上又要精练简洁；三是要具体表述学习条件，对于具体的课时目标，在叙述目标时一定要给出明确的学习条件，比如“在同伴的帮助下”“在规定的时间内”“在降低难度后”等。

5. 如何确定教学重点、难点

清晰准确地表述教学重点，是在对教材的性质、地位、作用准确把握的基础上得出来的。在制订教学重点时，不能把教材重点简单地视为教学重点，这主要看学生的实际情况与课次安排。教学难点主要是从学生的角度来考虑的，它是指学生在学习中最难解决的一个问题或环节。

6. 关于教法学法的设计

运用什么样的教学方法、如何运用这些方法，是一篇教学设计的关键。在设计教法学法时，要根据实际教材、学生情况、教学环境等因素来确定，本着实用、高效的原则，要有针对性。

7. 关于教学流程

在教学流程这一部分，主要说明某节课安排几个部分，每个部分安排什么内容，如何安排，为什么这样安排，预计用时等，让人一目了然。

撰写教学设计的过程，也是深入研究教材、研究学生、研究教法学法，不断进行创新的过程。没有十全十美的设计，百密难免一疏，唯如此才更要求我们广大体育工作者不断研究，不断积累，努力提高业务水平，写出实用的、优秀的教学设计。在此我根据自己的一点心得体会，总结了几句顺口溜。

教材是基础，学生是关键；内容易理解，学情难分析；

单纯提教材，易纸上谈兵；只顾管学生，课堂无主导；

二者需结合，课堂才有效。

教学亮点

探索育人之路

体育，很多人认为只是简单的跑跑跳跳，而体育的内涵与作用也常常被忽略。在多年的一线体育教学生涯中，我越来越感到体育的重要性，我也在不断地学习、积累、探索、创新，努力形成“健体育人”的教学特色。

（一）在实践中探索，在探索中推进

步入21世纪，这也是我从事体育教学初期，我有幸遇到了教学改革，这对初出茅庐的我来说，既是挑战，也是机遇。教学初期学到的体育教学方法已经不适应新时期的体育教学，全国的中小学迎来了一场重要变革。这给学校的体育工作提出了

新的目标和要求，也给体育教师带来了机遇与挑战。面对这种形势，我有选择地改变了传统的教学观念和思维方式，努力用新理念指导自己的教育教学。

第一，必须及时地进行角色转变，努力学习，积极钻研、探讨业务技术，逐步提高自身素质。

第二，要创建以人为本的体育教学氛围，和学生打成一片，变课堂的主宰为学生的良师益友。

第三，转变过往以教为中心的教学指导思想，充分发挥学生的主体作用，为学生的学习和发展创造空间。

第四，要真正树立健康第一的指导思想，以促进学生身心的和谐发展为宗旨和出发点。

第五，深入学习《体育课程标准》，切实体会其精神实质，并把自己的体会大胆用于实践中，让实践来检验。

通过几年的摸爬滚打，我在体育课堂教学上进行了一些尝试，也积累了一些经验。

1. 以新理念为指导，加强对学生规范意识的培养

无论新、旧理念，都应重视培养学生良好的精神面貌，重视培养学生的课堂常规。俗话说得好，没有规矩不成方圆，尤其体育课上课地点在室外，没有良好的课堂常规，这些都无从谈起。但新理念重在引导学生养成善于观察、敢于创新、主动热情、积极发言等良好的课堂习惯。这样，即使时间长了，要求严了，学生也不容易有枯燥、厌学的情绪产生。

2. 努力营造宽松的课堂气氛

（1）在情境中练习。如创设不同的情境，让学生在玩中学、在学中玩，在体验运动乐趣的同时掌握运动知识、运动技能，培养学生的创造性思维。

（2）通过师生、生生互动来营造和谐的课堂气氛。一名出色的教师不仅能让学生牢固地掌握所学技能，而且能够创设一种轻松愉快的学习环境，使学生从中感受到学习的乐趣，并积极主动地获得成功。

（3）通过学科整合来营造宽松的课堂气氛。①将快乐的音乐融入体育课堂。

例如，在上一年级“各种姿势的自然走”这节课时，我在课的准备环节选取了《走路》这首歌。它的音乐内容符合教材内容的需要，节奏欢快，同时这首歌中唱到的小动物也是学生们喜爱和熟悉的小动物（小兔、小鸭、小乌龟、小花猫），有利于学生进行模仿。②将有趣的英语融入体育课堂。例如，在课前用英语问好：“Hello，student!”(Hello，boys and girls!)；用“Good!”“Very good！”“OK！”等词汇表示对学生动作的赞扬和肯定；用“I believe you can！”表示“我相信你能行”等。

3. 进行分层次教学，因材施教，全面提高教学质量

在教学中，我进行了分层次教学的实践，目的就是更好地因材施教。如在“跨越式跳高”的教学中，我将学生按身体素质和运动能力的高低分为A、B、C、D四个小组。练习中，高度根据各小组学生层次的不同而调节。

4. 采用多种教学分组形式，提高学生学习的主动性

（1）自由组合的分组形式。

（2）互帮互学的分组形式。

（3）随机的分组形式。

5. 让学生自编游戏、比赛，培养实践能力、合作意识和创新精神

例如，在游戏中，给各小组一些体育器材，画出一定的活动范围，让其创编或组编出大家喜欢的体育游戏、比赛。教师要鼓励学生积极创新，互相合作，想方设法创编出具有新意的游戏和比赛活动。

6. 注重评价手段的运用

（1）通过激励性的语言调动学生的积极性，激发学生的兴趣。如“看谁是最聪明的人？看谁最专心？看谁能跟上老师的动作？你真棒！你是‘神枪手’！你是冠军！”等。

（2）课上每个环节练习的间歇都有教师及时、到位的点评。尤其是对优秀或动作错误的同学，通过表扬优秀，激励学生要向高标准看齐；通过纠错，提醒学生要注意的问题。

（3）在练习的过程中让学生自评、互评。通过自评，给学生提供自主发展、自主调节的空间；通过同学之间的交流，给他们创建培养合作意识的平台。

（4）每个内容或环节练习结束后都有教师小结性的评价，做到有布置就有评价。同时通过教师的这种行为，培养学生做事有始有终的意识。

（二）以爱育爱，不让一个孩子掉队

作为教师，在教育教学中要了解学生，尊重学生，这是构建和谐师生关系，进而促进教育教学获得最佳效果的基础。教师对学生的尊重渗透于一言一行中，学生的心理细腻，教师的点滴言行都会影射在学生的心里，通过和教师的接触，学生最能深切感受到教师是否关注自己、尊重自己。俗话说“亲其师，信其道”，要通过教师的爱温暖学生，传递能量。

例如，我校五年级有一位学生，体育成绩十分优秀，因此产生了骄傲自满的情绪，不把同学、老师放在眼里，在体育课上经常扰乱课堂秩序，不守纪律，是个让人十分头疼的学生。由于这名同学不听“管教”，在后来的课堂上，我把精力都投入到了其他同学的身上。然而，有一天我在课上不经意看到了这名同学孤单的身影，让我的内心一阵刺痛，久久不能散去。我带着沉重的心情下了课，陷入了深思……后来，我经过了认真的思考，作为教师的我，还是没有真正地尊重学生、爱护学生，遇到困难就放手了。于是我静下心来分析，认为他还是有一定的责任心的，身体素质也很好，学习新东西很快，所以造就了他骄傲的性格，久而久之就认识不到自己的缺点。于是我决定改变教育方法，从他的心理“下手”，给他机会让他表现、展示自我，让他给全班同学做榜样。首先我决定让他当体育委员，以班干部的身份“名正言顺”地管理同学，告诉他要想协助老师管理好同学，自己必须在各方面都要先做出榜样，给他提出了具体的要求。结果在体育课上他果然做到了：在站队时精神集中，动作标准；在老师讲课时保持安静；在练习时认真仔细，主动帮助同学……在以后的课上我一有机会便让他给同学做示范，创造机会让他展示风采，并及时地给予他欣赏、赞美性的评价，他的脸上也时常挂着自信的微笑。

还有一个这样的例子，三年级有一位女生，在站队时总是手脚不并拢，向外撇，动作很不规范。原来我总是说：“×××，你怎么又错了，注意手和脚，伸

直、靠拢。”但是她站不了一会儿，就又恢复原样了，总是改不过来。我也没有深入地分析和思考，就是觉得这个孩子有点懒，不愿意用力做动作，动作不标准。后来，新课改实施后，总是号召老师们要用欣赏的眼光看待学生，我很受启发，觉得原来自己做得很不够，对学生缺乏一种发自内心的爱，我开始反思自己的行为，改变自己的观点和想法。有一次刚上课，我偶然发现她的动作很规范，于是我就赶紧对大家说：“同学们，你们看，×××同学的立正姿势做得好不好啊？”大家齐声说好。我看到她腼腆中带着一股兴奋，眼睛里闪过一丝光芒，我很欣慰，我做对了。从这以后，我发现她很努力，我也总是夸奖她有进步，虽然也有忘的时候，但已经越来越少了。后来，不管我在课上什么时候看到她，她总是动作做得很好。现在，她不仅队列动作做得好，而且对别的体育项目也有兴趣了，每次上体育课，我发现她的精神都特别足，体育课越上越有信心了。

（三）强国强民，必先健体

毛主席在《体育之研究》一文中曾提道：“国力苶弱，武风不振，民族之体质，日趋轻细。此甚可忧之现象也。”针对于此，毛主席提出要“文明其精神，野蛮其体魄”，可见体育之重要性。

近年来的历次学生体质健康监测结果表明，我国青少年在身高、体重等形态发育持续增长的同时，耐力、柔韧性等身体素质指标呈现持续下降趋势。小学阶段是生长发育的关键时期，是灵敏性、柔韧性、速度等身体素质和平衡能力发展的敏感期。但由于一些外因和内因的影响，学校体育及体育课上发展学生身体素质也打了不同程度的折扣。

当前，世界各国都针对“学生体质下降，特别是体能素质下降”这一问题，开展了丰富的研究工作，并采取了不同规模、不同形式的举措。对美国、日本、德国等发达国家的中小学学校体能方面的研究发现，“重视学生身体健康教育，促进学生身体发展”，已经成为相当一部分国家学校体育的重要目标之一，体能素质的训练成为课程内容的主要部分。好的现象是，我国近些年也陆续颁布了多项政策，力图改善青少年体质健康日益下降的情况，但是作为体育教师，看到不好的现实情形，仍忧心忡忡。我深知小学阶段对于发展学生身体的重要性，因此，我尝试改变此种情况，抓住学生各项身体素质发展的敏感期进行体能训练，促进学生的身体素质全面发展，结合《国家学生体质健康标准》，提出在体育课内外附加体能练习内容，以期达到全面提高学生身体素质的良好效果。

1. 激发学生运动兴趣，培养终身体育意识

抓大课间和课外体育活动。科学有效地保证学生每天锻炼1小时，每天上午统一安排30 分钟的大课间，下午30 分钟的大课间。丰富大课间活动内容，既有民族传统体育特色的武术、太极扇、空竹、毽子、花式跳绳，也有体现青春魅力的健美操、体育舞蹈、踏板操、啦啦操，更有学生喜爱的篮球、排球、足球、跆拳道等多种特色项目。

2. 抓体育比赛，推动体育运动的开展

根据小学生的天性，喜欢竞争、喜欢比赛、喜欢被人关注，我们依据《国家学生体质健康标准》相关测试内容与学生喜欢的锻炼内容，设计了多种比赛形式。有每月一赛，内容为《国家学生体质健康标准》所涉及的内容；有班级、年级、校级球类比赛；有校级吉尼斯纪录榜，内容为体育课所学内容、《国家学生体质健康标准》测试内容等；有每学期一次的体育节，包括田径比赛、集体项目、亲子游戏等内容，确保每一名学生都能够参与到比赛当中，找到自己合适的锻炼项目，不让一个孩子掉队。常态化地开展各项比赛，建立相对稳定的体育竞赛制度，组织开展丰富多彩的阳光体育运动，突出比赛的普及性和引领性，以此带动更多的学生参加运动，推动校园体育氛围，增强学生体质。

3. 建立学生体质健康测试达标制度，为每一名学生建立达标档案

从学生一年级入学开始，一直到小学毕业，根据各年级学生应测内容，为学生设计制作了个人专属的达标记录本，详细记录学生这六年间各个测试项目的成长过程，每个项目达标后为其颁发相应的达标奖章。为了确保长期锻炼的效果，保持水平，学校会定期与不定期地进行抽查与复查，对水平退后、成绩下降者会收回所颁发的达标奖章。其目的是为学生搭建一个展示体质健康成果的舞台，以赛代练，以练促赛，设立各种奖励办法和激励措施，激发兴趣，帮助学生确立体育锻炼的目标。

4. 加强体育课堂实效，丰富发展学生体能手段

体育课是学校体育的重要组成部分，是体育教师的主阵地。体育课不但肩负着传授体育知识、体育技能、体育方法的重任，还肩负着发展学生体能、保障学生健康成长的重任。在体育课上我们既要保证教材内容的正常教学，同时更要注意发展学生身体素质。提高学生体能、遏制学生体质下滑之关键，就是要保证体育课有适宜的运动量和运动强度，只有这样，才能提高学生的身体机能水平和运动水平，最终实现增强学生体质、提高学生健康水平之目的。例如，强化“课课练”的锻炼实效，保证“课课练”时间；针对体操等运动量偏低的项目，在教学时通过变换方法、搭配内容等形式，提高体育课堂的练习密度与锻炼强度。

做一名体育文化的传播者

北京市朝阳区教育研究中心　孙卫华

名师档案

孙卫华，北京市朝阳区中学体育教研员，初中教研室党支部书记。荣获北京“师德榜样”、全国十佳体育教师提名奖、北京市名师、连续两届“北京市学科带头人”等称号和奖项，北京教育创新标兵。

论文《区校协同下特色体育课程的整体构建与实施》获2017年北京市基础教育成果奖二等奖；与教育部、央视联合策划大型公益节目《我是体育教师》60集在央视播出；2015年成果《一校一特色　一课一峥嵘》、2018年成果《推进校园足球发展的对策研究》获两届朝阳区教育成果奖；荣获2014年朝阳区教育成果提名奖。

曾多次在全国、北京市评优课获奖；2003年第二届全国学校体育大会开幕式现场授课；在2018年第九届中国学校体育科学大会论文大会上作报告；1999年率队获北京市高中男子篮球赛冠军；个人获得耐克高中篮球联赛“最佳教练员”。

出版专著《一校一特色　一课一峥嵘》；主编教材《北京校园足球（初中版）》《北京校园足球（高中版）》《校园网球》（四册）（编审中），主编《体育教学常用游戏汇编》《校园足球教法学法汇编》《足球教学设计汇编》等教学参考书；担任朝阳区地方教材《阳光足球》等22册教材的副主编，30余册教材的编委；在《中国学校体育》等专业刊物上发表文章10余篇；担任北京教育出版社特约编辑，中国学校体育杂志特约撰稿人；2018年被中国教研网评为“教研之星”。

成长感悟

大学毕业的时候，导师的一句话影响了我的一生：“体育是一种文化！”

从我12岁接受正规的篮球训练开始，体育和我的一生就紧密结合在一起。高考的时候，我放弃了保送机会，选择了北京体育大学体育教育专业。我清楚，自己深爱体育，希望做一名体育文化的传播者。1995年大学毕业，我来到北京市和平街一中成为一名光荣的中学体育教师。

（一）学校教育教学十年（1995—2005年）

1995年参加工作后，我一步步从稚嫩迈向成熟。我严格要求自己，坚持“严于律己，宽以待人”的座右铭，时刻不忘记自己对学生的责任，时刻保持那颗积极进取、勇攀高峰的上进心。

1. 体育教学工作

初为人师，我在教学中特别注重向老教师学习，苦练教学基本功。为了一个口令，一个人关在健身房里将外面上操的老教师喊的口令反复练习上百遍；为了一个动作，不断练习甚至手上磨出血泡。那时刚好赶上我的师父代表朝阳区参加北京市体育教师基本功大赛，我就抓住这个好机会，认认真真参与每一次训练活动，用心向老教师学习，有效提高了自己的教学基本功。

努力在教学实践中得到了回报，2003年全国第二届学校体育大会开幕式现场，我为1000多位来自全国各地的体育教师展示教学，获奖证书如图1所示。教学10年间，我的教学课例获全国奖3次，市级奖励8次，区级奖励20余次。3次带高三年级参加体育会考平均分均为优秀。1次带初三年级参加初中毕业体育考试，平均分29.6分（满分30分），使得我们学校的成绩名列全区第一，受到学校领导和家长的高度评价。

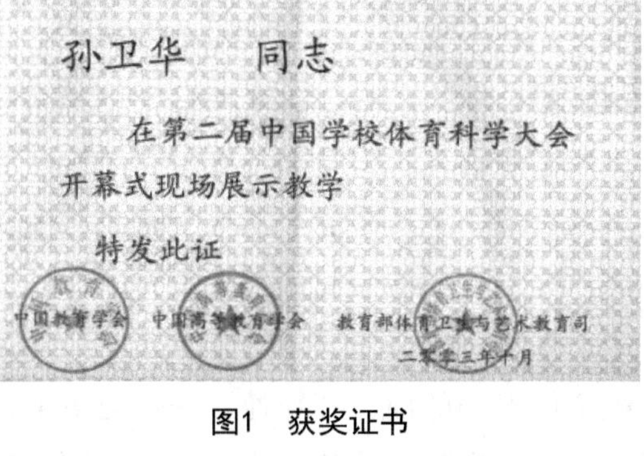
证　书

孙卫华　同志

在第二届中国学校体育科学大会

开幕式现场展示教学

特发此证

中国教育学会　中国高等教育学会　教育部体育卫生与艺术教育司

二零零三年十月

图1　获奖证书

2. 业余训练工作

自1995年参加工作后，我发挥自己的特长组织了一支高中男子篮球队。克服了种种困难，我率领球队获得1999年北京市传统项目学校篮球赛冠军，获奖奖杯如图2所示。2001年，我们球队参加耐克高中篮球联赛首场比赛，CCTV5现场直播，孙正平老师亲自解说。在这次赛事中，我被评为耐克高中篮球联赛唯一的“最佳教练员”。10年来，我为篮球队培养了46名二级运动员，所有毕业生均升入了大学。

图2　获奖奖杯

有教育家说，做教师就一定要做班主任，这样才能体会到真正的教育。我想说的是，做体育教师就一定要带一支训练队，带队才能体会到真正的教育，才能真正地接近学生、了解学生，和学生一起成长。我带过的一名队员曾经非常叛逆，他来自单亲家庭，由父亲带着他生活。但由于父亲经常出差，初二时他就因为打架被拘留两次。这个孩子虽然调皮捣蛋，但是酷爱篮球，对篮球的热爱是这个孩子的精神寄托。所以孩子父亲每次都会把孩子的生活费交给我，由我来负责他的生活和学习。白天我带着他训练，晚上就和他一起做饭吃饭，饭后盯着他完成作业，有时我也请相熟的老师帮他义务补课。3年后，当孩子顺利升入大学的时候，孩子的父亲来到办公室，当着体育组全体老师的面，“扑通”一声跪下来，泪流满面地说：“我原本以为我这个儿子完了，是您救了他的一生！”那一刻，我深切地体会到了做一名教师是多么的光荣。改变这个孩子的过程，也是我的教育生涯升华的过程。

1997 年，我还组织了一支无线电定向测向队。带队 8 年间，我们多次参加全国锦标赛，共获得 3 块金牌、6 块银牌、6 块铜牌，培养了 2 名一级运动员、16 名二级运动员。

3. 军事教学工作

上好体育课的同时，我还兼任学校的军事教师。对于军事，以前我只是感兴趣，并没有深入地研究，在学校的安排下我只参加了5天的培训。因此站上讲台讲什么，我心里还是没底。若照本宣科，学生会失去学习的兴趣。只有不断地学习和积累，把课讲得精彩才能得到学生的认可。于是，我把大量的课余时间都用在了军事课的备课上。周末时我就去图书馆查阅相关资料；看电视时，我都会选择看军事类的节目；我还自己购置了录像机，录下电视中的精彩画面；我骑着自行车去武装部借教练枪供教学使用；由于当时信息技术不够先进，我还经常熬夜在透明纸上画幻灯片。经过多年的努力，我的军事课上得生动活泼，因而深受学生喜爱，根据每年的学生调查，结果表明军事课都是学生最喜欢的课程。还有一位同学写了一篇名为《我喜欢的军事课》的文章发表在《中学生时事报》上，表达了自己对军事课的喜爱。我组织的研究性学习活动《21世纪中国航空母舰发展之路》，立意新，成果多，被评为“北京市科技创新一等奖”“全国科技创新二等奖”。从我开设军事课开始，军事课已经成为和平街一中的特色课程并保持至今，是朝阳区仅有的开设这门课程的学校。

在学校教学10年，我担任教研组组长工作五年，学校的教科研主任3年。2005年我放弃了行政部门的邀请和北京名校的邀约，毅然决然地选择了教研员的工作，开始了一段新的历程。

（二）教研工作十四年（2005—2019年）

2005年，在教研员聘任现场答辩时，教研中心主任曾经问我：从一名优秀的教师转变到教研员，要抛掉身上的光环，甘作人梯，你做好准备了吗？我的回答非常果断：没问题！

但是，当自己真正成为一名教研员后，我发现事情并不是那么简单。刚开始下校调研听到不理想的课，我恨不得马上跑上去示范，会不自觉地直抒自己的不满和意见。后来，我发现这样做解决不了实际问题。我开始明白，作为教研员，我面对的不再是学生，而是为人师表的教师，有效促进教师的专业化发展才是我的核心工作。我该如何入手开展教研工作呢？经过认真的思考，我确定了“细致调研—分解问题—逐步改善”的工作思路。

1. 调研了解一线教师真实的情况

我利用3年时间走遍了朝阳区所有的学校，有的时候为了不给学校添麻烦，我在操场外面听完课就离开。3年间，我听课超过了500节，了解了很多教师实际存在的困难和问题。之后每年我都会在开学初做一个全面的教室调研，了解教师的基本情况和需求，然后针对性地开展教研工作。每次教研活动中，我还利用在线问卷收集教师的需求、建议和对本次教研活动的评价，及时根据教师的需求调整教研活动的设计。

2. 抓常态求实效，让更多孩子受益

体育教育不是形象工程，更不是为少数有体育特长的孩子服务的，而是让全体学生全面提高身体素质、运动技能和心理品质的学科。而常态教学的质量决定了全体学生的学习效果，所以我决心先从常态教学抓起。从2007年起，朝阳区的各

种体育评比活动多以异地教学的形式开展，考验的就是教师实际教学能力，避免“show”课。恰逢北京市全面实施中考体育过程性考核，我抓住这个契机，对区内的体育课固定了部分教学内容，避免难度教材“免上”的尴尬，而且在过程性考核操作中严格把关，每年都对过程性考核开展抽测监控，抽测学校数接近全区学校总数的50%，一旦发现问题立刻通报学校。几年里，朝阳区过程性考核始终保持合理分数，受到市教委领导的一致认可，并在朝阳区召开了过程性考核现场会，市教委主管主任亲临指导。

在课堂教学评价中，我优先考虑的是教学的实效，即学生真正掌握了没有，教无定法，贵在教会。2011年我的一篇论文《体育教学监督机制的行动研究》发表于《中国学校体育》杂志。经过几年的努力，朝阳区的常态教学有了明显的提高。2013年北京市教学质量监控抽测中，朝阳区平均分、优秀率、及格率均排名全市第一。

3. 课题引领突破瓶颈，促进教师专业化发展

很多体育教师工作数年后就进入了瓶颈期：会教学，难提高。如何引领中青年教师走出瓶颈，有效促进体育教师的专业化发展，便成了我面临的严峻挑战。此时，科研就成了我的一把利剑。

2012年我申请了课题“中学体育与健康类校本课程的开发与实施”，被审定为北京市教育学会和朝阳区规划办课题。这个课题中，65位教师申请了子课题，参与了研究的全过程。教师们边研究边实践，取得了丰硕的成果，总结获得了丰富的教学资源，使全区523位一线教师直接受益。2015年，这个课题获得“北京市课题成果一等奖”“朝阳区年度教学成果奖”；2018年获得“北京市基础教育成果二等奖”，课题调研报告和结题报告均发表于《中国学校体育》杂志。并以此课题成果出版专著《一校一特色　一课一峥嵘》。朝阳区特色体育课程展示如图3所示。

图3　朝阳区特色体育课程展示

“十三五”期间，我申请的北京市教育学会课题“推进中学校园足球发展的对策研究”已经顺利结题。全国校园足球迅猛发展，然而落地到学校层面面临着众多困难。比如足球文化缺失、场地小、专业教师少、社会及家长不支持等问题，学校应该如何开展校园足球活动，正是我们这个课题的关注点。我们24位课题教师针对“校园足球文化建设”“小场地足球教学”“非足球专业体育教师足球教学”“女生足球教学”等几个方面开展了系列的研究活动，取得了大量的教学资源并得到推广。成果获得“2018年度朝阳区教育成果奖”，制作微课200余节，编制《阳光足球读本》初中版、高中版2册（图4），出版《足球教法学法汇编》《足球优秀教学设计集》。2018年6月15日在北京中学通过“菁体育”平台向全国直播的现场活动《学科融合助力校园足球文化建设》上，我们介绍了课题取得的丰硕成果。

图4 《阳光足球读本》

4. 减负担，巧创新，网络研修续新篇

朝阳区区域大、人数多、差异大。一次教研活动，有的教师路上要走两个小时。为了真正有效地提高教研活动实效，减轻教师负担，我利用网络开展一系列网络教研活动。例如，每学期至少安排3次网络教研；在“分享奥林匹克”QQ交流群随时交流、分享；在中国教研网建立“朝阳体育教研坊”（图5），记录每位体育教师的成长；创建微信公众号“朝阳区体育教师”，定期为教师推送前沿的教研信息和教学方法，公众号内容得到了全国体育教师的一致认可，关注人数已经超过3000。

图5 “朝阳体育教研坊”界面

14年来，我指导体育教师7人次在全国教师基本功和教学评比中获奖；指导70人次在北京市各类评审中获奖。2018年北京市青年教师“京教杯”大赛，我指导的教师获得2个一等奖，1个二等奖和3个三等奖的好成绩。朝阳区目前已经形成了良好的教研氛围，一大批青年教师茁壮成长，学校体育工作取得了长足进步。

（三）入选“名师”，快速提升

2016年，我荣幸地入选“北京市名师培养对象”，获得了一次难得的学习机会。我的导师陈雁飞老师为我打通了一条全新的发展之路。

陈雁飞老师博大的教育情怀、严谨的学术态度、独到的研究视角、忧国忧民的责任感、做人做事的高标准严要求，都使我受用终身。而陈老师对待我的宅心仁厚、扶持提携和悉心指导，更让我感受深刻。跟着陈老师学习，不仅提高了我的专业水平，还升华了我的教育情怀。感谢陈老师曾经给予的信任、支持和器重，我都将永记于心。

我还应该感谢引领我并一路扶持我的李健老师、韩兵老师、张庆新老师和周志勇老师等北京教育学院体育与艺术教育学院的各位老师，他们给予我的不光是培育之情、知遇之恩，更有生活中的关心、信念上的支持、一如既往的肯定和人生道路的点拨。在我每每产生“自信心危机”之时，是他们信任的目光给了我坚持的力量。

在导师的指导和帮助下，我带领朝阳区50多位体育教师完成了课题“提高体育教学实效性的实践研究”，课题也被中国教育学会体育卫生分会确定为“十三五”立项课题。有人说“体育管教不管会”，虽然我并不同意这样的看法，但这也说明了我们的常态教学的实效性确实存在一些问题，这是我们这个学科的“牛鼻子”。在导师的指导下，我带领课题组50多位体育教师共同研究，试图为广大体育教师提供一个可借鉴、可操作、可复制的教学方法体系，为提高体育教学质量提供思路和保障。课题组录制体育教学微课100余节。论文《体育教学实效性调查研究》获得北京市学校体育科学大会一等奖，并发表在《体育教学》杂志2019年第三期。图书《体育教学实用游戏汇编》得以出版并全国发行，目前我正在与出版社联系再版事宜。

作为一名体育人，我深知自己的责任与使命，在导师们倾全力的支持和帮助下，我与北京教育出版社合作出版《学校体育管理软件》全国正式发行。这本书的内容有效地降低了体育教师的工作压力，取得了良好的社会效益。

2017年我与CCTV 5、教育部学生体育协会合作完成大型系列公益节目《我是体育教师》（图6），让体育教育、体育教师引起全社会的关注。节目从2017年教师节开始播出，首先，40位来自全国20个省（直辖市、自治区）的体育教师被推荐拍摄微纪录片《体育教师的一天》，向全国人民展示了一位普通体育教师一天的生活、工作情况，感动了很多人，让人们看到了一位普通体育教师的价值；然后，我们带领这些优秀的体育教师走进江西、内蒙古、贵州等地，进行了为期一周的支教工作。最终6位优秀的体育教师荣获“我是体育教师奖章”，并于2018年11月8日在教育部学生体育协会年终盛典中进行了隆重的颁奖。

图6　《我是体育教师》活动

作为“国培计划”授课教师，我20余次参加“国培计划”的培训活动。在清华大礼堂，我为来自西部的百位优秀教师做专题讲座《我是一名体育教师》，CCTV5新闻报道。我参加教育部—联合国儿童基金会“学校体育与体育教师培训项目”两年的导师工作，为来自边远山区的体育教师上展示课、做系列培训多场，受到山区体育教师的充分肯定。此外，我还在北京、河北、河南、江西、山西、安徽、贵州、云南、陕西和天津等地进行教师培训，为体育教师们传经送宝。

从事体育教育20余年，我且行且思。虽然我取得了一定的成绩，但是未来还有很多的挑战要面对。“一枝独秀不是春，百花齐放春满园。”作为教研员，任重道远，我要像一块海绵不断汲取新的理念丰富自己，让更多的教师受益，让更多的孩子茁壮成长。

教学亮点

教研课题推进朝阳区校园足球发展的实践研究

（一）问题的提出

1. 党中央对于校园足球工作的高度重视

2009年6月，遵照党中央、国务院有关领导同志关于整治和振兴中国足球的指示精神，为贯彻《中共中央国务院关于加强青少年体育，增强青少年体质的意见》，推进《关于开展亿万学生阳光体育运动的决定》，国家体育总局与教育部联合在全国44个城市、2000余所中小学校启动了校园足球活动。党中央对校园足球工作的高度重视，为校园足球活动的开展提供了保障。

2. 校园足球发展中面临的实际问题

虽然有了党中央的高度重视，但是校园足球的发展依然面临着许多实际问题，如果这些问题不能得到有效的解决，热闹非凡的校园足球更多停留在形式上，就难以保持其持续旺盛的生命力。通过调查研究与专家访谈，我们最后聚焦在三个主要问题上。

（1）足球文化氛围的缺失。“中国没有真正的足球文化，一切还在发展之中。”中国足球队原主帅佩兰此前的一席话，引发争议不断。足球文化是足球之魂。中国足球此前的发展走了弯路，国家队成绩不佳，俱乐部缺少城市归属感，足球人口持续萎缩；从社会层面和学校层面看，足球文化更是无从谈起。缺少文化注入的校园足球，自然难以具备持续旺盛的生命力。

长期处于缺少文化的足球“荒漠”里，对足球项目的理解也不免走偏。足球场上，胜利是人人期待的结果，但比胜利更深入人心的，是其中呈现的精神力量。只可惜，人们往往更看重输赢，以及由此产生的利益链条。长此以往，青少年足球也会深受其害，太早就被功利的意识侵蚀，偏离了足球原本追求的励志向上的主旨。

（2）足球专业师资匮乏。校园足球的主体师资是足球教师，足球教师成为校园足球发展的关键所在。然而，“足球城”大连有足球专业背景的教师340人,占体育教师总数的13%，这个比例已经算高的。而全国有足球专业背景的教师占体育教师总数的不到8%。面临如此之大的匮乏，校园足球应该如何发展?

（3）足球活动场地问题严重。场地不足是影响校园足球发展的又一难题。很多中小学没有像样的足球场地，以北京市朝阳区为例，全区近300所中小学，有标准足球场的仅有5所，占1.6%；而在各大城市的居民小区，足球场的规划设计更是难见踪影。足球场地不足是否成为制约校园足球发展的关键问题呢？在现有小场地条件下如何开展足球活动呢?

（二）解决问题的过程与方法

1. 成立课题组开展基础调研

北京市朝阳区在体育教研员的带领下，成立了校园足球发展的课题组，申报北京教育学会课题“推进校园足球发展的对策研究”并获得立项，开始了校园足球的系列研究工作。课题组首先对朝阳区校园足球活动的基本情况进行了全面调研，通过对学校、教师和学生的调查问卷和访谈，了解现在足球活动开展的优势与不足，为课题研究提供依据，明确课题研究的方向，避免背离教学实践，以致让课题研究走入歧途。

2. 研发地方教材《阳光足球读本》

校园足球面向全体学生开展得很少，现有的教学用书往往是高校的足球专业用书，导致足球教学不规范，足球教学活动难以开展。针对这个情况，课题组下定决心研发适合中小学校园足球教学的地方教材《阳光足球读本》。《阳光足球读本》由朝阳区教委组织实施，由朝阳区体育教研员牵头组织编写团队。编写团队由著名的足球教练员、足球裁判员（中超裁判）、一线足球教师和非足球专业体育教师组成。2015年5月地方教材《阳光足球读本》正式在朝阳区全面使用，涵盖朝阳区300多所中小学校；广东省也将《阳光足球读本》列入教材目录，广东部分地区也在选用。

（1）《阳光足球读本》是一个学习系统。《阳光足球读本》是一个完整的学习系统，它包括读本、微课集和足球球性操三个部分。《阳光足球读本》整体设计思路是面向学生的，一切从有利于学生的学习出发，改变过去教材的“填鸭式”学习方式，让学生看得懂、喜欢看，学生能够通过它自主学习足球训练课程。

（2）《阳光足球读本》关注学生的学习兴趣。读本每一章下设的栏目都是为了便于学生的学习，激发学生的学习兴趣，如动作口诀、经典战例、学练提示、运用时机等。每一节的写作语言都与相应学段的学生相一致，让学生读起来亲切，看起来熟悉。学生能够很快被读本的内容所感染，从而产生浓厚的学习兴趣。每一个动作都配有相应的微课，每个微课5~8分钟，由名师带领学生共同学习。学生可以通过扫描读本动作图解旁的二维码观看微课，也可以通过书配光盘观看微课。同时读本给学生留有学习的空间，如查一查、知识链接、拓展阅读等，所学的内容不拘泥于读本本身，学生可以根据自己不同的兴趣拓展学习内容，丰富读本以外知识。

（3）足球球性操解决了足球活动场地小、人数多的问题。配合读本的足球球性操，就是为了解决小场地如何开展足球活动的问题。有专家曾说，目前困扰中国足球发展最大的困难是场地问题。足球活动需要相对较大的场地，同时足球活动还会对其他共用场地的体育项目产生较大的影响。为了解决这个问题，我们聘请足球方面的专家和健美操方面的专家，共同创编了《阳光足球操》，把一些简单的球性练习体操化，便于学生在场地相对较小的环境中开展足球活动，同时也在一定程度上提高了女生对学习足球的兴趣。

3. 教研活动促进校园足球文化建设

校园足球文化表现为在参与校园足球运动时候所采用的方式、价值观、制度、理念、精神、道德观以及足球能力、习惯等。校园足球文化是物质、精神、行为和制度四种文化的统一，其中行为文化处在核心位置。校园足球的建设则需要足球文化的渗透，这不仅仅是体育一个学科的努力就行的，跨学科融合已成为未来的主流趋势。

2018年6月15日，课题组在北京中学举办了以“学科融合助力足球文化建设”为主题的足球文化节教研活动，借助2018年俄罗斯世界杯开幕之际，推广校园足球文化，以足球为载体增进校园师生、生生之间的互动交流。内容由世界杯足球嘉年华和7节以足球为主题的不同学科课程特色展示课组成。

首先，足球嘉年华在激情的世界杯主题曲中拉开帷幕，柔美的芭蕾柔力球和精彩的足球宝贝啦啦操表演将开幕式推向高潮，足球文化节在欢呼声中正式开始。嘉年华以俄罗斯足球世界杯为背景，由96位学生形成小组分别代表本次世界杯32强国家，进行激烈角逐，活动共设足球知识竞答、5对5足球比赛、九宫格射门、足球人体彩绘4个比赛项目，以及相扑足球、真人桌上足球、机器人足球赛、机器人点球大战、桌上足球5个选赛项目，同时设有足球彩绘涂鸦墙、足球服饰装备展等内容。嘉年华活动将足球运动技术进行快乐化、体系化改造，针对学生运动兴趣和心理特点精心设计，结合智能机器人等科技，在欢快的气氛中让每位学生与参与者一起真正发现足球的魅力和快乐，并以无限动感的力量彻底点燃夏日的激情。足球文化节现场会如图7所示。

图7　足球文化节现场会

随后7节课以足球为载体，融合足球与体育、足球与音乐、足球与通用技术、足球与美术、足球与信息技术、足球与综合实践学科的跨学科整合进行特色课展示，将足球与学校的各个方面融合，助力校园足球的文化建设，为所有学校提供了足球文化建设学习的样板。

4. 通过教研，有效提高校园足球课堂教学质量

（1）对小场地足球教学的研究。足球运动需要的场地比较大，对场地要求相对也比较高。在调查中发现，朝阳区中学中没有草皮足球场的学校占44.95%（图8），而现在中小学行政班额人数都比较多，至少30人，有的甚至超过70人；场地小、人数多就成为校园足球活动过程中的一个大难题。那么如何利用现有场地条件，进行足球教学和活动是我们研究的重点。

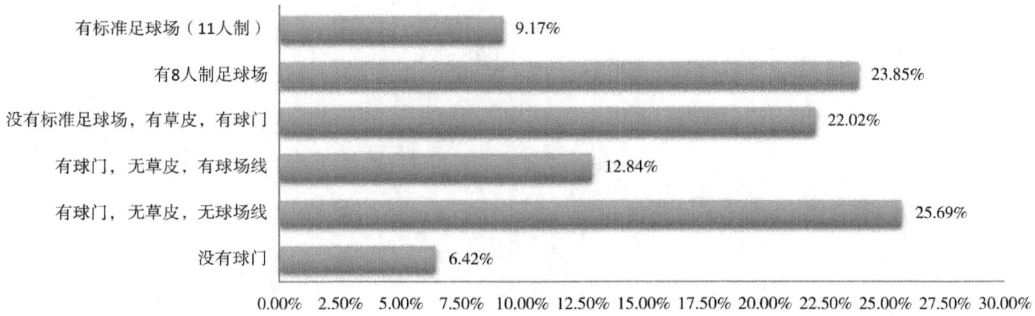

图8　足球基本情况调查

研究中我们也发现，在巴西、西班牙等一些足球发达的国家，足球场地也并不是非常充足，很多地方都没有草皮，孩子们就是在街头巷尾练习，可见小场地足球教学完全有可能推动足球的发展。我们针对校园足球的小场地开展了系列研究，整理开发了大量的教学方法和学习方法，并正式出版了《校园足球教法学法集》，发放给每一位体育教师，人手一本。现在这本书已经成了很多体育教师最常用的教辅工具。该书已经在全国发行，2万册销售一空，帮助全国的体育教师解决小场地足球教学问题。

（2）对非足球专业体育教师足球教学能力的培养。

教师是学生足球学习的传授者和主导者，其足球素养、足球教学能力对校园足球

的发展起着至关重要的作用。课题组通过调查和访谈了解了当前我区体育教师的足球教学基本情况，调查表明足球专业教师只有12.84%（图9），因此完全依赖足球专业教师开展足球教学活动是不切实际的。那么非足球专业体育教师的足球教学研究便成为我们的第二个重点任务。首先我们对非足球专业体育教师的教学能力进行前测。针对前测和调查、访谈中存在的问题，我们对非足球专业教师进行了有针对性的系列培训活动，“请进来，走出去”，让他们先后到深圳、成都、延边等地进行了学习。我们帮助非足球专业体育教师收集整理相应的教学方法和资源，收集整理了100节优秀的足球课例，选优出版了面向非足球专业体育教师的《朝阳区校园足球优秀教学设计汇编》，这本书全国发行，许多体育教师正在使用，对于非足球专业体育教师的足球教学给予了有效的指导。

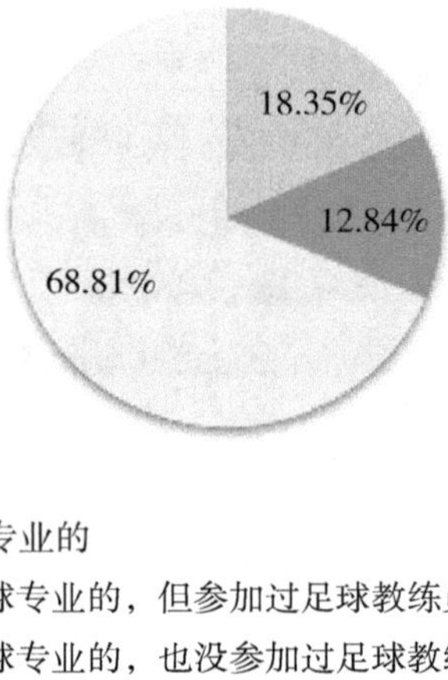

图9　我区足球专业教师调查

经过这些实验干预，再次测评，证实这些方法对非足球专业体育教师足球教学能力的提升起到了明显的促进作用。2018年朝阳区体育教学评优活动中有6节足球课入围最后的前20强，占到30%；其中有5位教师是非足球专业出身，占到足球课获奖的83%。

5. 利用现代信息技术有效提高足球教学实效

2018年4月18日，教育部发布关于印发《教育信息化2.0行动计划》的通知，通知中谈到教育信息化2.0行动计划是顺应智能环境下教育发展的必然选择。教育信息化对于足球教学同样有很大的促进作用。

微课是指运用信息技术按照认知规律，呈现碎片化学习内容、过程及扩展素材的结构化数字资源。我们发现这与校园足球教学的很多特点相一致。很多足球技术、战术的教学正是由许多碎片化的教学内容所组成，所以课题组针对足球微课开展了专题研究，制作了140节足球微课，这些微课几乎涵盖了足球教学中知识、技术、战术和比赛的各个环节（图10）。

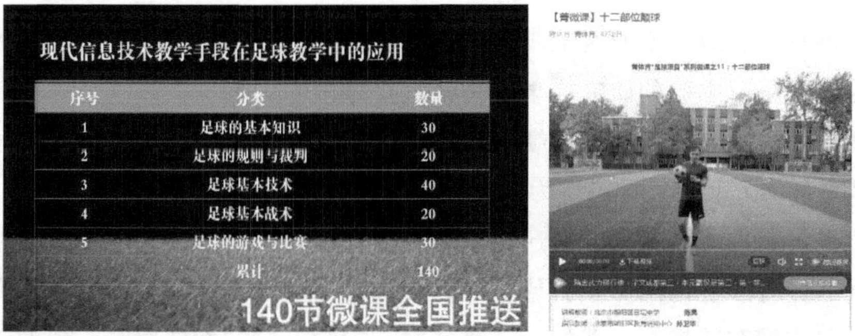

图10　足球微课推广

我们制作的微课通过“朝阳区体育教师”公众号向全国推送，并通过“菁体育”平台辐射了更大的区域，累计点击量超过了10万次。

除微课外，我们即将出版的两本足球教学教辅书上的教学实例和教法学法，也会通过中国教研网“朝阳体育教研坊”向全国免费推送，教研坊注册人数近600人，下载量达到5万余次，形成了网络足球教学资源库。

6. 加强校园足球后备力量建设

足球后备人才来源于青少年，青少年足球的发展是我国足球可持续发展的基石和源头。课题的子课题“校园足球后备力量培养研究”，承担校北京市三里屯一中从2012年起进行足球特色化办学，至今已走过八个年头，学校的足球工作在区域内形成了一定影响力，成为“朝阳区首批足球运动特色学校”“北京市奥林匹克教育学校体育后备人才培养基地筹备校”“北京市体育（足球）项目传统学校”“北京市首批红领巾足球社团学校”“全国校园足球特色学校”等。

为提升朝阳区体育、艺术、科技教育资源质量，服务学校特色项目发展，朝阳区组织了“百名大师进校园”的活动。学校聘请国务院足球项目高级顾问金志扬先生成立“大师工作室”，指导学校足球工作。近年来学校足球队取得了全国级竞赛冠军2次，市级竞赛冠军5次，区级竞赛冠军7次，先后有12人被选拔到国安俱乐部的梯队。

（三）效果与反思

“推进校园足球发展的对策研究”课题历时六年，15个子课题，56位体育教师全程参与，取得了丰硕的研究成果。无论是足球教学、足球微课、足球社团还是足球运动队训练都取得了骄人的成绩。2018年朝阳区被教育部认定为校园足球发展试点区，教育部体卫艺司领导亲自为我区授牌。

当然，校园足球活动的开展还面临着许多实际的困难，活动经费成为瓶颈性障碍；教育和体育职能部门关系有待协调；校园足球的训练和竞赛体系亟待完善；校园足球的关注度有待提高。我们会一直努力，探索有效的发展对策，帮助学校有效地开展校园足球活动。

辛勤耕耘　执着追求

北京市怀柔区长哨营满族乡中心小学　崔海明

名师档案

崔海明，男，1969年出生，北京市特级教师，中共党员。1990年毕业于北京市民族师范学校。现任北京市怀柔区长哨营满族乡中心小学体育教师。1990年参加工作。2010年被评为北京市体育骨干教师。2011年被评为怀柔区学科教学带头人。2012年被评为中学高级教师。2013年被评为北京市优秀教师、北京市基础建设工程先进个人。2014年再次被评为北京市骨干教师。2014年被评为全国模范教师，在人民大会堂受到习近平总书记、李克强总理等党和国家领导人的亲切接见。2016年考入“北京市名师工程”深造，2018年结业成为北京市体育名师。2017年被北京市人民政府授予“北京市人民教师”“北京市特级教师”荣誉称号。参加工作至今时刻把“老老实实地做人，踏踏实实地工作，兢兢业业地奉献”作为从教的准则，在体育教师工作岗位上任劳任怨，兢兢业业。积极参加科研课题研究并担任课题负责人，多项科研成果获得国家、市级一、二等奖。多篇教学论文获得国家、市级一、二等奖；多篇教学论文发表在国家、市、区级教育刊物上。从教以来一直坚持组织田径队训练，为上级学校培养了近百名体育特长生。2013年来到怀柔最北部的深山区支教，支教结束后主动申请留在了山区小学从事教师工作。工作中根据山区小学生的特点，开展体育教育教学，使得山区学生的身心得到了协调全面的发展。充分发挥特级教师的示范引领作用，主动为体育教师上研究课、观摩课、示范课，进行各种业务培训，使得一大批山区青年体育教师迅速成长为市、区、校的骨干，促进了怀柔区小学体育教育教学的蓬勃开展。

成长感悟

我是一位怀柔山区的小学体育教师。21岁的我实现了做一名教师的梦想，从那时起，我就暗下决心：要用自己的行动诠释一名优秀园丁的追求。从执教的第一天起，我就把“老老实实地做人，踏踏实实地工作，兢兢业业地奉献”作为自己的从教准则。从教20多年来，我有过成功，也有过失败；有过欢乐，也有过痛苦，但始终不变的，是对体育教师工作的热爱。

（一）潜心教学研究，提升业务修养

我从普通师范院校毕业，为了在体育教学上尽快上路，充分利用外出参观、学习进修等一切机会虚心求教。我通宵达旦、废寝忘食地利用一切时间，孜孜不倦地系统研读现代教学论、教育学、体育心理学等教学工具书和教学参考书，理论水平得到了迅速提高。为了上好体育课，哪里有体育教学活动我都准时到场，认真看，认真地做记录，遇到不明白的问题我总是虚心地向有经验的同行们请教，回来后细心分析琢磨，把学到的、看到的、想到的，结合实际进行实践，通过不断的学习摸索，我的理论水平和教育教学能力不断提高。1993年获得北京市体育教学评优二等奖，2009年获得北京市体育教学评优二等奖，多次在区体育教学评优中获一等奖。20多年来为市、区体育教师做示范课、观摩课、研究课100多节；撰写的100多篇体育教学论文获国家、市、区级一、二等奖，30多篇发表在国家、市、区级教育刊物上。我积极参加市、区级课题的研究，十多项科研成果获得市、区级优秀科研成果一、二等奖。

为了掌握各项体育技术与技能，我坚持每天早晨五点半起床苦练体育基本功，由于训练刻苦且方法得当，一年半的时间掌握了各项运动技术与技能。2009年获得怀柔区基本功大赛全能一等奖，北京市体育教师基本功大赛全能二等奖；2010年获得怀柔区体育理论考试一等奖；2012年获得怀柔区体育达标课一等奖；2015年获得怀柔区体育教师基本功大赛一等奖。

（二）倾情体育课堂，形成教学特色

在体育课堂教学中，我逐渐摸索出了“观察体验、启发思维、合作互动”的教学模式，创设宽松、民主、互动的学练氛围，营造和谐的教学情境，将师生互动、生生互动融入课堂教学中。我在制订教学计划时，把与体质健康测试相关的内容合理地安排到体育课中形成课课练。在教法中实施开放性教学，使学生通过体验、思考、探究、交流获得体育知识和技能方法。在体育教学中，每次课我都安排一定时间，选择与教学内容相适应的素质练习，使学生在掌握知识技能的同时不断增强身体素质。所教的学生体育成绩优秀率达到85%以上，合格率达100%。我不仅在平时的体育课教学中注重学生身体素质的练习，而且还利用在校所有空余的时间对学生进行有针对性的达标训练。我与其他体育教师们一起认真分析学生体质情况，研究训练的方法，制订相应的训练措施，2010年我所教的五年级参加北京市第四届学生体质测试赛以平均成绩80.26分获得小学组第二名。在此基础上我根据测试项目研究出肺活量、立定跳远、坐位体前屈、力量、耐力等项目的训练法，并根据学生实际情况制订出肥胖和较轻体重训练计划。我校学生体质测试成绩由2010年的平均80分逐步提高到2016年的92分。这些年我经常到全区各校与体育教师们一起分析学生体质情况，研究训练的方法，制订相应的训练措施，使得我区学生的体质测试成绩不断提高，连续6年在北京市学生体质测试赛中名列前茅。2011年我被怀柔区教委认定为学生体质健康训练指导专家。

（三）爱心构筑桥梁，呵护学生成长

诚挚的心灵，是学生情感的钥匙；高尚的师德，是学生心灵的明镜。28年来，我力求用学生的眼光和心灵去倾听和发现，通过心与心的交流走进学生们的世界，引导他们一步一步地走向成熟。在教育教学中我走进学生的情感世界，把学生当作朋友，去感受他们的喜怒哀乐。我对待学生严中有爱、严中有章、严中有信、严中有度。在生活中我更加地关注学生，当发现学生身体不舒服时及时买来药和营养品，当学生情绪有波动时主动与他们谈心打消其顾虑，当学生遇到困难时主动想办法给予解决。2013年我被派到怀柔山区小学支教，发现山区学生中大部分属于留

守儿童，单亲家庭占全校学生家庭的40%，而山区的贫穷和落后使得学生存在着自卑、失落、孤独等心理，为了让学生感受到亲人的温暖与爱护，我时常利用仅有的工资给学生们买来衣服和鞋子给他们穿上，买来新鲜的食品让他们品尝，学生生病了亲自带他们去医院治疗，我的关爱使我和学生们结成了深厚的友谊。教育是爱的事业，我在爱的实践中洗去铅华，净化着心灵的天空，品尝着教书育人给自身带来的无以言表的乐趣。

（四）发挥引领作用，促进团队提高

2010年我被评为北京市小学骨干教师。为了充分发挥骨干教师的示范引领和辐射作用，我主动成立了体育骨干教师工作室，形成了一个以我为核心的青年体育教师发展团队。为了尽快促进青年体育教师的成长，我精心研究教育理论、教改形势、教材教法等内容，并与自己多年积累的教学经验融会贯通，撰写了理论与实践相结合的系统讲义，采取讲座、研讨、示范课、研究课等多种形式组织团队教师开展活动。在我的耐心指导下，团队体育教师迅速成长，十几年来多数教师成为市、区、校级骨干教师。2013年我被派到山区小学支教，为了促进山区体育教师迅速成长，提高山区体育教学的质量，我在支教结束后主动申请留下工作。在山区工作的4年里，我又成立了山区体育教师工作室，继续进行业务指导，我带领的体育教师团队里有6名青年教师已经成为了区级骨干。

2016年我通过理论考试和答辩成为北京市名师工程学员；作为北京名师，我主动承担了多次“国培计划”中的讲座、授课、说课工作。我还受聘成为教育部—联合国儿童基金会组织的贵州盘州市（原盘县）“学校体育与体育教师培训”活动的专家，积极为盘州市学生授课，认真对盘州市体育教师进行培训，把我多年积累的教育教学经验无私地带给盘州市师生，我的讲座和教学受到了盘州市领导、教师、学生的一致好评。

（五）科学系统训练，托起腾飞翅膀

双手扶持千木茂，慈怀灌注万花稠。为了培养体育人才，20多年里我几乎牺牲了所有的节假日时间给学生进行体育训练。在训练中为了能够使学生保持较好的训

练状态，我根据学校场地、学生实际制订了有针对性的训练计划。经常了解学生家庭情况和训练感受，遇到特殊情况直接与学生家长沟通，摸清学生的详细情况后再重新制订训练内容。为了不耽误学生正常的文化课学习的时间，我充分利用早晨和下午第四节学生活动、节假日的时间组织训练。当学生遇到困难时我主动想办法给予解决，对学生的关心与爱护使我和队员们结成了深厚的友谊。训练的学生连续18年来获得怀柔区长跑比赛团体第一名，并且一直保持着男女个人第一名，同时始终保持着区男子1500米，女子800米、1500米的纪录。2005、2006、2007年连续获得北京市长跑赛团体总分第一名。训练的队员中有4人达到国家二级运动员标准。从教以来，我为高一级体育学校输送了近百名中长跑人才，2人获得全国冠军。今天的积蕴，是为了明天的放飞，还有什么比看着自己的学生飞得更高、更快、更远，更令教师欣慰的呢？

20多年的辛勤耕耘执着追求，上级对我的工作给予了充分的肯定，2008年我被评为怀柔区骨干教师；2010年被评为北京市体育骨干教师；2011年被评为怀柔区体育学科教学带头人；2012年被评为中学高级教师；2013年6月被评为北京市小学规范化建设工程先进个人；2013年9月被评为北京市优秀教师；2014年再次被评为北京市骨干教师；2014年9月被评为全国模范教师，9月9日在人民大会堂受到习近平总书记、李克强总理等党和国家领导人的亲切接见，并与他们亲切握手、合影留念；2017被北京市人民政府授予“北京市人民教师”“北京市特级教师”荣誉称号。

作为一名普通的体育教师，光环和荣誉的获得并没有使我停滞不前，相反它们为我不断攀登注入了新的动力。我坚信，作为一名学校体育领域中的登山人，成功总是在前面更高的地方向我招手，它永远属于每一名坚持不懈的攀登者。

教学亮点

经过20多年的学习和摸索，特别是随着教育改革的不断深入，我对当今体育教育教学有了新的认识，即体育教师要做到贯彻新的教育理念、结合实际；积极思维、努力创造；提高技能、掌握方法；发展个性、培养品德。在教学实践中教师要不断地学习、摸索和总结教学规律。钻研教材的实质，提高对教材理解的深度和广度是提高教学质量的关键，而积极思维、努力创造适合学生心理特点的教学策略与方法又是提高体育与健康教学质量的保证。我认为体育课中的创造就是学生以教师教授的练习方法为基础，结合教材和学生自身的特点，去寻找适合自己且能达到学习目的的练习方法的过程。在实际教学中把学生放在体育教学的中心地位，让学生成为体育课的中心，成为学习和锻炼的主人，这是体育与健康教学一大特点。

此外，教师要善于走进学生的情感世界，把学生当作朋友，去感受他们的喜怒哀乐。因此我在体育与健康教学中以“观察体验、启发思维、合作互动”为指导思想，创设宽松、民主、互动的学练氛围，营造和谐的教学情境，将师生互动、生生互动融入课堂教学中，使学生既学习了知识技能，又锻炼了身体，增强了体质，从而达到育人健体的目的。经过多年的努力和积累，我逐渐形成了自己的教学风格，使所教学生的身心得到了全面的发展。

（一）在小学体育教学中正确对待“特殊”生——以怀柔区长哨营满族乡中心小学为例

小学阶段是学生长身体、长知识、形成良好思想品质的关键时期。几年来，小学生群体中自杀、离家出走、犯罪、校园暴力等事件的频繁出现，使学校教育工作日益受到社会各方面的高度重视。长哨营满族乡中心小学地处怀柔区北部深山区，由于交通不发达，经济落后、信息闭塞、观念陈旧等原因造成地区性的思想落后，发展缓慢，因此给学校教育也带来了诸多不便。通过走访调查发现，长哨营满族乡中心小学中单亲家庭的学生占学生总数的42.3%，留守儿童占学生总数的55.7%。学生厌学、逃学、自虐、孤僻、自私自利、不善交往等现象非常明显，导致这些学生成为“特殊”的群体。《义务教育体育与健康课程标准（2011年版）》明确指出“体育与健康教学要充分关注学生学习方面的个体差异，体育与健康教学中要做到区别对待、因材施教，要特别关注体育基础较差的学生，有针对性地采取相应的教学方法提高学生的自尊和自信，促进每一位学生更好地发展”。因此体育教学在传授体育与健康知识、技能的同时，还要影响学生的世界观和人生观，通过体育与健康教学使学生形成健康的人格和身心。关注这些“特殊”学生的健康成长，发挥体育与健康教学的教育、引导、促进、发展的功能，促进这些学生融入体育课堂学习中，是我们每位山区体育教师所面对的现实问题。

1. 山区小学“特殊”生的类型

根据走访、调查、分析，我认为山区小学“特殊”学生大致分为以下几种类型。

（1）特殊体质学生。特殊体质的学生能明确定位，是指那些营养不良和肥胖的学生，这是客观存在的现象。近年来山区学生营养的不均衡导致营养不良和肥胖的人数逐年递增，学生在速度、耐力、意志力等方面逐年下降。这些学生因为自身身体素质、运动基础较差，往往做不好运动动作，甚至不能完成运动任务，怕被同学、老师嘲笑，就会产生自卑感，锻炼时躲躲闪闪，甚至干脆不参与活动。久而久之，便疏远了体育活动，成了体育课上受冷落的旁观者，特别是体育课改的今天，此类问题更加突出。长此以往，最终造成身体素质更差，活动能力更差，恶性循环，离健康、活泼的性格朝向也越来越远，成为名副其实的体育困难生。

（2）生理和心理有缺陷的学生。如身体残疾、有遗传病史，性格孤僻、单亲家庭的孩子等，他们最大的共同点是自卑、孤独、不愿与人交往，总爱把自己与其他同学隔离开，在他们的心里总是认为同学们看不起自己。因此这类学生在体育课学习中不言不语，默默地做一些自己的练习内容，不愿与他人一起做活动，渐渐地脱离了集体，形成一个个孤立的个体。

（3）上课个性强的学生。这类学生大多属于独生子女，家庭的过于溺爱造成他们随意性强、娇气、调皮、凡事以自我为中心的个性。在课上学习时表现出上课捣乱、做鬼脸、出洋相、不服说教、不遵守纪律等，并且逆反心理很强，将老师的说教当成是家常便饭，还时常表示出极度的不耐烦。

（4）智力发育相对迟缓的学生。如学什么动作都比较慢，动作练习多少遍也无法掌握的学生，特别是技能要求比较高的项目练习时，这些学生因为接受能力差、运动基础较差，被同学嘲笑，被老师批评，体育游戏时经常被其他同学推来推去，谁也不愿意和他一起练习，这造成他锻炼时躲躲闪闪，甚至干脆不参与活动，也就使他成了体育课上受冷落的旁观者。

（5）胆子小、不爱动、自觉性差的学生。这些学生只要老师不盯着，就不做练习，喜欢把自己藏在同学后面，甚至直接告诉老师自己不喜欢上体育课，喜欢静。

2. 面对山区小学“特殊”生在体育与健康教学中采取的策略

（1）正确引导，因材施教。对于那些性格内向、孤僻，在学习中偷懒、怕吃苦，锻炼时躲躲闪闪的学生，要正确引导，事实上这些学生的行为主要是心理原因造成的。追求理想是人类的一种天性，一个人在追求理想时总想取得胜利，但当目标实现不了的时候就会产生消极的自卑心理和挫败感。一旦这种情况往复交替，学生就成了所谓的“差生”了。

记得我刚接手六年级的时候，遇到一位来自单亲家庭，又属于留守儿童的学生。他个子长得很高，体育素质还可以，但在每一次上课中都表现得不是很积极，他性格内向，平时就不爱说话，也很少跟别的同学交流，所以体育成绩不是很理想。在一次篮球课教学中我有意识地对他进行特殊的“照顾”。在进行篮球比赛时，我有意识地让他和我一组，与其他有篮球基础的学生进行比赛。我得到球后多次传到他的手里，鼓励他投篮，一场下来我们胜利了，他表现得很兴奋。于是我趁热打铁对他进行鼓励和施教，他学得很专心。经过一段时间的学习，他对体育产生了浓厚的兴趣。不到半学期他就成为篮球队的一员了，他的其他方面的体育素质也有了明显的提高。

（2）“特殊”学生，正常对待。对于自觉性差的这类学生，我会个别施教。去年新学期开始，在我任教的五年级中就有个女孩，刚刚开学，她的父母就跟班主任打招呼说不愿意让孩子上体育课。其实这个女生在四年级时经常找这个原因或那个原因躲开上体育课，我得知情况以后，便在心中早早地对她进行了关注。发现这个女生胆子特别小，就连平时说话声音都特别小。通过了解我得知这个女生父母长期在外，只有奶奶和爷爷来照顾她，因此对她是百般的溺爱。在体育课上，我没有对她投去多余的目光，想让她感觉自己和其他同学没有区别。很多次课中，我发现练习时没有学生愿意和她一起练习，她常常独自站在一处显得很孤独。之后我就关心地问：“怎么啦？为什么不和其他同学一起练呀？”“她们不和我玩！”“她们为什么不和你玩呀？”这个同学支支吾吾半天也说不出所以然来。下课后，我找来班中的几个女同学，要求她们帮助和关心这个女同学，要求她们在每次体育课上练习时都主动地和她在一组，课间主动拉着她一起做体育游戏，时刻让她感到同学们的关心，使她体验到参加体育运动的快乐。慢慢地这个女生不用要求就主动地参与到群体活动中了。“特殊”生需要的是被正常地对待，教师给他们创造自信的空间。因此面对这类学生最重要的方式是教师改变自己的心态，对他们要宽容点、耐心点，多鼓励、多安慰。尤其是我们体育教师，一定要做好引导工作，发挥体育教育的功能，让我们的孩子的心理更加坚强，从而勇敢地面对生活给予他们的不断挑战。

（3）多奖少惩，合理适度。奖励与惩罚是维持纪律、进行体育课堂管理的重要手段。俗话说“罚其十，不如奖其一”，体育教师要多用奖励，少用惩罚，当学生的积极性行为得到奖励后，这种行为将得到巩固与强化。但为了维持纪律，一定的惩罚也是必要的。惩罚是体育教师有意识通过使学生经受不愉快的体验，以影响和改变学生行为的一种手段。身为一线体育教师，不仅要以言传，还要以体授，课堂40分钟的教学“负荷”要比其他学科教师大，面对四周空旷的操场，用自己那有限的声音指挥着教学。可是有些学生体会不到这种辛苦，特别是那些调皮的学生，多种原因使调皮的学生形成了特有的个性：上课捣乱、做鬼脸、出洋相、不服说教、不遵守纪律等，并且一些“特殊”生逆反心理很强，对于那些无视课堂常规、习惯懒散的学生，我们应该寻找适合他们“口味”的教育方式。很多学生都已经对一些大道理倒背如流，却丝毫不见效果，反而变本加厉地违反纪律，他们已经将教师的说教当成家常便饭，还时常表示出极度的不耐烦。其实这些“特殊”学生，有可能在体育方面发展得更好，关键是教师要因时因地制宜地利用好惩罚与奖励功能。体育课上，我改变了过去的那种老套的说教，对这类学生进行深入的了解，找寻突破口。该惩罚的一定要惩罚，惩罚的方式有两种：一是挫折型，即暂时中止违纪学生参加体育学习活动的权利；二是否定型，即当众批评，教训，课后留下来，重做俯卧撑、跑步，等等。在运用惩罚时，我必须让学生明白，惩罚的是违纪行为而不是针对某人，一般情况下不搞集体惩罚。该奖的必须要及时，一旦当他们取得某方面的进步时，我及时给予他们应得的表扬，哪怕他们取得了丁点进步，都竖起大拇指，并用激励性的语言说：“你做得真好！”“你做得棒极了！”“下次你能做得更好，继续努力！”几次课下来，学生没有不愿意听讲的。这在无形中吸引了学生上课的注意力，课堂纪律好了，效率也就高了。

（4）关注差异，因人而异。在体育与健康课堂教学中，学生存在着不同的差异，如学习态度的差异，心理承受能力的差异，社会适应能力的差异，等等，这些差异使他们在体育学习中产生了一定的特殊性，如怕学、自卑、恐惧、焦虑等心理障碍，因此在体育教学中我高度重视学生之间的个体差异，围绕学生间的差异，有的放矢，因人而异。在教学中我根据学生体育学习态度、技能情况设计情境，构建和谐的师生关系。师生互动共学，平等对话，情感交流，取长补短，让学生更多地融入教与学的过程中来。如在分组教学中利用技能好的、学习态度差的学生来带动技能差的、学习态度好的学生，这样既可发挥他们的能力，又可从这些技能差、学习态度好的学生身上感受到自己的不足，从而改变自己。在体育学习中，尊重学生间的个体差异，不同的学生可根据自己的实际情况选择练习的方法，并可与教师共学，共同探究学习中的一些问题及不同看法，努力培养他们的自主学习、合作学习、探究学习和创新学习。如在50米跑教学中，根据体质较差和肥胖的学生的“特殊性”采用“让距离跑”的方法，让成绩较好的学生站在起点，让“特殊”生站在距终点较近的位置，听信号后同时跑，使他们与体育成绩较好的学生一样体验到成功的快乐；在跨越式跳高教学中，根据他们自身的情况降低横杆的高度，缩短助跑距离或用橡皮筋做横杆，这样既能满足他们的学习需求，又可完成教学目标，更能使不同的个体享受到自己获取成功的喜悦。在体育学习评价时，依据“特殊”生的实际成绩及进步的幅度打出公正的分数，使他们也能得到优秀，让“特殊”生感觉到自己在教师的心目中也是优秀的。

因此，在山区小学体育教学中正确对待“特殊”生，对他们进行有针对性的教学方法和策略使这些学生真正地动起来、活起来，才是我们体育教师的教学重心。对于“特殊”生，关键是靠教师的引导，这正是教师可以抓住利用的最佳切入点。“特殊”生有时是极其敏感的，他们的变化有时也是很微小的，如果教师工作马马虎虎，不够仔细，没有“号准”学生的“脉”，就错过了引导这些“特殊”生的最佳时间。

山区小学“特殊”生的特殊有自身和客观两方面因素，通过一定的措施都是可以解决的。因此，我们山区小学体育教师要担当此重任。学生只有在小学阶段、刚接触体育的时候就建立起正确的体育意识，以后才会以端正的态度去看待体育。所以教师在教学中要不断创新教学方法，寻找到适合山区不同学生的不同教学方法，处处以学生发展为中心，充分调动学生学习的积极性和主动性，让他们在愉悦的环境下进行锻炼，才能真正地促进每一位山区学生更好地发展。

（二）充分开发利用满族传统体育项目融入体育与健康教学中

体育文化是中华民族精神的重要组成部分，是民族智慧、民族精神和民族性格的具体体现。学校是体育文化传播的重要基地，民族传统体育文化依托学校得以弘扬。《义务教育体育与健康课程标准（2011年版）》中提出："农村学校体育基础相对比较薄弱，应特别注意开发与利用各种使用的课程资源，确保课程的正常实施。我国蕴藏着丰富的民族民间体育资源，应大力开发和利用。"怀柔区长哨营满族乡有十八个民族居住，满族占60%，是北京市为数不多的少数民族乡镇之一，满族文化底蕴极为深厚，特别是满族传统体育运动项目多达十几种，将这些满族传统体育项目加以改造和创新后融入体育与健康教学中，不仅为本地区学生提供丰富的锻炼内容，促进学生对体育运动技术的进一步掌握和提高，而且有助于促进其他学校教育教学工作的全面协调和健康发展。下面我以巧用满族特色"夹包"，让小学二年级学生快速掌握立定跳远技术为例说明满族体育活动项目与体育教学间的关系。

1. 教学目标

本次课是二年级"立定跳远"单元的第一次课，教学目标如下。

（1）认知目标。通过本节课的学习，让每个学生在愉悦中初步掌握双脚蹬地跃起向远处跳出，并能双脚落地的方法。

（2）技能目标。通过学习，80%的学生能够初步掌握立定跳远的动作，同时发展学生的下肢力量和身体的协调性、灵敏性等素质。

（3）情感目标。在活动中，培养学生互帮互助、勤于动脑、克服困难的优良品质，让每位学生都能体验成功的乐趣。

2. 重点难点

（1）教学重点。双脚起跳，双脚落地，落地轻巧，屈膝缓冲。

（2）教学难点。上下肢协调配合，双脚轻巧落地。

3. 动作方法

两前脚掌内侧夹住包，双脚用力蹬地起跳，同时两臂配合迅速向前上摆动，双脚起跳蹬离地面后，腾起一定高度时迅速收腹，利用收腹的力量，带动两腿用力前摆同时两臂后摆，两小腿积极向前伸，最后借助全身的协调力将包向远处甩出。包甩出后双脚接触地面后，迅速屈膝缓冲。其动作特点与立定跳远基本相同，只不过“夹包”既要跳起，又要借助身体和小腿前摆的动作才能完成，对跳的远度要求不是很高，这些动作特点与低年级跳跃教材内容极其接近。

4. 案例回放

做完准备活动后我给每位学生准备了一个沙包，并教给学生夹的方法，然后让学生夹着包进行向前、后、左、右的跳动练习。这个练习要想成功就必须双脚同时起跳，通过几次练习，学生夹住包不管怎样跳包都不掉落时，立定跳远起跳时的双脚同时用力蹬地起跳的方法就掌握了。接着我开始示范夹包跃起将包向前甩出的动作，然后让学生根据要求从足球场的一端开始做连续的夹包跃起将包向前甩出，并且一直做到足球场的另一端。刚开始时有的学生夹包跃起后包并没甩出去而是双脚夹着包直接向前落地。即便如此，学生也在不知不觉中突破了教学重点——双脚起跳，双脚落地。学生们练了几次后，慢慢地都能够做到夹包跃起后将包向前甩出去了。可是，新的问题就又出现了，有的学生包是甩出去了，却仰坐在了地上。

针对于此，我又提出新的要求：“将包甩出后双脚尽量落回原地，并且看谁落地稳，不摔倒。”于是，学生又开始练习。几次练习后，学生慢慢地掌握了夹包跃起、将包向前甩出、双脚落地稳的方法，就这样彻底地突破教学重点。在夹包跃起、将包向前甩出后稳稳落地的整个动作过程中，学生要想顺利完成整个夹包甩出稳稳落地过程，必须要有上肢的配合，而上下肢的协调配合使得教学难点得以自然而然地化解。最后，我组织学生进行比赛“看谁能用最少的次数到达终点”。学生们争先恐后，谁也不甘落后，整个课堂气氛一下子到达了高潮。比赛结束学生们的脸上都挂满了汗珠，但他们乐此不疲地还要再比一比。

整个教学过程让学生学得新鲜，学得愉快，学得主动，使学生在玩中练习，在玩中学。在玩的过程中学生们不知不觉地达成本课的教学目标，使得教学重点得以突破，难点得以巧妙化解。与此同时，学生的弹跳力和协调性也得到了提高，下肢力量也增强了。

5. 案例反思

（1）皮亚杰的“前运算”阶段是根据儿童认知发展阶段论提出的。这个阶段的学生能够运用语言，但没有掌握概念的一般性和概括性，没有形成一定的守恒概念，感知事物时较笼统，往往只注意表面现象和个别特征，时空特性的知觉也不完善，注意的目的性还很低，无意注意仍起重要作用。基于这些特点，《体育与健康》（人教版第一册）的跳跃教材内容由一些简单的、各种不同方式的跳跃动作和游戏组成，其目的是使学生初步获得跳跃的简单知识，体验并初步学会单脚或双脚起跳，向远处或高处跃起并轻巧落地的方法和基本技能，以提高跳跃能力，增强下肢肌肉、关节、韧带的力量和内脏器官的机能，发展灵敏性、协调性等身体素质，为以后学习跳远、跳高打下初步基础。

（2）“夹包”是满族人民喜闻乐见的传统体育项目。用家中的布头，缝成长、宽、高均是7厘米的小布包，里面装些绿豆或高粱米，交给小孩，就是一个很好的体育游戏器材。“夹包”既能发展学生弹跳力和身体的协调性、平衡能力，又对提高和改进立定跳远的技术动作起着重要的作用，而且具有一定的趣味性和竞争性，很适合这个年龄段的学生。

（3）《体育与健康》（人教版第一册）的跳跃教材内容包括模仿动物跳与游戏，集体双脚连续向前跳与“开火车”游戏，跳单双圈与游戏，立定跳远与游戏，跑几步、一脚起跳、双脚落入沙坑与游戏五个方面。在以往教学中，基本是教师示范、讲解，学生模仿、体验，教师再通过一些有针对性的教法，使学生逐步掌握跳跃技术动作和方法。这种教法体现的是由浅入深、循序渐进的教学原则，这符合这个年龄段学生的认知规律和教材特点。但面对新课改的教育目标和新的育人理念及学生的心理准备和认知发展水平，如何培养学生创造性的品质，这是体育教师所面对的一个新课题。

（4）巧妙地将满族传统体育项目“夹包”融入体育教学中，使本课教学收到意想不到的成功。学生不仅掌握了技能，锻炼了身体，而且提高了对体育的学习兴趣，使学生的身心健康都得到了和谐发展。俗话说：教学有法，但无定法，贵在得法。教师事先预设的教法，只能作为备案，走进课堂，教师面对的是一个个鲜活的生命体，教师把学生所呈现的生命信息，根据学生身心发展规律和认知水平来选择教法。然而在教学方法的选择上，会受到诸多方面因素的制约，如教学内容的特点、学生知识水平和个性的差异、教师自身的素质与能力，以及学校现有的客观条件等。作为体育教师，只有认真观察课堂，适时调控，灵活选择切实可行的方法，才能达到事半功倍的教学效果。

奉献体育教育　绽放生命精彩

北京教育学院朝阳分院　张跃强

名师档案

张跃强，女，1973年3月出生，中共党员，北京市第五批名师培养工程学员。1992年毕业于北京市朝阳区金台路体育师范班，1998年于北京体育师范学院（现首都体育学院）体育教育专业本科毕业，研究生课程结业。现任北京教育学院朝阳分院教师，承担小学体育教师培训工作。

先后获得北京市劳动模范、北京市优秀教师、北京市中小学优秀共产党员、连续五届北京市骨干教师、朝阳区教育年度人物、朝阳区优秀共产党员标兵等荣誉称号。

在长期一线教学中形成“以爱育情、以情导趣、以趣导行、以行导思、以思导学”的教学思路，曾多次获得北京市体育教学评优一、二等奖，北京市基本功大赛一、二等奖。主持或参与国家级、市级、区级课题研究8项，获得全国教育科学重点课题先进个人；所撰写论文多篇获得全国、北京市一、二等奖；出版个人专著《实践者的足迹》，主编《小学体育教材游戏化教学实践》《中小学体育教材教法与学法指导——体操》《小学体育教师教学基本能力训练》《插上羽翼　从这里起飞》等专业书籍10余部，参编各类教育教学著作多部。多次承担中国研修网、全国中小学教师继续教育网、“国培计划”等教师网络培训授课任务，指导本区域多位青年教师在教学类评比中获得一、二等奖。

成长感悟

时间像春风，一年年吹拂过操场的绿茵；我像一棵小草，扎根在绿茵中，每天在这里，欣赏着孩子们的笑脸，体味着孩子们的幸福，与孩子们一同享受着芳草的清香，我是幸福的！就这样默默的，我在这片绿茵中坚守了27年。27年的时间，这棵曾经稚嫩的小草已经深深地、坚定地扎根在这片泥土之中，承受风吹雨打，为教育的春天奉献上一丝新绿，绽放生命精彩。

应该说我的成长历程是幸运的，我时刻感受着老师的关爱和教诲：如尹竹凤老师、刘淑芳老师、李广和教练、朴金权老师，等等，他们一步步把我培养成为一名体育教师。工作以后，我的师父吴春颐老师和胡凌燕老师，我的领导董树莉校长、冯长林局长，以及身边的众多的老师指点着我、影响着我、激励着我。他们的教导在我心中种下了坚持做一名好老师的种子。1992年参加工作开始成为一名体育教师，特别是2009年经历了祖国60周年大庆的历练，我这棵小草开始散发清香。作为教师，能有幸肩负如此重任，那是一件无比光荣和自豪的事。虽然在教育之路上跋涉，有着太多的辛苦与欢乐，然而回想起来，却有说不尽的感动荡漾心间。

（一）艰苦与坚守

1. 阳光心态面对艰苦环境

1992年7月满怀梦想的我走进了朝阳区一所农村小学——老君堂小学，成为一名体育教师。我是走进这里的第一位也是唯一一位专职体育教师。当时呈现在我面前的是杂草丛生、尘土飞扬的操场，简陋的办公室，几乎空荡荡的器材室和近200名可爱的学生。我带着学生们把拔草开荒视为健身项目，在操场上端盆洒水就当过泼水节，迎着场院漫天飞扬的稻毛喊口令当作练声，把撰写9本教案当作练字，修身养性……只要能跟学生们在一起，我就会快乐地度过每一天。

2. 学会在艰苦中历练

在老君堂小学的7年时间是工作条件最艰苦的7年。我坚持手写备课，每一次都要研读一遍教材，补充教法；学校操场很小，训练没有场地，不能满足运动队训练的需要，我就想办法带着学生去麦地训练；那时的农村小学没有可以移动的扩音器，上操全凭嗓子喊。我不但承担教学任务、带田径队训练、组织学生课外活动，还要每周三次组织管乐团活动、学校少年军校的训练。其间我完成了自己连续6年的体育教育专业的大专、本科学习。也正是因为自己的这份认真和执着，才得以有机会向当时的小学体育教研员吴春颐老师学习，避免了在教学的道路上走弯路。在吴老师的指导下，工作仅1年的我就参加了北京市体育教学评优，获得二等奖，这让我深受鼓舞，同时进一步坚定了我奉献体育教育的决心。

3. 饱受质疑依然坚守

老君堂小学第一位专职体育老师是个黄毛丫头，这令学校领导、其他老师、家长和学生产生了质疑。为了学校体育工作，为了学生发展，我顶着各种压力调整心态，埋头苦干。我深知只有自己先付诸行动，体育学科的位置和地位才能得到领导、其他老师、家长和学生的重视。为此，我放弃了婚假，怀孕期间也坚持在教学一线，因为我离不开操场，离不开学生，所以我坚守！

（二）研究与成长

1. 研究规律，促学生发展

课堂教学是教师的主阵地，研究学生、研究课标、研究教材、研究教法，无论怎样研究，都应以学生为出发点，以学生的发展为归宿。人是动态发展的，是具有个性的。小学6年，学生年龄跨度大，心理发展时间长，需要教师帮助和陪伴度过各个阶段。经过多年的教学实践，我摸索了一条适合小学生发展的体育教学规律，即以爱育情、以情导趣、以趣导行、以行导思、以思导学，层次由低到高，逐步发展。

（1）以爱育情。爱是教育的前提，只是爱的方式不同。我给自己的定位是以博大的爱，把每个学生都装在心里，上好每一节体育课，时刻关注学生的感受，耐心讲解每一个动作，对学生出现的问题要不急不躁，反复引导，一次、两次，直到学生们的动作达标。课堂上，我秉承一颗童心，零距离与学生接触，爱他们所爱，想他们所想，跟学生们一起活动和游戏。教学中，我遵循学生的心理和生理特点，关注教学环境的安全、学生的身体状况，随时依据学生情况调整教学进程和负荷，用爱去“养护”学生，确保学生身心健康的发展。

（2）以情导趣。体育课上我以情感做基础，倾情投入，学生愿意亲近我。与学生感情深了，更利于我了解和走进学生内心，知道学生兴趣所在，有些时候投其所好进行教学是很好的激发学生学练兴趣的方法。我与学生一起活动，对学生的新想法、新举措表示赞赏和欣赏。学生的新方法有时比我的方法更好，我就直接采纳，这样更加激发了学生的学习兴趣和热情。

（3）以趣导行。兴趣是最好的老师。在教学中，走进学生内心深处，才能了解学生的兴趣点，才能激发学生热情，学生才能全身心地投入体育活动中，才会产生积极参与活动的行为。我通常采用游戏化处理教材内容、设置教学情境、用生动的教学语言、设计多样的教学活动有效地激发学生的兴趣，引导学生的学习行为。游戏化处理教材内容使教材内容更具趣味性，更适合学生。教学环境情境化使练习环境和学练情境更加贴近学生生活，使学生用来源于生活的内容学习，回归生活。教学活动的丰富，不但是激发和调动兴趣的手段，而且是学生学会学习方法、丰富经历的过程。在教学中，我会依据不同教学内容的特点，分解动作环节，安排多种变式练习，引导学生的学习行为。在讲解动作方法和与学生沟通时，我力求语言生动，用学生易懂而贴近生活的表述促进学生对练习方法和动作方法的理解。

（4）以行导思。记得爱因斯坦曾经说过：“学习知识要善于思考，思考，再思考。”我认为会学习的人一定是善于思考和会思考的人，这也是可持续发展学习能力的表现。因此教学中我要求学生用身体全方位的行为参与，要充分运用多感官的行为参与学习，体练、耳听、眼观、嘴说、脑思，在运动体验的过程中要学会思考问题、学会发现问题、学会解决问题、学会思练的有机结合。因此，我的学生在课上基本做到了用心观察、认真行动、自主尝试、反复实践、理解和掌握新授知识。

（5）以思导学。我把体育作为生存、生活和发展的手段和桥梁。课堂上利用适当和恰当的提问引发学生思考，明确思考和练习的方向，运用提问引导学生从运动体验中发现问题、分析问题和解决问题，提高学生的思维水平和解决体育学习中实际问题的能力，培养学生成为会学习的人，使学生们学会健康生活、学会与人交往、学会适应环境，最终达到具有较强的运动能力、良好的体育品德和健康行为的社会人。

2. 课题引领，促教师发展

2014年我被调入北京教育学院朝阳分院体育艺术部，担任小学体育教师培训工作，角色的转变，决定了我工作重心的转移。此时，师父胡凌燕老师手把手领我入门，让我多次在不同的场合发言、培训，使我得到锻炼，并很快进入培训者的状态。按照分工，我主要负责小学体育新教师培训工作。结合非体育教育专业新教师较多的情况，我申请了北京市级课题“小学非体育教育专业新教师培训的实践研究”。目前，该研究已经初见成果。

（1）小步幅，高步频，减压增效。新教师步入工作岗位，面对新环境、新角色、新内容、新学生，很多时候会觉得无所适从，再加上部分教师非体育教育专业毕业，体育教学专业知识不足，学习和工作压力很大。针对这一问题，我在培训中开展“小步幅，高步频”的培训，即在体育教学计划的制订和教学设计的培训中，增加培训频率，避免学习松懈和知识遗忘。减少一节课容量，增加现场实操。这样当堂学习内容，当堂实操，当堂解决实操中的问题，做到问题不出培训课堂。减少培训的压力，提高了培训的实效性。

（2）角色转换，分层互动。为了使新教师尽快适应教师角色，我采用了如下方法。

①制定分层目标。新教师培训的基本目标是新教师具有基本的学科实践技能。小学体育新教师的最基本的专业技能是能够正确示范、正确讲解、口令清晰，能够合理制订教学计划。因此，这一培训的基本目标底线不能突破。新教师的专业背景不同，参训基础不同。显然基本培训目标不能满足体育教育专业、运动训练专业新教师的需求。在培训中我设计不同层次的培训目标，调动新教师参训的积极性，确保不同基础的新教师在培训中获得不同的成就感，学有所需，学有所成。

②转换培训角色。不同专业背景的新教师具有不同方面的优势，培训前我经常分析这些优势在新教师工作和培训中能够发挥哪些作用。充分挖掘新教师的潜力，发挥优势，互动互学，让个体带动全体，使体育新教师培训的角色由原来的被动转为主动；由原来的简单接受培训者教育转变为培训主体，走到培训的前台。利用新教师优势，组织进行角色转换、任务驱动、互训互学，从而提高小学体育新教师的

主体参与培训的意识和行为。新教师之间的教学互动，丰富了新教师培训的形式，活跃了新教师培训的氛围。在宽松、愉悦、和谐的培训氛围中，所有新教师在自身层面上均有学习，以弥补不足和发挥展示优势的空间。

③学员互动评价。在培训中我要求学员担任不同角色承担不同的任务，要对学员同伴和培训者的培训工作进行评价，承担不同任务的互动评价形式也有所不同。比如，在示范技能评价中，采用学员之间相互评价，目的在于提高教师对小学动作技能水平的评价和判断力。这样的互评方式既是对培训示范技能进行评价，也是对小学体育新教师评价技能的培训。

我所采用的互动式培训能够在确保基本培训目标的同时，兼顾满足参训者的不同培训需求；整合了培训内容，简化了培训过程；发挥了新教师主体作用，转变培训角色，促进了新教师尽快适应教师角色；构建了民主和谐的培训氛围，激发了新教师参训的积极性。

（三）积累与升华

1. 担当中提高站位

感谢朝阳区教委这么多年来对我的培养，给予我更多的组织和参与全区多项体育工作的机会，使我在承担任务与执行具体工作中不断成长。在诸如各项体育评优工作、高中体育会考、初中毕业升学体育考试、朝阳区《国家学生体质健康标准》测试赛的工作中，我对工作有了更高的站位，能周密地考虑全局、耐心细致地服务基层学校，也得到了领导和基层学校的支持与理解。这些经历促使我成长和提高。

2. 管理中完善人格

由于自己的性格，我不太善于与他人有效沟通和交流。为了使我能够在管理方面得到锻炼，董树莉校长安排我做了教育教学管理工作。我在管理工作中发生了很多与领导和教师的碰撞，这使我逐步改变自己工作的方式、方法，学会与他人沟通，完善人格。这种人格的完善正是我能够顺利完成区级各项工作的基础。

（四）奉献与感恩

1. 奉献青春无悔，绽放生命精彩

作为一名北京市优秀教师和北京市骨干教师，我觉得自己应该发挥出更大的作用回馈教育事业。于是，我在中国研修网、全国中小学教师继续教育网、全国教师培训网、教育部基础教育资源中心、北师大教育培训中心及外省市教师培训中承担录课和授课任务；承担教育部《小学体育教师用书》、教育部“教学点数字教育资源全覆盖”项目及教师备课系统小学版的编写。我感觉到自己就是一棵散发清香的小草，努力在发挥一名骨干教师的作用，为教育工作奉献自己的力量。

2. 站在巨人之肩，勇敢坚定前行

回想自己工作的27年，一路得到众多老师和领导的帮助与支持，我是站在巨人的肩膀上一路前行，有单位搭建平台，有领导信任和帮助，有师父教诲与指导。在领导和名师的关怀、关注、指导和支持下，我获得了北京市劳动模范、北京市优秀教师、北京市中小学优秀共产党员、北京市级骨干教师、朝阳区教育年度人物等荣誉称号。在此，我最想向他们表达我的感谢之情，我也将铭记各位领导和导师的教导，勇敢坚定前行。

（五）结束语

奥斯特洛夫斯基在《钢铁是怎样炼成的》中写道：“人的一生可能燃烧，也可能腐朽。我不能腐朽，我渴望燃烧起来。”燃烧自己，点亮生命，这是我的人生信条。在这27年的岁月里，我收获着桃李满园的丰硕，收获着成功的喜悦，收获着领导的关怀和支持，收获着家人的理解与关爱，收获着同伴的友好，我觉得自己收获得太多太多……我愿为我所从事的教育事业忙碌着、充实着，愿为自己选择的路执着着，我将不辱教师的使命，怀着孜孜不倦的求索精神，兢兢业业地执着追求，永守在绿茵体育场上！

教学亮点

“1—2—3—4”运动技术游戏化教学实践

在《体育与健康课程标准（2011年版）》颁布之后，我们更加深刻地认识到激发小学生学习体育知识和技能的兴趣会对提高学生参与体育活动、学习体育知识和技能产生很大的推动作用，正所谓兴趣是学生学习的第一任老师。游戏是小学生喜闻乐见的一种参与活动的形式，深受学生的喜爱。学生在游戏中能够体验到学习的乐趣，激发和调动学生参与体育学习的积极性，从而提高学生学练的实效性。

游戏是以直接获得快感为主要目的，且必须有主体参与互动的活动。游戏化是转变成游戏的性质或状态。运动技术游戏化将能充分发挥人的身体能力，合理、有效地将完成动作的方法转变成游戏的性质或状态。游戏化体育教学课堂不同于一般的游戏活动。它是在进行学生运动技能学习的过程中采用游戏的形式处理教材内容，是一种“玩中学、乐中练”的体育教学的学习行为。学有所获、学有所乐、学有所用是运动技术游戏化教学的初衷。

“1—2—3—4”运动技术游戏化教学实践是指在体育课堂游戏化教学过程中的“一颗童心、两个关键、三个阶段、四项注意”。

（一）一颗童心永相随

在小学做体育教师非常不容易。不论教师年龄多少都必须拥有一颗孩童般的心，想着学生们想的，做着学生们喜欢的，同他们一起哭、一起笑、一起挥汗如雨，乐此不疲。小学生学习兴趣的激发有很大成分是情感。喜欢与不喜欢、高兴与沮丧都会有所表现，从不遮掩，孩子在此阶段是最透明的。因此，教师也必须拥有一颗清澈的心从事自己的体育课堂教学。在游戏活动中，教师自己也要置身其中，同学生一起分享游戏带来的快乐、获胜带来的兴奋、失败带来的教训、相互激励带来的力量，要感同身受才能真正走进学生的心灵。在多年的小学体育教学中，在实施游戏化教学时，始终与学生一起参与游戏活动，置身其中。把自己作为学生中的一员，一同参与活动，一同进行总结，一同为同伴呐喊，一同体验胜利或失败带来的内心感受。要想做到这一点，体育教师就要永远有一颗童心，清澈而透明，培养师生之间的情感，加强师生之间的互动，建立良好的师生关系，为取得高效课堂奠定基础，而游戏正是构建良好师生关系的载体。

（二）两个关键抓得紧

1. 准确把握技术结构

运动技术游戏区别于一般体育游戏的关键在于其具有技术性的特点，对于促进学生掌握正确动作更具有针对性和实效性。因此，在创编运动技术游戏之前，教师要能够准确把握技术结构，深入分析教材内容的技术关键环节和结构之间的逻辑关系，为能够科学、合理分解教材内容做准备。准确把握教材内容的技术结构是创编变式练习、诱导性练习的前提基础。为变式练习添加条件和规则就形成了具有运动技术含量的游戏，从而学得有趣，练得有效。

2. 精准确定教学重点

教学重点是教学内容的关键环节，教学重点没有掌握，学生就不能够掌握正确的动作方法，不能形成正确的运动技术。所以学生要掌握正确的动作方法，掌握技术重点是关键。只有精准确定教学重点，创编游戏练习才有明确的方向和指向性，针对性才强。

（三）三个阶段来实施

1. 运动技术教学之前的游戏化教学

在运动技术教学之前，往往体育教师会安排一些与该动作相关的身体素质练习，这些身体素质练习为学生能够顺利完成技术动作学习奠定基础。而身体素质练习往往比较枯燥无趣。我们可以将素质练习创编成游戏的形式进行组织。激发和调动学生参与刻苦锻炼的积极性。例如，教师可以在肩肘倒立教学之前安排腰腹部的力量素质练习，仰卧起坐是我们经常采用的方式。教师可以把垫子六人一组纵向摆放成圆形，练习者脚在内，头向外屈腿坐。要求学生集体数数，相互观察和鼓励，要求起来时能够看到对面同伴，在所有同伴一起完成的过程中，就像桃花盛开，因此，教师给这项练习取了很好听的名字“桃花朵朵开”。这样，比起单一、枯燥的两人一组的仰卧起坐练习就更加有趣和丰富了。又如，在跪跳起教学前，学生腰腹肌力量和身体协调性素质需要提高和发展，教师就创编滑冰车的游戏。学生跪在折叠垫子上，双手撑地强行，依靠上肢和腹部力量滑动小垫子随身体行进。学生虽气喘吁吁，兴趣却有增无减，达成了乐中练、练中发展的目的。

2. 运动技术教学之中的游戏化教学

在运动技术教学中的游戏化教学是教师在准确分析教材内容，对教材内容进行再加工和再创造的基础上进行的。教师往往会在完整动作练习之前安排分解练习，目的在于将较难的动作方法分解，降低练习难度，逐步、逐阶段体验动作后再进行完整练习。将这种分解练习按照小组安排，加之对动作的具体要求，采用竞赛的形式进行练习，就形成了在运动技术教学中的游戏化教学。例如，在进行肩肘倒立教学过程中，教师将直腿坐—直腿屈体后倒—直臂压垫翻臀动作变成游戏。将学生分成四人一组，学生分别纵向坐在垫子上。游戏开始，第一人双脚间夹纸采用上述动作要求，将纸片传递给身后同伴，依次进行。规则要求直腿后倒、直臂压垫。最终在符合动作要求的前提下，用时短的小组获胜。在这个游戏练习中，规则对游戏中的动作具有明确的要求，将动作规格作为评判游戏的重要条件。引导练习者体会积极翻臀与手臂压垫协调配合，强化动作的要点。又如在跪跳起教学时，教师创编跪跳行进的游戏。游戏规则是双手不许着地，靠双小腿和脚面及身体协调力量连续完成跪跳行进，跑动返回队伍。有了对动作的规格要求，有了小组竞赛的机制，游戏便产生了。两个游戏在强化教学重点的同时，激发学生兴趣，使体育课教学生动而活泼。

3. 运动技术教学之后的游戏化教学

学以致用是体育教学的一项重要的任务。学习运动技术并能够合理运用，才算是真正掌握了动作方法，而非出现会做单个足球或者篮球动作，但是不会踢足球、不会打篮球现象。在运动技术教学之后教师应尽可能多地创设运动技术的真实情境游戏。在低年级小篮球投篮活动教学后，教师可以简化篮球规则创设小团队对抗篮球游戏，在游戏中应用上学期学习过的原地拍球，用规则规定相互传球，启发学生配合意识，最终结合投篮活动完成游戏活动。在这样的游戏活动中，学生能够将所学动作进行综合应用，在较为真实的游戏情境中体验小篮球游戏带来的乐趣，强化所学技术的应用价值。教师可以通过对规则的增减来调整游戏的难易程度。

（四）四项注意保质量

1. 不能忽视运动技术本身所具有的乐趣

每个运动项目本身就是游戏，有其原有的乐趣。如快速跑的乐趣是学生能够体验到快速奔跑的快感。可是，现在有些体育课，无论是新授课还是复习课和巩固课，也无论是准备部分、结束部分还是基本部分，都用游戏激发学生的练习“乐趣”，这种“乐趣”大都是由游戏带来的浮于表面上的感受，而学生体验到运动技术本身原有的乐趣较少。体育游戏只是运动技术教学的一种教学手段，其“乐趣”不应掩盖运动技术本身的乐趣。在运动技术教学中，如果游戏只能让学生体验到游戏表面的“乐趣”，而对理解和掌握所学技术作用不大，甚至有负迁移的作用，就失去了游戏对于教学的功能。只有让学生体验到运动技术深层次的、原有的乐趣才是学习运动技术的最终目的，这也正是培养学生参与体育活动自发性和主动性所缺乏的。因此，如何利用体育游戏让学生快速体验到所学运动技术原有的乐趣是重点。

2. 游戏本身要有技术上的要求

运动技术游戏的特点决定了这类型的游戏具有运动技术的要求，要将技术要求明确在游戏规则之中，这是对游戏中动作的规范要求，帮助学生体会和体验正确的运动技术，使学生的游戏练习具有明确的技术要求。此部分内容在运动技术游戏教学中的实施已有论述，在此不再进行赘述。

3. 不要偏离学习目标

在运动技术教学中，选用或设计的游戏必须与学习目标相符。当初创编游戏的目的不仅是为了简单地激发学生的运动兴趣，还是为了促进学生运动技能的形成。因此，游戏活动不能偏离课堂教学目标，应以本节课的教学重点，向着教学目标的达成来限定游戏的规则和判定游戏结果。如在障碍跑教学中，教学重点是安全、快速钻过障碍，而在以游戏形式进行教学时，学生很容易将自己的注意力集中到是否快速和是否能够取得胜利上，而忽略了在钻过障碍时动作的合理性和安全性。因此，学生在进行游戏活动时，游戏胜利的方式决定了游戏活动的导向。在这个案例中，我们可以在身体不碰触铁圈的基础上，看哪个小组的速度最快。我们可以将铁圈假设为火圈，碰触到火圈即为失败。最终可以以安全返回人数为决定胜负的依据，也可以在此基础上按照时间决定胜负。这样，游戏才能达成服务教学目标目的，而不偏离教学目标及要求。

4. 游戏的评价指向技术要求

游戏活动多有竞争，一般性的游戏主要以时间、次数、远度等为评价要素。而在运动技术游戏中，往往会结合运动技术的要求进行评价，在时间、次数等方面不作为主要评价要素。在运动技术教学中应用游戏时，我们强调对动作要有明确的技术上的要求，在进行游戏评价时就应结合游戏中的动作要求进行评价，而非游戏简单的胜负结果。

阳光下的追梦人

北京市东城区广渠门中学　魏发团

名师档案

魏发团，男，1973年出生，中共党员。中学高级教师，北京市第五批名师发展工程成员。1998年毕业于北京体育师范学院（现首都体育学院）体育教育系，专项武术、体操。1998—2003年在北京市五十九中任教，现任北京市广渠门中学体育教师，东城区教育学术委员会委员和名教师工作室成员、中国武术协会学校武术指导委员会委员。2013年5月拜八卦掌传人、赵氏擒拿创始人赵大元先生为师，任北京市武术协会赵氏擒拿研究会委员，致力赵氏擒拿在中学校园中的推广。2003—2011年被评为东城区骨干教师；2013年至今被评为北京市骨干教师。

曾先后获东城区优秀青年教师、首都十大教育新闻人物、感动东城道德模范、北京市优秀教师、北京十大孝星榜样、北京市优秀共产党员、东城区人民教师等称号。

2011和2012年获得全国体育课教学比赛一等奖、2003—2014年近20次获市、区级体育评优课、基本功技能赛、教学设计等比赛一、二等奖；参加国家、市、区级各类课百节。主编出版《四季体育》一书，参与编写教材6部；至今参与多项国家、市级教学科研课题，教育教学成果在全国、市、区获一、二等奖并发表在《田径》《中华武术研究》《中国学校体育》《生活教育》《基础教育参考》等各级别刊物上；现受聘为教育部“国培计划”专家和主讲成员。

多年如一日把教书和志愿服务相结合，做到教书育人两不误。个人事迹先后在中央新闻频道、北京卫视及《中国教育报》《北京青年报》《北京晚报》等电视和报刊上报道。作为主人公，在2018年市委组织部、市委宣传部和北京广播电视台联合制作的电视系列片《为你而歌》（第十六部）第五集播出。

成长感悟

我于1998年毕业于北京体育师范学院体育教育系体育教育专业，立志要为体育教育而不懈努力奋斗。20年来，我一直工作在教育教学一线，保持全勤，其中任班主任5年，带队训练20年，教学工作量每周课时不少于16节。我坚持党的教育基本路线、方针和政策，热爱学生，以学生的终身发展为目标。在校内，我始终用先进的思想引领学生，用坚定的理想信念塑造学生，用模范的言行教导学生，得到了学生的爱戴、家长的信任和学校的赞誉；在校外，我努力成为传承中华传统文化的典范，做一个乐于助人、敬老助老的公益志愿者。

（一）爱岗敬业　以身作则

在学校里，我争做一名优秀的青年教师，在教书育人的岗位上辛勤耕耘。20年来，保持全勤，始终以饱满的精神状态投入到教育教学第一线。为了解学生对耐久跑的恐惧心理，2004年至今我已连续参加13届北京全程马拉松比赛，采用1：30模式（即学生跑1圈，教师跑30圈的比例）鼓励学生克服困难。走公园、进健身馆、拜民间武术大师，我取众家之长来丰富自己的体育课内容，追随民间大师八卦掌传人赵大元师父学习赵氏擒拿，加入北京市武术运动协会赵氏擒拿门派，着力进行赵氏擒拿在学校的普及与推广。我积极把武术融入课间操中，让全校学生习练武术，用自编的素质操、武术校本教材吸引更多学生自觉锻炼；创办“广中发团武馆”，无偿为“宏志生”教授武术，帮助孩子们强健体魄，减轻学习压力；多年兼职一级社会体育指导员，义务担任社区武术指导员，为居民教授武术，并乐此不疲。如今，我担任北京武术运动协会赵氏擒拿研究会理事和中国武术协会学校武术指导委员会委员，这些经历都为学校体育的发展注入新的活力。

（二）乐于助人　生命影响

我始终坚定信念、严于律己，在平凡的工作岗位默默工作，用自己的实际行动影响和感染身边的老师和学生。而走出校门，我是一个敢于担当、敬老助老的志愿者。繁重的教育教学工作，没有阻碍我乐于助人的习惯。我依旧在社区、公园教授大家武术，强身健体；依旧关心和照顾几十位老人，在我眼里，孝敬老人就是孝敬自己的父母，我陪他们遛弯、打拳、聊天、洗澡，从不计较得失，深受老人们的信任。在实践活动中，我也深深地体会到：作为一名党员教师，在做好本职工作的同时，也可以踏踏实实做好身边的一点小事，这就是一名党员最应尽的责任与义务，也是一种奉献。我用一名教师的言传身教践行了学校“用生命影响生命”的教育理念，用我的真诚和爱对待身边的每一个人，把社会义务与教师职责和谐地统一。一分耕耘，一分收获，我也赢得了身边师生和市区百姓的认可，我先后获得了东城区孝星、首都十大教育新闻人物、北京市万名孝星、首都身边雷锋标兵、北京十大孝星榜样、北京市优秀教师和北京市优秀共产党员等荣誉称号。面对荣誉，我觉得我只是在做着一点微不足道的小事，身边的每个人都会这样去做，我只是多坚持了一会儿。

我做这些并不是想证明什么，在自己有限的时间里，我尽自己的所能为大家做点事，看到他们快乐和健康，我就觉得满足和快乐。

（三）砥志研思　成果斐然

体育教学是一门智慧与力量完美结合的学科，教师每天重复着看似相同的内容，只有融入了智慧，才会发现体育之美。

1. 将体育学科教学知识活用于日常教学中

面对目前各种原因导致的体育课教学内容的逐渐单一化、简单化，我积极从教材教法入手，突出教材内容的实用性，从学生现实生活出发，从解决实际问题出发，认真对教材内容解析设计，然后应用于课堂教学。结合体操课和武术课在教学中开展所出现的多种困难，在教学和设计中，我充分地结合了教学内容的实用性，让学生知道学习和掌握了体操支撑跳跃、技巧对他们日常生活的帮助；武术教学则突出其技击的实用价值，展现武术的养生和防身作用，激发了学生学习兴趣，由被动学习变为主动练习。2011—2016年来，我所做的全国市、区级的公开课、研究课、教学设计等近30节。其中2011年10月全国体育课“武术棍术”比赛获全国一等奖；2012年10月全国体育教学课“少年拳”获全国一等奖；2012年10月教学设计“武术棍”获北京市一等奖；在2013年北京市初中教师教学基本功培训与展示活动中获北京市一等奖。2017年12月6—10日“核心素养下全国中小学体育名师创意课堂现场教学观摩研讨会”在厦门集美大学举行，我在课堂上更多地接受把自己的创意与陌生学生结合的挑战，也是把体育课常态化的大胆呈现。从用跳绳的刚柔引入武术拳术的屈伸在实战中的变化；从武术礼仪的学习与运用到启发学生在实战中合理选择攻防动作，引领学生在思考和实践中完成本课教学任务。课后，专家对我的教学设计和扎实的专业功底给予了肯定，就教学中的组织和武术展示的特点等问题进行了探讨。作为教育部“国培计划”的专家和主讲成员，2012—2017年，我在北京、宁夏、广西、厦门等地为地方中小学校教师进行教材培训、专题讲座、课程展示等20多次，跨省教学与交流，开阔了眼界，丰富了教法学法，为学校体育的发展奠定坚实的基础。

2. 重视培养学生终身体育意识

体育课程更重要的意义在于，让学生养成良好的体育锻炼习惯，终身受益。我在体育课上引进多种新兴体育项目和传统体育项目，如软式垒球、软式足球、毽子、柔力球、板羽球等，极大地调动了不同层次学生的运动兴趣，让每一名学生都动起来，为学生每人掌握一项以上个人体育特长奠定基础。

干一行爱一行，带一队成一队，这是我带队的初衷和誓言。除了对自己专项武术的刻苦练习，我随民间大师八卦掌传人赵大元师父学习赵氏擒拿，并加入北京市武术运动协会赵氏擒拿门派，着力进行赵氏擒拿在学校的普及与推广。在经过2年的武术选修课教学，学生对赵氏擒拿的热爱更加深了我把赵氏擒拿作为我校的武术校本内容的信心，目前我正积极筹划此事。2014年4月，我被中国武术协会推荐成为第七届中国武术协会学校武术专业委员会委员，更让我对学校武术教学的前景充满期待。我校武术队2012年获北京市武术操团体比赛一、二等奖；2016年获东城区中小学武术初高中组团体总分冠、亚军；2017年和2018年均获得中学组团体总分第一名。广渠门中学的武术教学目前已成为学校的一道亮丽风景线：无论是运动会开幕式上英姿飒爽的武术扇操、棍术表演、对练展示，还是高三体育选修的太极课程，都让全体师生感受到中华武术的魅力。随着武术段位制、武术进校园等活动的实施，更让学校武术教学前景广阔，无限光明。而师生对足球的热爱也让我坚持带领校初中足球队，我把这份热情传递给我的队员们，让他们用智慧和拼搏精神去训练、去提高，最终赢得佳绩。2012年我带领足球队参加市（区）校园足球联赛，让队员重在参与中提高自己的竞技水平。我们从区级第五名一路走来，终于在2015年东城区校园足球联赛和区“联盟杯”足球赛中，我校足球队连克强队，两次都与足球传统校五十四中并列初中组第一名，创造广渠门中学足球的历史之最。在市级比赛中，我校足球队也历史性进入第二轮比赛，取得市级第十二名的名次。为提高自己对足球的进一步理解，我利用周末，参加市（区）级足球裁判员培训和教练学习，并参加了多次市（区）足球裁判工作，收获很大。除了武术队、足球队，我先后带队的校跳绳队获东城区第三名；校软式垒球队获东城区第三名；校羽毛球队2017年获东城区总分第一名。我相信，训练与教学相互不可分割，只要热爱，便值得去做。

3. 投身教育科研不断自我完善

多年来一直没有停止科研的脚步，致力理论与实践相结合，参加多项国家、市、区级教育教学科研课题。2012年区级课题“研究性学习课程的建设与实施研究”获北京市基础教育课程建设优秀成果一等奖；2014年国家级课题“软式垒球研究”专题论文获全国软式棒垒球教学论文评选论文类二等奖；“武术——形神拳”课例作为北京市课题“体育课堂教学行为观察与诊断的研究”实例被收入专著，论文《赵氏擒拿在东城区中学体育普及与推广的可行性研究》在2014年第10期《中华武术研究》上发表，论文《改革体育课程教学与方式，让学生为增强体质而自觉锻炼》在2016年第2期《生活教育》上发表。2017年我主编的《四季体育》出版，深受师生欢迎。

现在，我仍在继续探索能够促进学生未来发展的可持续的、对他们终身有益的体育教学，把传递体育项目的方法、作用和价值作为当前的教学目标，提高了教学效能。作为一名市级骨干教师，我积极配合教研组组长搞好组课堂教学和体育文化建设关注同组青年教师的成长，指导他们教育教学训练工作，指导他们参加市、区级各项比赛，并获得优异成绩。2016年至今我担任东城区体育学科（武术）教材教法专项培训组组长和指导教师，极大地促进我区青年教师武术基本技能的提高，在区级以上的研究课和评优课获得佳绩，受到上级与同行的一致好评。

我铭记习近平总书记“有理想信念、有道德情操、有扎实学识、有仁爱之心”的嘱托，践行着学校“用生命影响生命”的办学理念，用自己的行动展示了一名党员教师的良好形象，用真诚和爱对待身边的老人和学生，将社会义务与教师职责统一起来。我用默默的行动感染着身边的每一个人，体现了一名共产党员的高尚情怀，展示了一名人民教师的优秀品格。

教学亮点

一起成长的故事

在体育教学中，教育有体育运动障碍的学生是最费时费力的，他们都有共同的特点：身体形态呈极端胖瘦，多食或偏食；身懒运动少；多病体弱；心理素质极其弱，不自信、多疑多虑、自卑感强，等等。因此对体育运动障碍的学生的教育，除了对他们进行必要的运动练习外，我更注意他们在练习当中的每一个细节，以此制订适合他们自身特点的练习方法，并兼顾他们的心理承受能力，在我的教育教学当中，我为他们准备了学生体育成长档案，认真记录了在体育教学中对他们的教育所采用的方法，以及成绩提高的全过程。下面我要讲述的是我和有体育运动障碍的小龙同学一起成长的故事。小龙同学从东里小学毕业，文化课成绩优良，体育成绩为差，小学老师对他的总评价为“中”，对其鉴定中更有性格顽固、有不良习惯和身体协调性差、不灵活等缺点的记录。因为他是我所担任班主任的教学班的学生，我对他的了解就深刻了一些。

（一）耐心教育加深情感上的交流

在我新接班的初一学生当中，我第一眼就发现了这名小男子汉，他圆乎乎的身体，憨憨的笑容，走起路来一跳一跳的，特别逗人。

为期三天的校园军训，教官深为我的班级学生的聪明而高兴，可在第二天队列练习时，尽管小龙极为认真，但还是被教官罚站到一旁，我从远处看到后赶忙走到他的身边，问这是怎么回事，小龙结结巴巴说，他越想走好队列就越糟糕，总是一顺边，使教官无法进行下一个练习，同学们还老嘲笑他。说完，小龙着急得哭了。我感觉这是我与他交流的最佳时机，我便向教官申请带他在一旁调整一下情绪。

我让他在我的口令下走几遍，看问题出在什么地方，几次练习，都有一些小错误，我没有因此而批评他，先是笑着说："你只是太紧张，太想走好导致动作僵硬，放松点，相信自己会走好。"说话同时，我顺便做了与他同样的一顺边动作，逗得他直乐。他默默地看着我，眼中有了一丝信任。我进一步引导说："同学们也不是嘲笑你，一顺边的动作的确很逗人笑的。"在我耐心的辅导和安慰下，他重新返回队伍中，再也没有出过错。三天后的军训汇报表演中，我班以昂扬的斗志和整齐的动作赢得了第一名。

（二）针对性的体育项目促进学生快乐成长

或许是爱心使然，以后的日子里，我对小龙无论是课上还是课下都投入了更多关心，一有机会便叫他出来活动，他也从被动逐步变得主动起来。为了提高小龙的身体协调性，我特意选择了跳绳和踢毽两个体育项目让他练习。我采用数字教学来调动他练习的积极性，为他制订锻炼计划，记录每次单位时间内练习的次数，随着每次数量的增多，他的积极性也高涨起来，主动性也增强了，每天找我练习的时间也多了起来。在全年级的团体踢毽和跳绳比赛前，他找到我："老师，我不想参加比赛，我做不好，肯定影响全班成绩。"我耐心地开导他："团体比赛全班一个都不能少，况且你这段时间的练习进步很大，全班同学还想看看你的最好成绩呢。"他听后，一脸的郑重神色，一边向我点头一边说："老师，那我现在就去练。"在团体踢毽比赛中，在同学们的加油声中，他一分钟的数量从原来的15个提高到35个，我和同班学生纷纷围着他，把最热烈的掌声送给了他，他用自己的优异表现赢得了同学们的尊重。这次比赛对他的激励非常大，他从中找回自我，在以后一系列的体育活动中他都积极参与，快乐健康地成长。

（三）耐力跑给了学生自信和力量

冬季长跑开始了，小龙每次课前都来问我："老师，今天还跑吗？我可以不跑吗？这点距离对我来说就像是跑马拉松。"对于他，平时走起路来都觉得很费劲，跑就不必说有多困难了，我婉转地告诉他，每次跑步时要有毅力，要持之以恒，坚持就是胜利。我记不清这些对话我们已重复了多少次，可每次听完后他的心情都很沉重。面对这样的学生，我多么希望我们的每一次谈话中都不要有伤害他的字眼!

于是，我采取了个别对待教学法帮助他克服对长跑项目的恐惧。第一步，让他与同学共同完成课前的热身运动，跑步的时间相同，但距离由他掌握，同时开始，同时结束。同时，我也引导全班同学不要以低标准要求自己，要鼓励体育运动有困难的同学，几次课下来，我发现他能慢慢跟上热身运动的慢跑了，我及时表扬了他，他的后劲更足了。我开始给他制订每月长跑计划，定距不定时跑，1000 米的距离，每半月提高10 秒，在初二学年结束时，他的1000 米的成绩已从原9分30秒提高到6分15秒。用他的话说："多亏了长跑，它让我的耐力和自信大大增强了。"

（四）尊重选择让学生在自信中成长

初三中考体育让我终生难忘，我们这一届学生的体育成绩创造了学校历史，以均分29.37分的优异成绩上交了一份满意的答卷。而我的那批有体育运动障碍的学生也没有让人失望。

让我记忆最深的是体育中考前两周，一天中午我找到小龙，让他办缓考证明，目的是可以多练习十多天，成绩可以再提高些，他听后的态度出乎我的意料："我不缓考，我能考好，别跟我谈这个！"说完就哭着跑开了。我一下愣住了，静心想想，我确实只考虑了自己，而没有考虑到他的感受，说话有些太强硬，伤害了他的自尊。我没有再去找他谈此事，决定尊重他的选择，让他随全班一起考试。可是，没等我向他解释，他在下午训练后没有离开，而是找到我，请我给他辅导实心球。在后来的那些天里，我们交流更多了，他把更多精力放在了跑步、实心球和排球的练习中，一天三练，各项成绩都有很大进步。中考体育那天，我的心随着他的一举一动而跳动。当他疲惫地跑向我，抱着我说："我拿了23分。跑步得了4.5分。谢谢您！”我拍拍他，舒心地笑了。向我道谢的学生很多，然而没有哪一个像小龙这样让我有一种成就感和自豪感。

如今，我还坚持在我的教学岗位，迎来送往一批又一批的学生。当我遇到困难而无法静心工作时，我会翻开书桌上的成长案例，重新感受那些在逆境中的人和事，三年来的成长经历，可以让他们享用一生，终身受益，而我却也从中得到教育和启迪，面对需要我们关心的学生，我们应该多一些呵护，少一点指责；多一些尊重，少一点强制；多一些倾听，少一点厌烦；多一些耐心，少一点粗暴。

（五）学会尊重学生——学生代课给我的启示

一次偶然的机会，因一名学生再次在我的体育课上淘气而严重影响我的正常教学，我非常生气，以致下课小结时我仍余怒未消，并当着全班学生对他说：“下节课，你来上课让我看看。”课后，这名学生找到了我，他请求原谅的办法竟是同意代课。惊讶之余，我尊重了他的选择，并给他讲了几点课上应注意的问题，鼓励他结合老师平时上课的要求与方法，参考体育课本，积极准备，选择适合自己的内容和教法。在教学中令我欣喜的是他创新了两节徒手操：三、七纵跳，不对称操；在快速跑中为解决学生对摆臂动作的理解选用了对比教学法：一组双臂摆，一组负重单臂摆，一组双手叉腰跑，让学生很直观地看到摆臂技术在跑步中的重要性。他所代的那节课效果特别好，以致课后又有几名学生要求报名尝试代课。

我没有放过这次教育的好机会，开始有意识地用“罚”和自愿报名的方式鼓励学生代课，人数也分散到所教的各个班级，教学内容的制订也因人而异，有准备部分、基本部分、游戏、放松活动，等等，让学生有可选择的余地，更好地发挥自己的特长。

多次的尝试使我受益匪浅。一次尊重学生的行动换来了意想不到的教育教学效果。我将自己让学生代课这种教学模式的几点体会总结如下。

1. 学生代课更能体现出素质教育中学生主体、教师主导的双主体原则

教师作为教育者，无论其作用有多大，都要对受教育者进行启发、引导、点拨，等等，都需要通过受教育者的独立思考、选择与运用才能内化为他们的道德观念和道德品质。教育者必须从受教育者身心发展水平出发确定内容、方法，才能充

分调动受教育者的积极性和主动性。学生在教学中的参与，对于发挥他们的主体作用是一种提高和促进。他们选择的内容、方法可以代表学生群体的兴趣和特点；学生之间也敢于指出教学上存在的不足，增强了课堂上的讨论。意见分歧时更能突出教师的主导作用，也提高了学生的听课效果。

2. 师生角色的转换有利于教师发现问题和解决问题

古人云：不识庐山真面目，只缘身在此山中。学生代课，一方面提高了自身的能力，另一方面，也给教师充足的时间去观察更多平时注意不到的细节，更有利于积累教学经验，从而制订出适合学生特点的一整套科学的方法手段，提高教学质量。

3. 学生代课丰富体育课内容，激发学生学习兴趣

平时体育课总是老师一张老面孔，一样的腔调，日久令人生烦。学生代课，让人每一次都有一种期待，学生间也有比较和竞争，有一种“我也能代好课”的冲动。学生代课，减少了体育课内容教法的单一重复，每一名学生都有自己的一套方法，千人千面。这些内容充实到体育课中，也调节了课堂的气氛，极大地满足学生的学习愿望，更有热情地投入到学习中去。

4. 学生代课拉近师生心理距离，建立新型师生关系

学生代课使我尊重了学生，同时也赢得了学生的尊重，师生间建立起良好的情感关系，学生愿意与我交流，尊重教育对象，就要尊重学生成长的需求，这表现在培养和保护学生的自尊心，按学生发展的需求制订适合他们的学习目标，让他们更好地学习和生活。

体育教师本身与学生的交流就很少，这是教学中存在的障碍之一。而通过学生代课，增加了师生课下交流的机会，师生间通过讨论课的组织和教法，加深学生对教师的全面了解，同时对于教师也是复习和巩固知识的学习过程。所以说，学生代课，不仅使师生有了共同学习的途径，也培养了良好的、相互信任的新型师生关系。

5. 学生代课促进教师分层教学质量，与学生共同进步

我们教师要让尊重教育进入课堂，要把以教材为重点转向以人为重点，在传授学科知识的同时，特别要注意学生道德、人格的培养，引导学生逐步懂得做人的道

理。教师要尊重、关心、理解每一个学生的内心世界，以此作为对学生进行教育的切入点。体育课教学往往以身体素质的好差来评价学生，而那些天生素质差的学生永远处于无人重视的角落。我们可以通过鼓励他们参与教学，多给他们机会，挖掘他们的潜能，让学生充满自信，使他们能在不同的基础上得到更好的发展和提高，从而激发他们的学习热情。

让学生代课，无意间点燃了尊重学生的种子，收到了良好的教学效果。于是我就想：只有尊重学生才能达到教育的根本目的。我们要尊重每个学生的人格，相信他们的力量，引导学生发现、认识自己的人生价值，培养学生的道德，从而使学生的种种潜能发挥出来。“尊重”教育是培养学生独立人格的重要途径和有效方法。学生代课，正是在尊重学生、理解学生的基础上，使学生在行为上由他律转化为自律，在道德上由尊重自己发展到尊重他人、尊重社会，逐步实现由现实人格向理想人格的过渡。

尊重学生是爱学生的一种体现，尊重本身就是一种教育，没有尊重就没有有效的教育，没有尊重就谈不上真正的爱。当教育者与受教育者达成心灵的沟通，形成融洽和谐的关系并向共同的目标奋斗时，那就是一种教育的美。

我记得一位老师曾说过：教学生学飞鸟的动作，而不能有别的，那就是没有尊重主体，也会扼杀学生丰富多彩的个性和生动的创造性。我们要敢于让学生去想、去创造、去做各种各样的鸟飞的动作！

在践行中求真　在拼搏中成长

清华大学附属小学商务中心区实验小学　赵卫新

名师档案

赵卫新，男，1978年出生，中学高级教师，1997年毕业于北京市第二体育运动学校。通过继续学习获得北京体育大学本科学历、学士学位，现任清华大学附属小学商务中心区实验小学体育教师。

曾获得全国第三届录像课评比一等奖、北京市体育学科教学评优一等奖、北京市基本功大赛二等奖、连续五届“朝阳杯”教学基本功大赛一等奖，多次做国家、市、区级讲座与示范课。多次获得北京市优秀教师、北京市体育学科带头人、北京市骨干教师等荣誉称号。

曾多次参加国家、市级重点课题的研究，撰写的论文多次在国家、市级评选中获一、二等奖，多篇文章在国家级期刊上发表。编著出版个人专著《基于核心素养的体育与健康校本课程建设》，参与《阳光足球》《情境化教学》《小学足球教师指导用书》和《玩转小足球》等书籍的编写。

在教育教学工作中，传承“无体育不清华”的清华体育精神，秉承马约翰体育精神，信守“身体即教育”的理念，铭记“我是清华人，努力用敬业、博爱、儒雅成就每一个学生，把每一个学生的成长当作我们的最高荣誉”的教师誓词。坚持“学生站立在课堂正中央”的教育思想，坚持“有趣、出汗、技能、安全”的教学原则，尊重学生的天资与性情，指向理想与抱负，砥砺意识与行动，引导学生从小学体育强身、体育立德、体育立志，注重呵护学生兴趣、培养学生乐趣、激励学生志趣，形成了“激趣导学、精学巧练、以赛促练、学用结合、情技综评”的教学风格。

成长感悟

回看我的成长足迹，敬业是基石、奋进是动力、执着是信念、卓越是目标。22年来，我在教书育人的跑道上竭力奔跑，不断地挑战着自我的极限，体现着自己的人生价值，不断地挑战自我、超越自我，实现自己的人生追求和教育梦想。

（一）身体即教育，筑梦速成长

1. 童年体育相伴梦想由此启航

童年时我就与体育结下了不解之缘，体育课我总是能够成为体育教师的小助手，校队中我也能够超越同伴在区内比赛中获得佳绩，不断地挑战自己、超越自我。每当看到体育教师一边吹着哨子，一边带着学生们运动，我就觉得帅气十足，羡慕不已，无限敬佩之情油然而生，憧憬着自己也能当上体育教师。随着青年竞技运动生涯的结束，我实现了童真的第一个梦想，光荣地成为一名体育教师。

初入学校我受到了无数学生的追随，这种美妙的感觉令我今生难忘，我终于迎来了我人生中执教的第一节课，我仪式般地带好了黑色的雷鸣哨，庄严地站在操场上耐心地等待着来上课的学生，学生排着整齐的队伍来到操场上，在我的引导下开始了我的首场教学。令我万万没有想到，学生在参与游戏的过程中突然摔倒，不仅裤子被划破而且膝盖还流血了，突如其来的意外事件令我手忙脚乱，安排好学生后我赶紧把他带到了医务室，然后我返回操场继续完成我的首场教学，不一会他回来了，膝盖上缠着纱布一瘸一拐地走到我身边，我只好安排他去休息，放学时我向前来接他的家长进行了原因说明，家长没有表现出任何不满，而且还不断地安慰我。送走家长回到宿舍后我久久未能入眠，心中总有一种说不出的难受。

第二天来到操场上，我找到了学生摔倒的答案，由于学校西操场是用建筑残料修建，里面隐藏着许多建筑碎砖和碎石，学生正是被这些碎石绊倒的，发现问题后我喜出望外，但又心里凉凉，看看这遍地石子和漫天黄沙，我好像被自然条件束缚了。好吧！既然现实如此，我就要勇于面对，办法总比困难多，生性倔强的我不会认输，更不会置之不理。改变现状要靠双手，我每天都早早地来到操场干起了捡碎石工作，功夫不负有心人，至此之后，学生被碎石绊倒的事件越来越少。

第二年学校投入资金将操场进行了翻新，用三合土铺满了整个西操场，当平整的操场和崭新的球门展现在我面前时，我真是激动不已，心情难以言表。舒适的操场受到了学生们青睐，每天操场上都热闹非凡，呐喊声与欢笑声此起彼伏。为了学生能够在操场上正常地开展活动，避免尘土飞扬，我每天都清晨六点起床喷洒场地，学生七点来到操场时，操场已经湿润了，更适合学生活动。慢慢的浇场地成了我的一项技术工作，既不能浇多了和成泥，又不能浇少了起尘，而且还要浇得均匀，为此我不停地转换场地均匀地喷洒，简直成了一名专业的场地工，辛苦的工作带来的成果令我十分欣慰，我辛勤付出换来的是无数学生的主动锻炼与健康成长，为此我自豪！场地变化激发了我奋斗的热情，学校的田径队成立了，经过2年的辛苦耕耘，无悔冬夏的陪伴与付出，学生在朝阳区运动会中一举夺冠，为学校赢得了荣誉，谱写了我校体育新篇章，并多年在朝阳区内保持领先水平。

如果说课余训练是加餐，那么日常的体育教育教学则是学生每日必需的营养餐。刚入校的我简直就像一张白纸，曾经的运动专项与体育教学联系甚远，可借鉴性几乎为零。然而有一件事让我树立了刻苦学习与终身从教的信念，这种无形的动力一直助推我走到现在。一个阳光明媚的早晨，操场上像往常一样喧闹，一个小男孩高兴地跑到我身边，蹦跳着问我：“赵老师，你会飞吗？”我被突如其来的问题问蒙了，稍作思考后我问他：“你对飞行的距离和时间有什么要求吗？”“没有，只要会飞就行！”我说：“好的，那你看好了！”我稍作活动用力地做了一个立定跳远动作，表演后还没等我问，这个男孩就喊着：“赵老师会飞！赵老师会飞！”跑开了，简直成了学校的早间广播。看着他高兴的样子，我感到了身为体育教师的幸福与骄傲，同时也暗下决心通过刻苦学习，不断丰富自己、超越自我，努力成为学生展翅翱翔梦想的筑梦人。

我的教育责任、竞技精神与运动性格，激励着我每天在体育教学中默默耕耘，学生每天运动能力的变化令我欣喜，而每天五六个小时的睡眠令我疲惫，教育的使命感与体育教学的追求为我不断助力，夜以继日的体育教学知识的恶补，令我的教育教学能力迅速提升，多次获得市、区级教学大赛与评优活动的一等奖，并多次在市、区做观摩课，受到了听课专家与同仁的一致好评。多年对体育教学的深钻细研，让我的课堂教学内容不断丰富，教法措施更加具有针对性，学生的学练更加轻松，课堂呈现出一派生机勃勃的景象，学生在我的课堂上尽情地享受着体育运动带来的乐趣与成功感，不仅体育技能得到了提升，身心素养也得到了培养，意志品质更是得到了锤炼。

5年的教育时光转瞬即逝，我在初识体育时回味童年，我在初入教育中憧憬教育梦想，我在超越自我中更新教育观念。启航中的我用一种工匠精神激励自己，充分相信自己的默默耕耘，必定会促进学生的健康成长。启航的风浪没有令我止步，而是为我增添了更多的激情与斗志，令我能够屹立于风浪之中，向着教育梦想的方向启航。

2. 科研领航明辨梦想方向

科研是推动教育教学前进重要的动力，我在大胆尝试教学改革的基础上，不断思考将教学中的困惑与问题进行细致梳理，并结合教学实际开展小问题研究，积极开展科研工作，将教学与科研有机结合，不断摸索问题规律、不断研究问题、翔实记录变化、思考问题对策，让科研在教学工作中真正发生，令我的教学空间不仅成为学生的思想家园与身体乐园，而且成为学生体育人生的加油站。荏苒冬春去，我的教学成长从蹒跚学步发展到了健步行走，我也从一名能教型教师向熟教型教师转化，我的体育教学之路逐步发展成了以研促教，凝练科研与教学的共同促进发展之路。

回想我的科研之路，我的脑海中总能呈现出一幕幕感人的景象，我和同事们共同查阅资料，共同确定研究主题，共同开展实践研究，共同撰写开题报告，完成中期总结及结题报告，申请研究成果，如此的幸福场景历历在目，回顾这段成长经历，我倍感欣慰。通过努力，我主持过一项市级课题“提升小学生身体素质实践方法的研究”，参加过多项国家、市级课题研究“健康中国2030——小学体能促进实践方案的研究”“花样跳绳——影响小学生体质的实验研究”“北京市朝阳区校园足球的可持续发展研究”，近年来撰写的《水平——学生体质健康标准测试数据分析》《“武术口诀”在清华附小CBD实验小学武术教学中运用的实验研究》

《对某实验小学一年级新生课间操活动中养成教育的实践研究》等十余篇文章分别在国家、市级获奖，并先后在《中国学校体育》《体育教学》《校园足球》杂志上发表多篇文章。二十多年的教学实践与科学研究，让我的教育教学视野更加开阔。结合教学中的困惑与问题，我进行深入分析与细致研究，向专家求教，丰富自己的研究判断能力、研究策略与科学的研究步骤，为顺利地开展研究工作提供了强有力的依据与支持。功夫不负有心人，二十余年的风霜雪雨历练了我的性格，让我更加具有韧性和黏性，也在我的研究能力发展中写下了绚丽的一笔。我的这些努力不仅实现了自己的研究愿望，达成了自己的研究目标，更是解决了自己在教学中遇到的问题，提升了自己的教学能力。从而可在教学中应用更多有效的教法学法，引导学生参与学练活动的同时，根据教学重点、难点，有针对性地依照学、练、赛教学模式，提升学生的技术能力，增强学生的实战应用能力，发展学生的身体素质，让学生在体育教学中形成互为促进的学练集体，渗透小组化教学策略，从而让学生在体育学练中将能力相互转化，构建严密的教学组织，保证学生在课程学习中参与兴趣浓厚，技术学练方法多样，身心健康共同成长，勇于承担社会责任。科研是教学高效实施的辩证因素，是让教与学更加高效的助推器，更是让教师教得多样、教得轻松、教得高效的教学魔杖，同时也是让学生学得有趣、学得有效、练得系统、练得实效的学练法宝。

3. 教学为动力筑梦速成长

体育教学区别于其他学科的显著特征就是以身体练习为主要手段，那么身体教育就应该是体育教育中的重要教育关注点。通过一系列的身体练习、技术练习，提升学生的身体形态，改善学生的身体机能，调动学生的身体潜能，提高学生的技术能力，发展学生的技能应用能力，促进学生身心和谐发展。体育教学趋于促进身心发展，由此依据人体身心发展规律，设计科学合理的培养措施，施加实效性干扰因素，创造具有针对性的学法策略，让学生的学练与新知识有机整合，与自然接轨，从而打开学生的新思路、启蒙学生的新思考，让学生的学习更加具有探索性，从而开启学生智慧思维，让教学过程从兴趣激发、情境导入、原理操作、技术应用、技能创新等过渡到完美，同时促进学生的主动发展。

在小学二年级前滚翻教学时，我针对低年级学生的身心特点与技术能力，教学中施加心理干扰因素，通过自我保护、器材保护、同伴保护，在趣味游戏内容的引导下，帮助学生克服了恐惧心理，激发了学生的学练兴趣，培养了学生勇敢、果断、努力拼搏的体育精神，巧妙地运用条件限制法，将小垫子进行不同形式的巧妙摆放，有效地利用2块小垫子的叠拼与3块小垫子的拼搭，形成了具有限制条件的斜坡和沟槽，学生练习时在如此条件的限制下，自然而然地就能够完成滚动成直线，有效地突破了前滚翻滚动成直线的教学难点，有效地将技术学习和技能发展与心理培养有机融合。

同时在四年级单杠——跳上成支撑挺身跳下的教学中，为了降低学生翻下时的心理障碍，在技术分解教学、能力分层教学的同时，我设计制作了安全保护带和腹部防磨垫，教学器材的设计与创新，再加上教师与同伴的有效保护，消除了学生的心理障碍，激发了学生挑战自我、挑战技术的胆量，克服了恐惧心理，逐步在学习中建立了学练信心，不仅技术水平快速提升，心理素质也得到了相应的加强，令男生成为男子汉，女生成为“女汉子”。

在教学中我不断耕耘、不断思考、不断创新，天道酬勤，敬业的我终于开启教学的新篇章，我的教学思考与笔耕获得了《中国学校体育》杂志的认可，在2016年第四期刊发了《前滚翻教学金点子》、2016年第五期刊发了《后滚翻教学金点子》、2016年第八期刊发了《巧用短绳游戏促进下肢力量的提升》、2016年第十二期刊发了《排球垫球辅助练习器材的设计制作与应用》，之后的几年中我还有多篇文章在《体育教学》与《校园足球》上刊发，文章的刊发与经验的分享令我倍感欣慰。俗话说“十年磨一剑”，对于一个热衷于体育教学的教师而言，在教学中默默耕耘、辛勤付出、卓越攀行，能够在国家级期刊上发表自己的文章，既是一种荣誉，又是一种激励，让我更加坚信做就是得到的道理，令我信心倍增，也令我对未来的体育教学充满无限希望。让我的教学梦与学生成才梦完美融合，让自己的教学智慧与学生的学习智慧有机结合，让更多的学生喜爱体育，更喜爱上体育课，让体育学练成为我们的一种身体语言，甚至是一种人生共育代码，将体育教育的基因根植于学生身心，孕育学生健康成长，形成一种健康的生活方式，从而助力师生成长实现圆梦目标。

（二）形成“教、学、练、赛、评”的教育思想

1. 教与学并进

教学是教师的教和学生的学所组成的一种人类特有的人才培养活动。通过这种活动，教师有目的、有计划、有组织地引导学生学习和掌握文化科学知识与技能，促进学生素质提高，使他们成为社会所需要的人。在熟知教学概念的同时，我更加明确了教学的意义与价值，由此坚定了终身从教的信念，并立志通过自己的深入思考、潜心钻研与精心设计出色地完成每天的教育教学工作，立足课堂教学提升学生的实际获得。陶行知先生曾说过：“教学有法，教无定法，贵在得法。”作为一名一线的体育教师，我更加注重教与学之间的关系，也更加坚信教师的教必定要围绕着学生的学的教育理念。学生作为一个成长中的完整人，需要不断学练汲取多种营养，教师要及时抓住学生身体素质成长的敏感期，科学施教让学生在这个关键期中顺势而长，莫要忽视不理或无所顾忌，由此延误了学生身体素质成长的关键期。

《礼记·学记》中也明确指出“教学相长”，由此更让我们清楚地认识到教师的教与学生的学两方是互为影响、互为促进的。依据此重要教育思想，我的教学思想就是“学生站立在体育课堂的正中央”，教学前我要做好充分的学情分析，对学生的运动能力、技术能力、个性特征、身心特点与不同需求等进行全面了解，做好十足的课前准备，为学生的有效学习提供保障。

2. 学与练相融

学是练的前提，学是一种主动的心理参与意识。体育学科区别于其他学科的显著特点就是以身体为主要手段，增强体质，提高学生的技术水平，发展学生的运动能力，培养学生的体育精神与优良品格。因此结合学生的体育学习特点，重点实施学练结合的教学范式，通过多种学法的应用，让学生在学练内容的引导下，由浅入深地进行学练，将运动体验、重复练习与针对性练习相结合，引导学生围绕着学习重点、难点，有效地利用多种学练法，巧妙地解决重点、突破难点，从而提升学生的技术水平和运动能力，让学成为稳步实施的条件，让练成为有效的解决办法，从而实现学练相融的最佳学习效果，获得体育运动能力的全面提升。

3. 练与赛相连

游戏和比赛是学生喜闻乐见的一种体育教学组织形式，学生乐于参与各种体育游戏和比赛，从中获得更多的技术应用感受，获得更多的实战应用效果。对于学生而言，学练技术是基础，应用技术是能力。学生参与的练习活动，多为提高技术水平，提高身体素质，所以学生练习后的学以致用就显得尤为重要。我结合教学内容与实际应用学练效果，制订了“以赛代练”的教法设计，从而实现了练赛结合的教学设计思想，不仅提升了学生技术动作实际应用价值，同时也促进了学生技术动作水平的发展。

4. 赛与评相促

参与比赛就是一种挑战，既是挑战自我，又是挑战对手；其中挑战自我是挑战技术、体能、心理、意识等，挑战对手则是挑战对手的体能、技能、配合、心理等，从而通过比赛胜负获得一种最为简单而又直接的评价标准。作为教学而言课程评价不可缺少，用比赛来进行评价，更具有针对性与实效性，学生将所学技术在比赛中应用才是真正的技术，具有实际应用的价值与意义，由此该评价就是一种具有实际操作效果与应用价值的有效评价。

（三）坚持“乐、提、思、创”的教改思路

20多年的教学实践，促使我形成“乐、提、思、创”的教改思路，懂得了精心审视与思考，学会了全面观察，准确把握教改方向，不断前进，勇于实践，不断深化推进自己的教学改革。

在实践中耕耘，我牢记体育学科的学科特性，严格遵循体育学科的多项规律，着重突出体育教学以身体练习为主要手段的学科特点，以增强体质为主要宗旨，学习体育的基本知识、基本技术、基本技能的教学内容，把握教、学、练、赛、评等教学环节，落实体育学科素养，将运动能力、健康行为、体育品格作为教学达成目标，进行具有学科意义与价值的高效落实，并将体育学科的育人功能加以强化，严格落实习主席所提出的“享受乐趣、增强体质、健全人格、锤炼意志”。

备课是教师的自我修真秘籍，我通过深入地钻研教材，并深入地挖掘教材内

涵，然后对教材内容进行大胆的加工与创造，充分发挥教材内容的知识与技术价值，从提升能力入手，提高身体素质和培养学生的心理素质与思想教育等方面的功能，精心地备好每一节课。

教学中着眼于学生的育体与育心的结合，实现身体与精神的历练，同时启迪思维与开发智慧，注重激发学生兴趣与良好习惯的培养，知识、技术与技能水平的提高，不仅把学科能力培养和终身教育目标相联系，而且为学生绚丽的人生打好底色。教学中重点突出学科特点，结合教学内容、教学方法、学练方法、组织措施、易犯错误与纠正方法，落实因材施教的教育原则，有效实施全面育人的教育原则，面向全体实施教学，落实循序渐进的教育原则，帮助学生建立学习信心。较好地处理学生主体与教师主导之间的关系，实施双主体教学尝试，为激发和调动学生学练兴趣，创造更多的主观与客观条件。

教学中在教法学法的应用上，一定要结合教材特点和学生身心特点，思考教师与学生在教育过程中所处的位置与作用，将教法学法和练法巧妙结合，而且还要全面研究并解决体育教学中遇到的问题，同时引导学生的思维活动参与教学过程，引导学生从被动的肢体活动变为全身心投入学练活动。运用体验、主体参与、探究、合作等教学策略，为学生提供更多有趣的教学活动机会，充分发挥学生的主体作用。根据学生的个体差异与不同需求，以致学生的不同爱好与基本体能状况，针对学练内容创设适合学生学练的多样学习条件，高效地实施区别对待。同时，借助集体精神和团队效应，以及竞赛激励机制，激发学生的参与意识与竞争精神，培养学生勇于拼搏、积极进取的体育精神，营造良好的学习气氛，构建具有凝聚力的团队共进结构，创造生动且充满朝气的教学氛围。

教学目标的严格落实与达成，必定是对每一项学练内容设计与实施成果的检验，为了让学生明确学练活动将要达成的学习目标，让学生将总目标与具体目标进行系统转换，由此成为学生自我达成与自我评价的标准。

（四）“激情、导趣、乐学、巧练、善思、真评”的教学风格

“激情、导趣、乐学、巧练、善思、真评”是身心共育的和谐统一。激情是指课上教师要激发与调动学生的情感投入，让学生在课上通过体验与学练，使情感

能够得到升华。导趣是指教师通过对教学内容的深入研究，结合教法学法与教学组织建构引导学生兴趣的学习方式，让学生以兴趣为先导完成学练任务，达成教学目标。乐学是指学生主动学习的一种状态，教师通过巧妙设计教法步骤激发学生的学习兴趣，获得更多的体验和感受，克服学习困难，建立学习信心，形成一种积极进取、乐观开朗的学习态度。巧练是指教师针对所学技术动作的要点或重难点，利用情境调动、问题驱动、器械撬动、平台互动等方式，进行集体、小组、个体等组织形式的巧妙学练，从而解决学练重点、突破学练难点，提升技术水平与应用能力。善思是指体育教学中不仅要增强体质、提高技能，更要善于启迪思维、开拓智慧。真评是指教学过程中教师要通过巧妙设计，制定出详尽的评价标准，引导学生通过过程性评价，给自己和同伴一个客观、公正的课堂评价，其评价内容分为参与意识评价、技能水平评价、运动成绩评价等。

体育教学既是一门科学又是一门艺术，在体育教学活动中教师以教育学、美学、行为学等知识为基础，遵循体育教学的教育形式和规律，巧妙运用所设计的教法学法解决教学阻点和断点，从而完成教学任务，达成教学目标。体育教学的科学性主要体现在追求数据例证，通过多种数据的综合统计，结合人体力学、人体解剖学、运动生物力学等学科知识，权衡体育教学的科学性依据，实现体育教学的科学化与精准性。体育教学更是一门艺术，体育以身体练习为主要手段，身体是行为艺术展现的重要元素，更是直观效果最好的艺术展现形式，通过视觉感官刺激性技术表象，获得最为直观的视觉记忆。体育教学中注重语言表述，语言也是一门艺术，教师通过对学生的激励与赞扬，提升学生的学习自信心，调动学生的参与欲望，从而获得努力方向，向成功方向进发。课堂教学中，我依据学生的学习能力、运动水平、身体素质、技术水平，注重个体差异与不同需求，权衡后分层施教，让学生的身心得到历练和培养，形成主动参与学练的积极性与主动性，在集体和谐的学练氛围中，达到“享受乐趣、增强体质、健全人格、锤炼意志”的体育教育效果。

教学亮点

突破“小学生足球战术能力”学练困难的教学对策研究

（一）“小学生足球战术能力”知识内容及其教学价值

足球运动是一项充满魅力的同场对抗性竞技体育运动，它历史悠久并包含着丰富的文化内涵，同时也是最受关注且参与人数最多的球类项目，由此被称为“世界第一运动”。足球战术包括进攻战术、防守战术、全攻全守战术、定位球战术、复杂战术，等等。足球进攻战术从进攻途径上分为边路、中路，从进攻区域划分则包括整体进攻战术和局部进攻战术。

小学阶段学生足球战术能力的培养主要以渗透局部战术为主，让局部战术发挥作用影响整体战术的实施。小学阶段学生的足球技术学练内容主要以学习单个技术动作为主，如传地滚球练习、脚背正面踢球、脚内侧接地滚球、脚背内侧传球、脚背外侧传球，缺少同伴间配合与战术应用方面的学习，在足球比赛中往往会形成单打独斗的混乱场面，没有整体性，进攻和防守属于离散状态。

小学阶段学生足球战术能力的教学，主要以足球运传球游戏的教学为主，足球运传球游戏的设计与实施能够依据小学生的身心特点，从游戏入手渗透足球运传球的动作方法，不仅能够激发学生的学练兴趣，而且还能够对学生的技术动作进行不断打磨，提升学生的足球技术能力。另外还能够通过足球运传球游戏的学练活动培养同伴间的默契配合意识，拓展学生的足球运动视野，明确足球战术应用策略与应用价值，有效推动学生足球实战中战术应用能力的发展，从而真正实现在最短时间内，达成局部以多打少或以多防少的最佳战术配合目标。

（二）学生的学练困难分析

足球运传球游戏的教学主要是在小学中高年级，因为中高年级的学生已经初步学会运球、传球、接球等技术动作，为战术游戏教学提供了技术层面的必备条件。然而，学生在足球战术学习时依然会遇到诸多困难。首先是学生个人技术水平不佳的直接影响，往往会出现传球不到位、接不住球无法完成战术配合。其次是学生在传球前不能准确判断同伴跑进的方向和位置，出现传球不及时或延误传球时机。再次是接球学生插上的方向和时机选择不当，不能较好地完成人球同到。最后就是学生知道如何去完成运传球游戏，但由于个人速度和体能原因，不能在队友传球时快速跑到接球位置，延误最佳时机。

（三）突破学习困难的教学思路与策略

1. 教学设计思路

足球运传球游戏的设计思路主要是围绕着学、练、玩、赛进行设计，准备部分教师引导学生复习原地跑动中运球、传球、接球，启发传球学生能够观察接球人位置，判断传球力量，做到传球稳、准，接球人要做到接球动作流畅、合理控球。基本部分学习阶段，教师引导学生2人自由结组，然后进行纵向跑动传接球，感受在跑动中传球、接球位移配合的简单战术，其设计思路是让学生感受在传接球过程中积极跑动的重要性，为接下来的跑位学习打下基础。随后教师增加学习难度，2人结组利用1个标志桶，进行1人固定1人传球、跑位触摸标志桶的游戏，设计思路是让学生知晓传球后的跑位方向。随后，增加练习难度调整标志桶位置，将标志桶放置在2人中间，并把标志桶当作防守队员，在规定时间内让学生反复进行传球、跑位、接球游戏，设计思路是引导学生明确传切战术配合的方法，并通过重复练习提高学生的战术能力。此后，教师安排了学生展示与评价环节，设计思路是再次在学生头脑中建立正确动作定向，为接下来游戏的实施做好铺垫。然后，教师再次增加难度，引导学生8人结组，利用边长7 米的正方形场地和4个标志桶，进行4人传球4人跑位的战术游戏，设计思路是以此来巩固学生的战术配合能力，提升学生的战术意识。最后，通过规定区域多组学生的3对3对抗赛，以赛代练来实现学以致用的终极目标。

2. 主要教学策略

（1）巧用足球运传球游戏提高学生的学练兴趣。足球运动在小学阶段的学习，男生的学练兴趣要高于女生，女生对于足球运动的兴趣会随着足球技术学习难度的不断提升而逐渐降低，足球运传球游戏将技术练习的难度层级重新定义，先从原地练习，到纵向移动，再到利用标志桶确立移动方向，然后通过传球后的跑动摆脱防守完成战术配合。这种设计不仅能够降低女生的学习压力、消除畏难情绪，而且女生还能够在同伴的鼓励与帮助下，较好完成运、传、跑、接等技术动作，提高了女生的学练兴趣，有效促进女生战术意识的形成。然而，足球运传球游戏对于男生而言也是一种挑战，以往单个动作的学练只能提高个人技术，很难提高全队整体的实力。足球运传球游戏的设计与实施，能够在学生磨炼技术的同时提升战术运用能力，让学生保有浓厚的学练兴趣和充沛的学练精力，敢于面对更多的挑战，努力获得比赛胜利。

（2）活用足球运传球游戏发展学生实战能力。现在的体育教学出现了一种现象，那就是考什么则教什么，学什么则练什么，学生虽然学习了很多技术动作，但是往往只会做，不会在实战中应用。通过足球运传球游戏的教学，学生能够在战术游戏中学练技术、应用战术、创新战术，技术水平和战术能力快速提升。战术游戏的设计由浅入深、循序渐进，将单一动作变为多维技术配合的战术组合，战术组合由双人固定、单人固定单人跑动、双人跑动，创新到多人跑动，真正实现技术学习为战术应用服务，战术应用为比赛服务的宗旨。足球运传球游戏的设计与实施，拓宽了学生视野，拓展了学生思维，为学生战术意识发展与实战中战术的灵活应用提供更为广阔的空间。

体育运动是儿童成长的必备营养

时代在发展，社会在进步，中国国民的生活水平也在不断提升。多数学生出门都是车接车送，很少走路；学生的饮食结构也发生了巨大的变化，洋快餐的方便、快捷、好吃，受到更多的青少年青睐，久而久之，多数学生过着衣来伸手、饭来张口的“养尊处优生活”，从而导致更多的肥胖生出现了。学生体质不仅呈下降趋势，而且勇于拼搏、奋发向上、持之以恒、永不放弃的体育精神也更是匮乏。

体育教育是学校教育中唯一以身体练习为主要手段的实践类课程，它对于历练学生身体，增强学生体质，提升学生的运动能力，促进学生健康行为的养成，培养学生体育品德与体育精神具有重要意义。我校的“1+*X*”体育与健康课程，追求“1”“*X*”的结构关系，其比例随着学生年龄增长与个性差异保持一种动态平衡，不断追求“0.618”的黄金分割比值。“1”指优化整合的国家基础课程，其内容与形式是相对稳定的，这是重要底线，必须把牢。“*X*”指实现个性化发展的校本特色课程，包括个性课程、学段个性课程、学生个性课程三种类型。我所任教的学科是体育与健康，教授的“*X*”项目内容是排球。排球这项运动对学生的身体素质与运动能力要求较高，因为排球运动多为空中球，需要学生瞬间完成判断、移动、垫球、战术配合等技战术的应用，初学时控球能力不像足球、篮球那么容易，对于学生的技术动作学习与心理抗挫性培养是一种极大的挑战，甚至有时还需要学生倒地救球，“人仰马翻”的情景会经常出现，由此对于学生的心理与身体都是极大考验。

体育是学生历练身体的重要学科，更是学校德育教育的主要阵地。通过体育教学内容与多种学练活动，让学生对体育运动产生浓厚的学习兴趣，激发学生的学练欲望，全面提升学生的身体素质，发展学生的运动能力与专项技术水平，引导学生通过主动参与体育课程学练活动获得成功感与荣誉感，培养顽强拼搏、奋勇争先、持之以恒的体育精神，以及相互理解、积极合作、乐观开朗的优良品质。

记得在一节五年级排球课上，学习内容是两人迎面垫球。由于本项动作需要学生具备一定正面下手双手垫球基础，所以首先要从复习排球自垫球的动作开始，先让学生获得垫球和控球感觉，然后过渡到一抛一垫的练习中，最后再过渡到两人迎面垫球。学习初由于动作比较简单学生的参与热情和学练主动性很高，但过渡到两人迎面垫球时，由于动作难度增加，学生频频出现失误，甚至有的学生连球都不愿意去捡。看到这里我吹响了集合哨，学生们快速地聚集到我身边。我对学生说：“同学们都知道女排精神吗？”学生们点了点头。我问：“那谁来给我介绍一下什么是女排精神？”王笑说：“女排精神就是一种体育精神。”张露说：“女排精神就是一种永不气馁、永不言败的体育精神。”李晴说：“女排精神就是顽强拼搏、坚持不懈、自强不息的体育精神。”“同学们你们说得太对了，女排精神正如你们所说的那样，就是一种为国争光、无私奉献、团结友爱、坚强拼搏的中华体育精神。”我激动地说道。同学们听我讲完这段话纷纷点头认可。为了提高学生两人迎面垫球的学习效果，我结合技术重点和难点再次进行深入讲解，进一步加深了学生对动作要点与重难点的理解，明确了技术动作学练标准。随后我还用标准示范展示了脚下移动主动迎垫球的技术，并做出了两次倒地垫球的动作，学生们看得目瞪口呆。为了降低学生的恐惧心理，减少对学生心理造成的压力，我利用小垫子引导学生初步体验垫球倒地技术，让学生通过体验能够知道垫球后倒地的技术动作。然后增加练习难度，引导学生不用小垫子，直接做出倒地垫球的动作，起初学习时学生还是有重重顾虑，往往不敢根据球速快速做出倒地垫球动作，经过我的鼓励与多次示范，许多学生敢于挑战自己，大胆做出倒地垫球动作。通过学生们的刻苦练习与不懈努力，多人能够完成两人迎面垫球10次的好成绩。课程结束时，在大家分享环节，学生们争先恐后地举手发言，有的学生说："我在今天排球课学习时终于敢倒地垫球了，我战胜了自己！" 有的学生说："虽然我倒地时动作还不是很正确，磕得腿和膝盖很疼，但是我从来没有放弃过。"有的学生说："我真正体会到了女排精神的伟大。"还有的学生说："虽然这是一项简单的排球技术，但是需要我们具备一颗勇敢的心。"

学生的课后感言，真正道出了学生应具备的不畏艰难、勇往直前、顽强拼搏、永不放弃的体育精神。现如今学生由于生活过度优越，父母及家人关爱备至，形成了一种"抱着怕摔了，捧着怕化了"的过度呵护，甚至有的学生稍遇到一点小问题就哭个不停，抗挫心理严重不足。为了改变这种现象，引导学生建立学习自信，张扬个性的同时提高运动能力，全面发展身体素质，培养学生良好的体育品格与体育精神。"无体育不清华，无体育不成志"，从百年前的成志学校到今天的"成志教育"，我们清华附小传承清华大学体育精神，把体育与健康课程作为学校的核心课程之一，提出了"每天体育'三个一'，健康工作五十年"的口号。

随着我校马约翰体育与健康课程的不断发展，我们一定会通过精心设计教法与学法，由此来激发学生的学习兴趣，引导学生主动参与到多种学练活动中，让学生站立在运动场的正中央，努力培养学生敢于倒地的能力与信心，从小树立学生自强不息、勇于拼搏的体育精神。为学生一生打下学习的底子、身体的底子和精神的底子，为更好地实现学生聪慧与高尚的人生奠基。

在运动中育人　在实践中成长

北京市昌平区第一中学　刘晶

名师档案

刘晶，1998年毕业于北京体育大学体育教育系，2012年被评为高级教师，2013年被评为北京市骨干教师，2018年被评为北京市学科带头人，现任昌平区第一中学（简称“昌平一中”）专职体育教师，负责昌平一中体育工作；担任昌平一中健美操队总教练，昌平区田径项目负责人，负责昌平区田径教练员、裁判员培训与竞赛管理工作。

多次代表昌平区参加北京市体育教师基本功大赛，曾获得北京市高中体育教学基本功展示一等奖，体育教师专项技能健美操综合二等奖。于2017年参加北京马拉松比赛，以3小时19分的成绩再次达到国家一级运动员水平。

多次参加市、区级教学评优比赛，多次获得北京市体育教师评优一等奖、昌平区体育教师评优一等奖，带领昌平一中体育组进行走班制模块选项教学改革，召开了昌平区课堂教学研讨会、北京市模块选项教学现场会。

一直担任校健美操队教练员工作，获得2016年北京市传统学校健美操比赛高中组第一名，自2015年以来获得市级以上健美操比赛优秀教练员称号6次，区级比赛优秀教练员称号5次，为高一级学校输送优秀人才。训练的学生共有16人获得国家级二等奖，65人次获得北京市一等奖，80人次获得昌平区一等奖。校健美操队2015年获得北京市中小学生大众健美操比赛高中组团体第一名，2016年获得北京市传统项目学校健美操比赛大众组团体第一名。

在注重教学能力提升的同时，也有较强的研究意识和研究能力，多次参与奥鹏教育网和北京师范大学网络课程的录制，其中“健美操”“校园集体舞蹈”“乡村高中课外活动的开展与实施”等课例被采用。

成长感悟

1998 年的盛夏，年仅22岁的我，踏上了教育征程，到今天为止，做了20多年的体育教师，走过了一条边工作实践，边学习研究的道路。漫漫教学生涯的长河中，我曾经犹豫过、迷茫过，但是我始终没有放弃过对教育事业的追求。正是这条爱的纽带始终牵动着我的情思，让我努力，催我奋进；也正是这份从来没有动摇的信念，使我逐步走向进步和成熟。回顾自己的专业成长历程，我正是在不断学习—研究—反思的过程中，努力使自己成为一名“自我更新”的体育教师。

（一）在学与干的梳理中，增强学习意识

作为一名教师不仅要具有“敬业、爱生、奉献”的专业精神，而且要具有娴熟的专业知识。一次机会我去听北京石油附属中学索玉华老师的公开课，不禁被索老师的专业精神所感动，暗下决心要当像她那样的教师。在多年的教学实践中，我得到了许多专家、学者、教师的指导和帮助。他们认真严谨的态度、对事业执着的追求精神深深影响着我。随着基础教育课程发展，体育与健康课程标准的诸多变化，不论是刚走上讲台的新教师还是有着多年教龄的老教师，都会遇到实施中的一些新问题。自己在不断地向书本学习，向有经验的教师学习，并虚心请教多年来在体育教学中形成的名师、名法的同时，用新的课程理念审视体育教学中的常规做法，并在学与干的梳理中不断地优化整合思路。

1. 梳理一：以专业形象与人格魅力影响学生

体育学科的特点是以身体练习为主要手段，以体育的知识、技能、方法为学习内容，促进学生身心健康发展。因此，体育教师在教学中，要不断接受新知识，形成适合学科专业发展的知识和技能，建立起专项教师形象标志，如武术示范中神形兼备的一招一式，篮球上篮时的潇洒准确，体操动作健力美的和谐统一等。吸引

学生像崇拜球星一样跟随在你的左右，从而形成对学生起到表率的人格魅力。体育的特点决定了教师必须以积极向上的精神风貌去感召学生。在体育教学实践中，我每节课都以一种积极向上的精神面貌走进课堂，用充满激情的语言、轻松愉快的笑容来营造课堂气氛，把学生的心牢牢地固定在课堂上。我逐步使体育锻炼成为学生的一种生活习惯和生活方式，努力实现将体育教师的形象写在人们崇敬教师的目光里，写在家长赞颂教师的口碑里，也写在学生对教师永久的记忆里的目标。

2. 梳理二：以教师角色的适时转换感染学生

“尊师爱生”是对师生关系的一种定位。但日常体育教学中，这种关系往往是“尊”与“从”的单向关系。“尊”当然是毕恭毕敬，不能犯上，但“爱”并非如此，“打是亲，骂是爱”曾是这种情感另一侧面的表现。“师生平等，教学民主，有利于学生的主动学习”不仅是体育新课程的发展趋势，也是营造课堂教学和谐氛围的出发点，体育教师应以积极的心态，重新认识和确定新型的师生关系定位，真正成为学生学习的合作者、引导者、参与者。教学过程中我从促进学生主动学习的角度出发把师生角色定位在融合并适时转换，形成和谐发展：在观念转变上，“管理与服务”融合；在角色转换上，“传授与引导”融合；在情感交流上，“为母与为友”融合；在教学相长上，“为师与为生”融合。教师角色行为的转换必然感染学生学习态度的变化。把学生当朋友与伙伴，如参与学生的生日会、共同备课、设计比赛方案、学会倾听学生的想法，等等。做学生的助手，把学生当教师，专项进行俱乐部赛事活动组织，承担区、校体育节裁判工作，组织全校做操，等等。现实生活中信息渠道丰富，有网络、电视、报刊等媒体，学生了解的体育赛事与评论以及掌握知识范围之广、速度之快，常常令我望尘莫及。教学实践中我体会到，放下架子、弯下腰来向学生请教，不必担心自己的“师道尊严”会受损，相反，你这样做了，学生会认为你是个讲民主、讲平等、很诚实的教师，他们会更尊重你。这样做可以让我们感到“教学相长”的深刻含义，也体会到教师的进步离不开学生的道理。

在学与干的梳理中，我深深感到，作为一名体育教师，单凭职前教育时获取的学历营养是难以支撑今天教育的全过程的，应密切关注自己学科的发展，增强学习意识，不断改善和调整自己的知识结构，了解课程发展变化的趋势，养成经常梳理学习中困惑的习惯，形成知识常更新，常教常学，常教常新。尽管我们每天从事的都是相同的工作，但在工作中要善于发现新的兴奋点，以此来刺激自己的精神、自己的情趣和热情，建立起可持续发展的学习意识。

（二）在解决问题的领悟中，增强研究意识

过去的体育教学中我们一直认为，教师不需要创造知识，教师的责任就是传递他人已经创造出来的知识；教师不需要研究，教师的任务就是运用他人研究出来的成果。其实不然，教师成长的第一步是把书教好，让学生喜欢你。要做好这一点，需要我们立足课堂，立足学生，立足教材，并在日常教学实践中不断发现与解决问题。刚刚进入体育课堂教学的那段日子，我经历了教学思考不够周密、课中突发事件不知所措、教学调控能力和教学行为表现不足及教学效能感不强等。在发现与处理这些问题中我领悟到，对于教师来说研究的问题往往产生于实际教学情境，当我们发现问题、遇到困惑、缺乏对策时，不再仅仅依靠外在指导，而是自己去尝试学习那些策略性的知识，敏锐地去观察课堂发生的一切，主动积极地去探究课堂中的活动。

1. 领悟一：调整、改变教学策略激发兴趣

一堂体育课中，几十名生动活泼的学生，在动态的教学环境中展现自我，这就需要我们体育教师付出更大的精力，将教法研究确立在学生学的基础上，充分利用和开发资源，根据教学内容不断调整和变化教学策略，不断创新手段和方法。自己针对学生在耐久跑教学中的怕苦、怕累的情况，发展耐力素质时，采取不断调整和改变教学策略的方式。如跑的速度变化：匀速跑、加速跑、走跑交替，等等；跑的距离变化：定距、定时定距、定时，等等；组织形式的变化：个人、小组、集体（接力、追捉、加速领先），等等；利用场地的变化：跑道、自然地形、设障碍、队形变化，等等。准备活动围绕教学内容上 4 次课左右变化 1 次，内容选择有徒手操、行进操、器械操、游戏，等等；组织形式有个人、双人、小组、集体，等等；口令指挥有教师、组长、集体，等等。排球教学由原来教学中的固定人数、固定网高、固定规则转换为根据人数、场地、器械情况调整的思路。如人数上可分为4、6、9人

不同数量，根据掌握动作的情况设置；场地条件上分为雪地、泥土、墙，根据季节和条件呈现；器材上的软式排球，气排球、排球等根据难度需要选用。通过教学中内容、组织、方法等不断调整和变化，使学生感到新鲜，培养与激发学习兴趣的同时，为学生掌握体育知识和技能、进行身体锻炼，提供更多选择机会和发展空间。

2. 领悟二：学生间客观存在的差异是教学资源

授课班人数多，学生的体育基础、体质与健康状况、体育兴趣、运动经验、学习能力、社会适应等方面各不相同，这些因素都在不同程度上直接或间接地对教学效果产生影响。实施教学中要尊重差异，具有差异的学生主体才会平等地进行自主性学习活动。我们把学生间客观存在的差异看作一种教学资源，加以开发和利用。将常规教学“一刀切、一把尺子”的统一练习、统一要求，转换为适合学生发展的分层教学设计。我先后采用了根据学生群体能力进行分层，如组织形式方面：分类递进目标分层；学习指导方面：分类指导，施教分层；优势互补方面：互补组合，合作分层；测评激励方面：进步幅度，评估分层等，使不同生活经验和不同知识背景、不同思维特点、不同层次的学生拥有同等参与学习的机会，建立起自我效能感，体验到成功的喜悦，唤起了学生主体意识，还给了本应属于他们的体育学习的“自由”，变被动接受为积极思考，形成了“要我学”向“我要学”“我能学”的转变，使每个学生在认知能力、兴趣、特长和个性品质等方面都得到相应的发展。

（三）在专业发展的提升中，增强反思意识

体育教学实践中，随着阅历增加，我积累了一些自己的教学思想和方法。因此，教学思维常常被“习以为常”的定式困扰，对于教学中遇到的问题持一种“以不变应万变”的态度。其实，在专业成长中，个人需要对自己所教的学科与教学行为建立起反思意识，将“学会教学”与“学会学习”有机结合起来，努力提升教学实践的合理性，并形成自己的教学特点与风格，使教学更加成熟。

1. 反思一：体育教学应成为情感交流的课堂

在欣赏体育比赛时，我们的学生常常被电视中的俊男靓女、富有感染力的韵律操和 NBA 球星们潇洒的扣篮所倾倒，体育教师应把握好时机进行指导。然而，这种

欣赏不同于体育教学过程中的教师与学生之间眼神的交流和会意的手势、学习前的引导、学习后的回味，后者是教师与学生共享辛酸与乐趣。体育教师应帮助学生营造和维持学习过程中和谐的学习环境和积极的心理氛围，在尊重学生的基础上，搭起师生情感交流的桥梁，给学生以积极的情感体验。自己在多年的体育教学中，注意从师生情感交流切入，将常规教学中的只提要求变为多给关怀，赞赏每一位学生的体育兴趣、运动专长、进步、闪光点、学习中所付出的努力、表现出来的学习愿望，以及对自己的超越。将常规教学中的强调苦学变为营造愉悦，特别是学生学习有困难，表现出畏惧体育锻炼的时候，教师不是逼着他走，而是了解他们的体育需要，鼓励他们勇敢地不断前行。教师将常规教学中的一味指责失误变为千方百计让学生品尝到成功：设置不同难度（不同高度、不同远度）的学习起点，供不同能力的学生选择，采用分层递进的方式，使学生建立练习中的自信，在适宜的条件下掌握技能，使学生体验到成功的喜悦，从而激发起他们对学习的向往和追求。

2. 反思二：教学过程应形成师生学习的共同体

日常体育教与学过程中，我们考虑较多的是如何把知识、动作传授给学生，学生只是按要求进行学习。如何引导学生参与教学过程中的搜集信息、交流讨论，需要体育教师对课堂中教与学行为不断进行反思，自觉修正和完善自己的教与学过程，形成良好的反思习惯和反思能力，将体育教师的“会教”与学生的“会学”有机结合起来，不断提高课堂和谐氛围的调控能力，调动教与学过程的自主性和主动性，从而提高体育教学实效，促进教师的专业化和学生的身心发展。

我在弯道跑技术教学中进行了尝试：课前指导学生阅读教科书；设置直道跑、弯道跑练习场地；采取相关学科的物理学知识导入；指导学生直道跑、弯道跑练习与观察；引导学生通过练习与观察、交流，归纳说出弯道跑的技术要点。整个过程可以概括为：课前预习—问题导入—练习观察—交流讨论—再观察体验—归纳出要点。教学过程的学习的共同体是通过教师对教与学行为不断进行反思，搭设起课堂中师生互动的平台，引导学生积极参与，发现、分析、解决问题的过程实现的。没有课堂教学中经常的反思，教师的教学行为素养就得不到真正的提升，学生的体育自主学习能力也就得不到提高。在日常体育教学中，人人都会产生点点滴滴的体会，如果放松，则稍纵即逝；稍稍留心，把它记下来，哪怕是肤浅的感悟都会带来日后冷静的思考。这就需要我们在教学过程中增强反思意识，利用多种途径来捕捉教学中出现的问题，通过不断反问来引发自我意识的觉醒。

“自我更新”是基层体育教师“学—干—想—写”的过程。首先是“学与干”即虚心地学和脚踏实地地干，这是基础。其次是想，即在“学与干”的基础上产生思考，这是关键环节。再次是“写”，把思考的成果写出来与同行分享。这是不断学习、不断实践、不断思考、不断探索，循环往复，螺旋上升的过程。用教研的视角分析“司空见惯”的日常工作，解决自己在教学中遇到的问题。

如果说，在20多年的体育教学中，我有了一点点进步，那么，我想把这点进步归功于给予我热情帮助的各位领导、同事、朋友和家人。今后的道路上，我将以“有缘于名师”但“不愧于名师”的追求，不断提高自己的专业化水平。我坚信：学习，会使自己不断进步；研究，会使自己更加深刻；反思，会使自己更加敏锐。

教学亮点

浅谈高中女生健美操教学

健美操以其集体操、舞蹈、音乐于一体的优势，已成为体育选修课教学的一项内容，但在实际教学过程中，体育教师面临很大的挑战，迫切需要解决课堂教学如何组织、教师的作用如何定位、教师将用什么方式实施教学内容、如何提高高中女生健美操教学效果等问题。这些问题解决的好坏，将直接影响体育教学的效果，影响高中女生的运动爱好和专长，以及坚持锻炼身体的习惯的培养。

（一）明确教学目标是健美操教学的出发点和归宿

高中体育课的教学目标包括运动参与、运动技能、身体健康、心理健康和社会适应等几个维度。在健美操教学中上述目标具体化在以下几个方面：运动参与表现为学生的热情高、兴趣浓，全员参加练习，态度认真；运动技能表现为掌握某动作组合的基本动作要领及重难点和应该注意的地方；身体健康表现为熟练掌握该动作组合及在此基础上提高身体协调性、节奏感和心肺耐力，塑造健美体形；心理健康表现为对体育运动充满自信，意志坚定，勇于克服体育运动中的困难，有正确的审美观；社会适应表现为有良好的人际交往能力和小组合作能力。

要上好健美操课，教师要了解掌握学生的情况，包括学生的年龄特点、身体素质及身心发展的需要等。教师只有了解了学生的这些特点和需要才能明确教学目标，确定教学内容，选择合适的教学方法，达到预定的目的，从而在教学过程中体现教学目标。

（二）丰富教学内容，满足学生需求

1. 教学内容丰富多样

健美操的内容多样，形式各异，包括有氧健身操、搏击操、踏板操、哑铃操和拉拉操，等等。教师要根据课程标准，本校的学习环境，学生身体基本素质、发展水平和学生的要求编写出有利于学生自身发展的教材。

2. 加强基本功训练，提高身体素质

健美操的学习对学生的力量、灵敏性、柔韧性、协调性等身体素质相对要求较高。在教学中，经常发现学生对动作的理解与接受能力差异较大，这与学生的身体素质有密切关系。在准备活动中可以安排前、后、侧压腿等形体训练，加强柔韧性及腿部力量；放松活动前可以安排俯卧撑、支撑等加强手臂力量的练习。

3. 选取配乐要合理，激发学习兴趣

音乐是健美操的灵魂，可以调动学生的情绪，激发她们的灵感，提高她们的表现欲。因此，在选配音乐时要特别注意，比如一般开始部分可选用节奏感强、有力、活泼、引人注意、令人兴奋的乐曲，让学生在最短的时间内进入状态；课中选用与教学内容相协调的乐曲，例如踏板操的音乐就应该是节奏鲜明，鼓点清晰；哑铃操的音乐就应该是有口令提示与音乐相结合的轻音乐；结束部分可以选配像高山流水、森林鸟鸣一样的轻音乐，使学生能很快地放松、调息，消除疲劳。

4. 合理安排学习的密度和强度

学生的身体素质基础不同，因此教学中教师要合理安排学习的密度和强度。针对初学者及基础不好的学生可先安排些比较轻松、节奏较慢、简单易学的健美操，控制在50%～60%的运动强度。随着动作越来越熟练和体能的增强，可逐渐加大运动量、运动密度和强度。不同梯度的练习，可以提高学生的参与度，调动学生的积极性，从而达到锻炼身体的目的，同时还可提高学生的韵律感、协调性、表现力，进而加强教学效果。

（三）教学方式多样化，加强教学效果

体育教学的本质在于促进学生乐于体育学习，引发学生的探究活动，使其自发自主地享受运动的乐趣。

1. 学习方式变被动接受为主动学习

主动学习就是打破以往体育教学中“教师讲，学生练”的被动教学，在教学中创设激发学生的兴趣、引发学生思考的机会与条件。教师可以通过多媒体把示范动作通过大屏幕放映出来，让学生观看标准的完整示范，给学生思考的空间，引导学生探究学习，分析这节动作要领和动作间的衔接，并且自主尝试练习。在此基础上，教师展示示范动作，学生进行模仿，加深第一印象，并自主纠正，互相学习。

2. 教学方法变单一为多样

教师要注重体育教学方法的灵活运用，发挥教师的主导作用和学生的主体作用。例如在大众健美操二级的第二节组合中先教脚下动作，如原地踏步、行进中走步、“V”字步和后交叉步。把这些脚下基本动作的要领和应该注意的地方讲解给学生，同时带领学生反复练习以达熟练掌握。这一过程体现了讲解法、示范法、练习法、分解法等教学方法。然后在此基础上逐步依次加上手臂动作，如摆臂击掌、向前出拳及向后收拳、手臂从胸前穿越至头后和手臂伸收的动作。这种教学过程就体现了由简到难、层层递进、倒金字塔式、连接法的教学方法。当学生掌握了正面动作后，再由学生在脑子里“过电影”，把本节动作尝试用反面动作做出来，学生依

靠头脑中的图像思考动作要领，再观摩教师的示范或录像，这里既有图式训练法又有直观法，加快学生对运动技能的掌握。至此，完成了第二节整个正反方向动作组合的学习。教师要根据学生的接受能力和心理需求，精心进行教学设计，教学方式要灵活变通，要有利于学生学习，让学生既懂原理又掌握技术，培养学生主动学习的能力，由简到难，循序渐进，循循善诱。

3. 学习过程变单纯模仿为鼓励创新

学生健美操的学习是从模仿开始的，模仿是运动技能学习的基础。健美操的教学还要挖掘学生创造的潜能，创造条件使学生在改编动作或动作组合中体验到创造的乐趣，培养学生自学、自练、自编健美操的能力。在教学中，教师引导学生根据音乐创编、按照主题创编、进行简易操创编等。在教学过程中，教师不仅要重视学生在模仿中学习扎实的基本动作，而且要注重学生的探索性学习，鼓励创新意识，为学生提供一定的思考、交流与创造的时间和空间。

4. 合理组织教学过程，提高教学的高效性

健美操练习的时间要以学生的年龄、接受能力、体力的情况为基础进行合理安排。一般练习时间从短到长，动作由慢到快，或快慢结合。随着学习内容的增加，练习次数由少到多，时间由短到长。一般来说最好在完成一套3~5 分钟的健美操之后，休息2 分钟左右，等心律恢复正常或接近正常时再做，效果会更好。

（四）营造良好的教学氛围，让学生乐于学

1. 提高教师自身素质，创建和谐师生关系

教师自身素质的高低是学校开展健美操教学和训练成功与否的先决条件。教师要严于律己，为人师表，要以高尚的人格、优雅的气质感化学生，以优美的动作吸引学生，以良好的语言带动学生，并能主动与学生建立良好和谐的关系，提高学生学习的积极性。教学内容要丰富多彩、形式多样，不断改进教学方法和手段，以激发学生的学习热情，提高课堂教学效果。

2. 合理运用评价，提高学习效果

当学生在学习中出现动作错误或不规范时，先不必及时纠正或者批评。教师可挑选几个或一列动作优美的学生给予口头夸奖，并在学生当中先树立起榜样，然后对于动作出现某些错误的学生先给予肯定和鼓励，再进一步说出不完美的地方并帮其进行改正，达到共同进步的目的。同时再针对课堂动作掌握很不好的学生安排课下的结对辅导，或是两三个人结组互帮互评。这样在学生中形成一种比、学、赶、帮、超的氛围，可以在相互的练习中比较自然地促进动作标准化，实现共同进步。

（五）恰当使用多媒体教学，提高教学效果

利用多媒体给学生放不同层次的健美操比赛录像和健美操教学视频，既可以激发学生兴趣，又可以提高学生欣赏美和创造美的能力。利用视频的慢放功能，学习分解动作，提高学生动作的准确性。学生小组之间还可以互相拍摄视频，共同研习，分析彼此的动作、节奏、表现，等等。在观察、评价中学生互相学习，取长补短。

此外，教师一定要熟练掌握健美操组合动作，并使整套组合动作流畅、舒展、节奏感强，动作要有强烈的感染力，以便激发学生的学习热情和学习欲望。同时，教师要注重对教学环境的选择：在教学初期一般选择相对封闭的教学环境，到了后期再选择相对开放的教学环境，从而使学生勇于展示自己，提高高中女生的自信。教学中还应发挥学生骨干作用，在学习过程中对于那些掌握动作较快、身体姿态优美的学生，让她们做“小老师”，在课上或者课下去帮助个别学习困难的学生。这样能够弥补教师指导不到的遗憾。

第三篇
名师行动转向

【本篇导言】

强化科研能力一直是北京市中小学体育名师发展工程的重要工作内容和目标。项目组从选题确定、问卷设计、方法运用、实验推进、数据处理、研究分析、成文撰写等方面进行“手把手、一对一”的指导，同时邀请北京师范大学、北京体育大学、首都体育学院等相关知名专家进行高度引领，帮助每位名师切实提升科研素养，实现每位名师由学校体育科研“游击队”向“正规军”的转变。在项目组的精心指导和学习共同体的协作下，每位名师在原有教学实践成果的基础上，经过主题式课例研究的“针对性、多方位”打磨，形成了各自独特的标志性成果，实现了从“实践型教师”向“复合型教师”的转变。在项目组搭建的更为高端的发展平台上，每位名师能够展示其教学风采，扩大专业影响力，增强专业发展信心，实现由领任务、完成任务的“士官”到能够独当一面、承担起带动区域教师发展和学科发展的“军官”角色的转变。本篇汇集了11位北京市中小学体育名师的体育教学方法创新、教学器材开发、教学实效性、民传项目开展、冬奥课程内容、运动认知、体育教师教学行为、新教师教学能力培训等体育教—研—训真问题的研究成果。

本篇的主要内容

★ 体育教学创新研究

★ 体育教师教学行为研究

★ 新教师教学能力培训研究

多元智能理论视域下小学体育教学共习方法的实践研究

北京市海淀区中关村第一小学　秦治军

美国心理发展学家霍华德·加德纳自1983年提出多元智能理论后，由其个人与其他专家学者持续深入研究至今，多元智能理论由原来的七个智能增至九个智能，即语言、数理逻辑、空间、身体—运动、音乐、人际、内省、自然探索、存在智能。本研究深度分析多元智能理论与课程整合观在体育教学实践中的多维应用，整理出九种智能培养的途径与方法，进而构建出一种新的教学方法，即共习方法。然而，目前在学术界还没有对共习方法明确做出的概念诠释及具体的操作方式。因此，本研究经过文献查阅、专家访谈、实践验证等流程，将共习方法定义为:将两种或两种以上的智能发展目标融入学习过程中进行共同培养、共同发展的思想、过程和方法的总称。每一项智能都有特定的培养途径，主要是通过相关的学科知识进行培养，但不仅限于一种途径。共习方法在小学体育课堂教学中的具体运用以体育运动技能为主要学习内容，合理地融入其他学科内容或相关活动进行共同学习，并达到各自的培养目标。由于每个小学生的智能轮廓都存在差异，多元智能教学能使同一个体在不同方面体验成功，并延缓身体疲劳带来的厌倦心理。因此，共习方法能提高小学生对体育的兴趣和体育课堂效率，增强学生体质，从而全面提升学生的科学素养与认知水平。

一、共习方法的理论依据与操作程序

每一种教学方法都有其特定的逻辑步骤和操作程序，它规定了在教学活动中师生先做什么、后做什么，各步骤应当完成的任务。体育教学最重要的目的是传授运动技能、增强身体素质，因此，共习方法要遵循运动技能形成的规律——泛化、分化、固定化和自动化的逻辑步骤。同时，由于共习方法具有发展多元智能、提高体育兴趣的目的，在准备阶段要选择一种或几种智能，如语言智能、音乐智能、人际智能等，根据学生的年龄、心理及认知水平合理地安排在教学中，让学生从多方面体验成功、激发兴趣。因此，共习方法的操作程序设计以运动技能形成的四个阶段为主线，辅以课前的准备阶段，具体操作程序如图1所示。

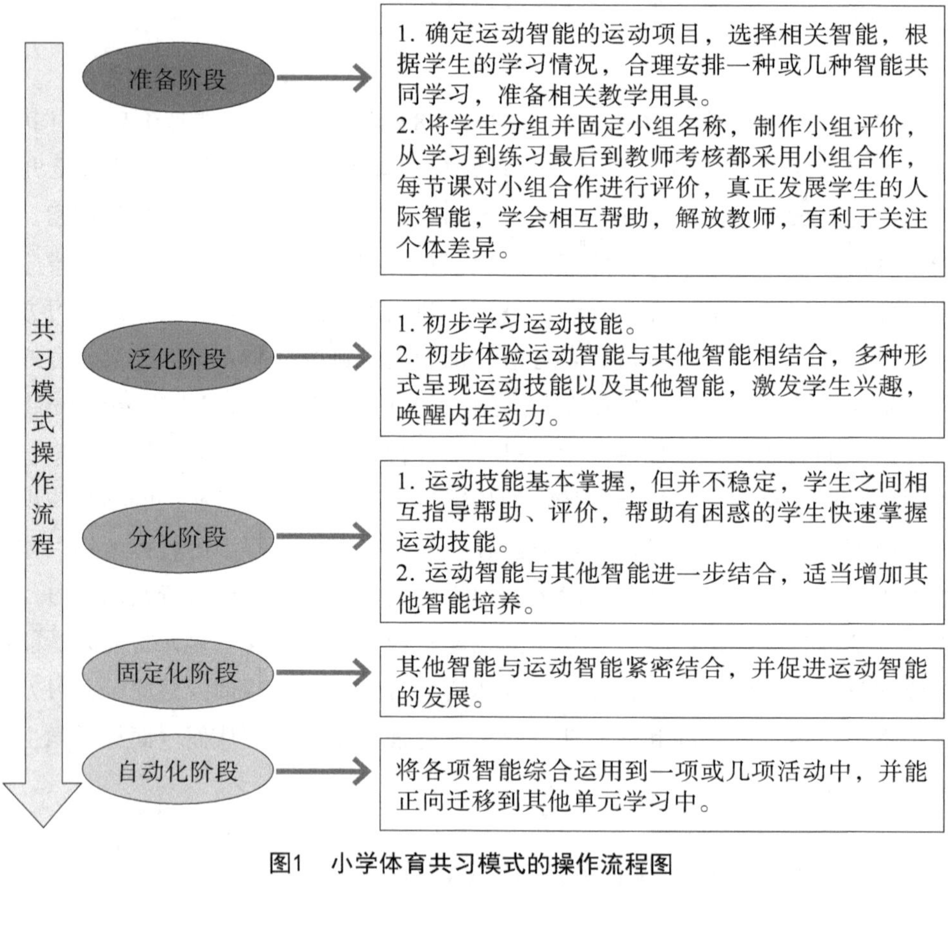

图1　小学体育共习模式的操作流程图

二、共习方法的教学设计与课案分析

上述共习模式操作流程是指我们日常教学中一项运动技能的单元教学操作流程。为了更加清晰地说明如何进行共习模式的教学，本研究以第一步准备阶段和第二步泛化阶段的具体教学设计和课案为例进行具体的共习模式教学演示。

准备阶段：首先，确定运动智能——水平二的篮球直线运球，选择音乐智能和语言智能，根据学生的情况选用音乐节奏与古诗进行共同教学。这是以运动智能、语言智能和音乐智能为主的共习模式，并在游戏环节中设计人际智能与自我认知智能。然后，采用自由组合的方式进行分组，固定小组的名称和小组组长，并制定一份各小组的评价记录表。

泛化阶段：图2为篮球直线运球泛化阶段共习模式教学案例示意图。在准备活动中用古诗代替日常数字口令，将“1、2、3、4、5、6、7、8”的口令转变成“千山鸟飞绝，万径人踪灭”五言绝句或“独怜幽草涧边生，上有黄鹂深树鸣”七言绝句这样的诗句。这种方式不仅新颖有趣，还可以使学生学会古诗，甚至通过反复读、念的过程达到会背诵的程度。通过“鲸吞、反刍、咀嚼、消化”四步（鲸吞——让孩子在课堂上把要记的东西背下来，形成短时记忆；反刍——温故而知新，第二节课再重复记忆，加深印象，形成长时记忆；咀嚼——明词达意，找老师，查资料；消化——进一步理解深层含义，并能落实在行动中，能触景生情脱口而出），让学生在轻松愉快的环境下学会古诗。把古诗词的背诵与运动技能一起共习，日积月累，学生既得到一个健康的体魄又有满腹的经纶。在低年级除了用古诗还可以用《弟子规》《三字经》《百家姓》《千字文》等国学知识与运动技能一起共习。

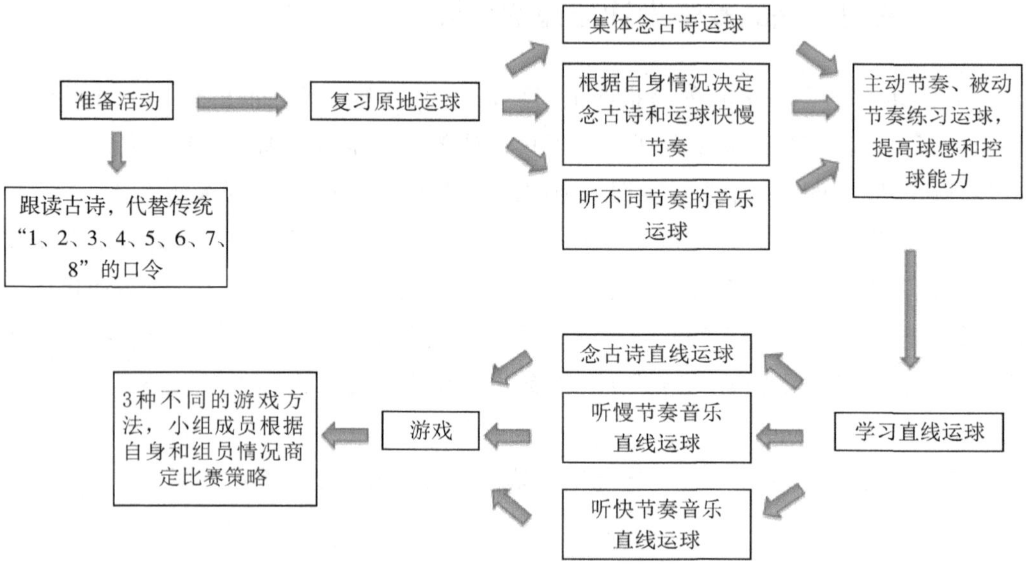

图2　以水平二篮球直线运球为例的共习模式教学案例

复习原地运球的时候采用古诗的节奏配合篮球的运球节奏，不仅增加了趣味性，而且进一步加深学生对古诗的印象。这就等同于我们日常教学中用口令、哨声或击掌运球的方式，这种节奏是在学生自我控制范围之内的主动节奏，能让学生明白什么是节奏。随着练习的进一步深入，引入音乐节奏的变化（主观意识控制之外的一种被动节奏）进一步提高学生运球控球的能力，通过音乐节奏练习篮球运球，不仅能提高学生的控球能力，又能提高学生对音乐节奏的把握。在学生控球能力提高的前提下进行直线运球，更能让教学事半功倍。

在游戏环节中，充分挖掘体育教学的育人功能，让学生在游戏过程中体验自我认知和与同伴交流合作的重要性，必须通过这些环节才能完成游戏，让学生在实际操作中锻炼其自我认知智能和人际交往智能。例如在这节篮球课中设置三种比赛的方式，让学生根据自身情况和其他组员情况，与小组成员商定后确定自己的比赛方式和小组的比赛战略来共同完成游戏。

通过这节篮球直线运球与古诗、音乐的共习，在不同的节奏下学习直线运球，既能增加趣味性，又能延缓运动技能和身体疲劳带来的厌烦情绪，学生在课堂上练习的积极性非常高，学生之间的交流合作非常融洽，80%的学生能在下课时背诵出古诗，达到了非常好的效果，提高了小学体育课堂的实效性。

在这种多智能的共同学习、提高的共习模式教学下，我们将会得到一个既有健全人格，又有健康体魄，还有艺术素养的全面发展的阳光少年。

三、小学体育教学中实施共习模式的建议

教学活动是教师、学生和场地设施三者合一的过程，因此，在小学体育教学中，实施共习模式需注意以下三方面。

1. 体育教师承担设计者和组织者角色

体育教师是教学活动的主导者，在教学活动中需要担任设计者和组织者的角色。多元智能的共习模式是在每个单元安排几项智能，对体育教师来说，既要了解其他相关学科的教学内容，更要清楚学生的生理、心理及认知能力的情况。选择适当的智能，并且合理地安排在教学环节中，才能实现多种智能共同成长的目的，否则可能会出现捉襟见肘的情况。因此，不仅需要体育教师全面提升综合素质，更为体育教师发展打造一个新的平台。

2. 学生合作学习是课堂的主人

学生是教学的主体，更是课堂的主人。在共习模式中始终强调这一观念，打破以往的教与学的教学模式，让学生始终合作学习。因此，在学习过程中要培养学生的合作意识，学会正确处理同学之间的关系，共同完成课堂任务。

3. 场地设施要精心筹备

场地设施是教学活动实施的场所。由于多元智能的结合，体育教师在场地设施方面需要精心筹备，不仅要有体育技能所需的场地设施，还要准备相关智能所需的器材设施。

东城区中学体育教师教学行为有效性研究

北京市东城区教师研修中心　海汶

一、研究目标与内容

体育教学行为是指体育教师在教学中为达到一定目的所采用的行动，它直接影响到体育课的教学效果，是实现体育教学目标的重要环节。而围绕体育课所发生的与教学活动直接相关的教学行为可以大致分成体育教师的教授行为、课堂组织管理行为和体育课堂教学评价三个方面。其中，教授行为包括教学目标的确定，教学内容的选择，教学过程实施中的讲解、示范、肢体语言、提问、练习，教学方法的运用及教学互动等。组织管理行为包括课堂常规、合理安排和运用场地器材、教学秩序的管理等。课堂教学评价包括学生参与锻炼的情绪、态度、氛围，教学的学法指导，教师的自我评价与反思等。

（一）研究目标

本文以东城区中学生、中学体育教师及近年来中学优质体育教学课堂实录课为研究对象，希望能从多个角度分析、了解目前东城区中学体育教师的教学行为状况及影响因素，为进一步优化教师的教学行为，更好地提高体育教师教学的有效性提供参考。

（二）研究内容

研究内容主要分为三个方面：学生对于体育教师教学行为的认知与评价；教师对于

自身教学行为的认知与评价；课堂实录中反映出来的教师教学行为观察及诊断研究。

二、研究对象与研究方法

（一）研究对象

以东城区4483名中学生、153名体育教师及近年来中学中69节优质体育教学课堂实录课为研究对象。

（二）研究方法

1. 文献资料法

通过查阅国内、国外文献，了解国内、国外关于教师、体育教师教学行为及有效性的研究现状，明确现有研究基础与研究内容，为本研究提供思路与框架。

2. 观察法

走近东城区不同专业发展阶段的中学体育教师，深入他们日常的体育课堂，教学展示、观摩和研究课，观察其教学行为中存在的问题。

3. 案例法

通过对东城区中学体育教师的课堂教学案例描述、呈现和剖析，分析中学体育教师教学行为方面的误区与问题，揭示中学体育教师的教学行为和教师素质。

4. 检测法

（1）运用试卷检测的方法，了解东城区中学体育教师对课程标准理念、性质，以及学科基本理论、知识、概念的掌握程度。

（2）通过对东城区教师专业技能考核成绩的分析，分析教师专业技能对教师教学行为有效性的影响因素。

5. 问卷调查法

本次针对教师发放问卷157份，回收157份，回收率为100%；回收问卷中有效问卷153份，问卷有效率为97.45%。针对学生发放问卷4618份，收回4618份，回收率为100%；其中有效问卷4481份，无效问卷137份，有效率为97.03%。

6. 数理统计法

本次问卷的数理统计中采用了两种方法：一种是常规数理统计法；另一种是主成因分析统计法。统计采用Spss 19.0和Excel软件。

7. 专家点评法

由我区市级骨干教师2人，区级骨干教师5人组成评课小组，对东城区体育教学优质课堂实录69节，进行点评，采用独立看课、独立点评形式，再将各自评价量表收集汇总分析。

三、结果与分析

（一）关于教师对课堂教学内容的选择

1. 教师如何选择教学内容

在调查中有91.5%和81.7%的教师分别选择了根据课程标准和现有的教学条件来选择教学内容，所占比例较大；67.3%和61.4%的教师分别认为学生的学习兴趣和需要、学生的学习基础对于教学内容的选择很重要；49.7%和47.7%的教师分别认为运动项目的内容体系、教研组的安排影响着教学内容的选择。

教师主要是根据课程标准和现有的教学条件来选择教学内容，除此以外还会中和考虑学生的学习兴趣爱好、学生的学习基础、运动项目的内容体系及教研组的安排等其他因素。

2. 教师按计划有步骤地完成教学内容情况

教师问卷调查结果显示“几乎每节课都是精心设计安排的”占62.2%，“按照课程标准上的教学内容设计安排的”占30.8%，“偶尔课上有教学内容的安排”的占5.1%，“几乎每节课都没有具体的教学内容”的占1.9%。

学生问卷调查结果表明，93%的学生非常或者基本满意其体育教师的课堂教学设计，认可其体育教师的课堂教学内容，反映出主流的东城区体育教师课堂教学内容安排是符合课程标准要求的，教学设计获得学生的赞赏和认可，但还有个别教师的课堂教学内容安排还需进一步规范。

（二）学生对体育教师课堂教学中行为的主成分分析

本次对学生的问卷中有19个题目作为主成分分析的指标，分析结果表明，东城区中学生对体育教师教学行为判断的重要因子有4个：①友好鼓励的教学方式，②引导学生自主练习，③尊重学生，④教学内容适合学生需求。学生期望体育教师能在课堂教学中，选择学生需要的教学内容，用友好鼓励的方式引导学生自主练习，给予学生更多的尊重和关注，收获更好的教学效果。

（三）教师能力分析

1. 学生心目中优秀体育教师所应具备的能力

在学生心目中，优秀的体育教师应具备的能力排在前五位的，按重要程度分别是尊重学生，关爱学生；有健康的身体，良好的外形；有丰富的教学经验；专业运动技能水平高；着装整洁得体，仪表端庄。经常在教师中被认为比较重要的动作示范正确优美、教学认真和要求严格等因素反倒排在后几位。

目前体育教师群体整体素质比较高，学生已经比较认可教学示范等方面，但是在尊重学生、积累教学经验上还有进一步提升的空间。另外，是由于网络的发展，学生可以自己从网络上找到高水平运动员的动作视频来满足自己的学习需求，所以对教师示范动作要求越来越低。但是，越来越强烈的自我意识的觉醒，使学生希望有更宽松的课堂氛围，希望在课上能获得教师更多的关注与尊重。

2. 教师对自身专业能力主要成分的方差分析

本次问卷中有9个题目作为教师对自身专业能力主成分分析的指标，重要因素有3个：第一个因子命名为“教师课堂组织管理能力”，第二个因子命名为“教师个人专项业务能力”，第三个因子命名为“运用电教技术能力”。这些因子体现出教师整体在课堂组织管理能力上表现非常好，在教师个人专项业务能力上表现比较好，而运用电教技术能力上还有继续提升的空间。

（四）师生关系及教师的教学态度

1. 师生关系的问卷统计

在“体育课上，你感觉老师是（ ）。A友善的朋友；B严厉的老师；C权威的领导；D说不清楚”这一问题的回答情况，我们对学生问卷进行了统计。

从四个选项情况看，学生选择“友善的朋友”位居首位；“严厉的教师”位居第二位，其中初中生选择“严厉的老师”合计有12.4%，而高中仅有6%，可见在初中生眼中体育教师显得更严厉一些。东城区体育教师能根据学生的不同的性别和学段、不同的特点，运用不同的语气，构建有助于学生学习的师生关系，且师生关系和谐。

2. 教师对师生关系的断定

教师对自己在学生心目中的定位中有45.1%的教师选择了是合格的体育教师，30.1%选择了优秀的教师，21.5%选择了严厉的教师，还有3.3%的教师不清楚。

该数据表明我区体育课堂上师生关系融洽，教师在主观上对自己有较高要求和评价，多数教师能够在尊重学生意愿和选择的基础上完成教学任务。

（五）目前体育课堂形式情况

1. 学生喜欢的体育课堂形式

学生主体作用的发挥能有效地提高课堂的学练效益。我们对学生“更喜欢哪种课堂形式”做了统计。学生选择课堂形式是“由老师组织安排并参与的游戏、竞赛”的为37.8%，“在老师的指导和帮助下，学生自主练习”的为35.4%，说明这两种课堂形式更容易得到学生的接受和欢迎。另有17.9%的学生喜欢“自由自在”的课堂形式，选择“老师控制课堂的一切”的学生仅有8.9%，说明有91.1%的学生不喜欢“老师控制课堂的一切”。

2. 教师评价一节课体育教学效果选择方面情况

教师评价一节课的体育教学效果选择方面的前三位分别是：学生参与课堂

教学的程度（84.3%），学生掌握动作技术的情况（79.1%），学生的学习态度（71.9%）。学生独立的创造精神所受关注度最少，仅为28.1%，反映出教师在课程中培养学生的创新精神方面还有待提高。

（六）课堂实录中对教师在课程基本部分教学行为观察反馈情况

基本部分评价涵盖了常见的体育教师教学行为，其中总平均分比较突出的有5个行为，总平均分较低的有4个行为。

教学指导使学生能有效掌握技术动作，学习效果好，排第一位；教学内容选择合理，符合新课程理念和教师对学生的评价积极、有效，并能激发学生的学习兴趣，排第五位；教师讲解清楚、准确、简练，排第七位；教学组织合理、严谨、安全、有效率，排第九位。

分析：体育课堂教学中“教”是永恒的主题，教学的目的必须使学生学到一定的知识，掌握一定的技术，我们不能一味追求学生的快乐，而忽视了教学的本质。从这5个教学行为的排位，不难看出现在的体育教师更关注“教”这一环节，“教”包括“教什么”“怎么教”，说明实施课程改革以来，体育教师注重了技术动作的传授过程，主要表现在教师让学生在身体练习的过程中掌握知识、技术、技能方面的学习，尤其是教师在指导学生有效掌握技术动作这一环节做得最好，使教与学紧密联系。教学的组织上体现了充分利用场地、器材一物多用等；讲解上更注重简明扼要，准确使用专业用语；评价方法上更突出对学生的鼓励和表扬，抓住课堂中学生的每个亮点激发学生的表现欲望和练习兴趣。

教师能有效处理教学中的突发事件，排第二十三位；教师教学方法多样，教学手段新颖，教法运用符合教材特点和学生学习特点，排第二十五位；教师提问设疑符合课程和教学内容要求及学生的认知特点，排第二十六位；教师教学信息量大，并能合理、有效运用教学媒体，排最后。

分析：这四个环节排位倒数，说明现在体育教师在“教懂和教好”环节还有欠缺，教材内容选择新颖，但教学手段单调，教学方法陈旧，对难点和重点的把握缺乏有针对性的引导，提问形式化，对学生出现的错误动作预估不到位，不会应变，等等。

（七）教师认为影响体育教学行为的因素分析

教师认为影响体育教学行为的因素排前三位的是“教师的自身素质”“体育教师对待教学的事业心和态度”“学校领导对体育教师和体育教学的态度”。

教师的素质决定体育的教学成果，教师对待教学的事业心和态度影响着教师教学行为的质量，学校领导对教师和体育教学的积极态度将成为提升体育教学行为质量的有效动力。采取有效的方法和手段促进教师不断提高自身素质，在学校中进一步提高教师和体育教学的地位，将会对体育教学行为产生更多积极的影响，有助于提升教学有效性。

四、结论与建议

（1）东城区的体育教师基本都能做到爱岗敬业，课堂教学内容安排符合课程标准要求，教学设计获得学生的赞赏和认可，多数教师都在课前告诉学生学习目标，在学生看来只有极少的教师课堂教学内容安排还需进一步规范。

建议：体育教师要注意课堂教学内容的规范安排，力争杜绝个别现象。

（2）东城区中学生对体育教师在课堂教学中的教学行为判断的重要因子有4个：友好鼓励的教学方式、引导学生自主练习、尊重学生、教学内容适合学生需求。

建议：东城区体育教师在课堂教学中，选择适合学生需要的教学内容，用友好鼓励的方式进行教学，同时在课堂上关心他们，尊重他们，从而收获更好的教学效果。

（3）学生认为优秀的体育教师最应具备的5种能力（按重要顺序）分别是尊重学生，关爱学生；有健康的身体，良好的外形；有丰富的教学经验；专业运动技能水平高；着装整洁得体，仪表端庄。我区绝大多数体育教师都能得到学生的认同，有1/3的学生认为他们的教师非常专业、非常优秀，是令他们喜欢和崇拜的。

建议：教师注意提高这5种能力，努力成为一名优秀的体育教师。体育教师对个人教学能力判断的重要因子有3个：“非常好的课堂组织管理能力”“比较好的体育教师专项业务能力”和“一定的运用电教技术的能力”。相对整体而言，中学体育教师整体在课堂组织管理能力上要优于教师个人专项业务能力表现，在运用电教技术能力上还有继续上升的空间。

（4）东城区体育教师能根据学生的不同性别和学段、不同的特点，运用不同的语气，构建有助于学生学习的师生关系，且师生关系和谐。教师在主观上对自己有较高要求和评价，多数教师能够在尊重学生的意愿和选择的基础上完成教学任务。

（5）“由老师组织安排并参与的游戏、竞赛”和“在老师的指导和帮助下，学生自主练习”这两种课堂形式更容易得到学生的接受和欢迎，绝大多数学生不喜欢“老师控制课堂的一切”。教师评价体育教学效果通常比较重视学生参与课堂教学的程度、学生掌握动作技术的情况、学生的学习态度；饱满的学习情绪、愉快的活动氛围，结合教学实际内容所达成的教育效果也获得多数教师的关注，学生独立的创造精神所受关注度最小。

建议：东城体育教师可根据性别和学段的不同，多采取“组织安排教学游戏”和“指导和帮助学生开展自主练习”这些易于被学生接受的课堂形式来开展教学，教师在体育课堂中还应加强关注学生创新精神，提升学生创新能力。

（6）教师还应进一步提高语言调动能力，加强对教材的分析，运用合理的教学方法解决教学的重点与难点，然后对症下药。恰当地运用多媒体教学， 提高应变能力及对突发事件的预判能力。

建议：进一步加强继续教育力度，不断提高教师专业能力。

（7）目前教师认为影响体育教学行为的因素排前三位的是“教师的自身素质”“体育教师对待教学的事业心和态度”“学校领导对体育教师和体育教学的态度”。

建议：提升体育教师在学校中的地位，增强体育教师的自身荣誉感，努力打造一个具有高度敬业精神的东城区体育教师团队。

促进认知功能的小学体育活动的效果研究

北京市教育科学研究院　樊伟

一、选　题

认知功能的改善是21世纪的前沿科学和应用焦点，关系到儿童的学习成绩、成人的工作业绩、老人的身心健康，乃至人工智能的不断革新。认知功能包括注意、记忆、自控、判断、计划、决策、语言表达等思维过程，是人们高效学习、工作和幸福生活的能力基础。30年来的认知神经学研究表明，大脑具有“可塑性”，大脑会受到后天环境的影响而发生结构和功能的改变。在不同的环境影响因素中，20年来的运动生理学研究发现，运动能够通过很多生理机制去促进认知功能的提高，而且不同的运动内容和运动方法对认知功能有着不同影响。这些科研成果不禁引人深思：能否有意识地设计一些体育活动，去促进儿童认知功能的提高？

60年来的认知心理学研究发现，认知功能在儿童期发展得最快，特别是持续注意（即保持注意持续一段时间）、注意分配（即同时关注几个目标对象）、工作记忆(即对需要做什么事等指令的短时记忆)、信息处理（即快速接收、处理信息并作出反应）、反应抑制（即抑制优势反应和冲动）、认知灵活（即快速适应规则变化）等较为基础的认知功能。鉴于此，本文以促进这些较为基础的认知功能的体育活动为研究对象，探讨其对小学生认知功能的影响。

对促进认知功能的体育活动的探讨，能够补充和完善体育教育的教育目标、方法和评价标准。这意味着，儿童将享受到更丰富的体育教育内容，而体育教师需要具备在技能传授、情感品格发展之外的更复合的知识结构和教学能力。这对于全球的体育教育都是新鲜的挑战。与此同时，这一探讨也将改变“头脑简单、四肢发达”的固有观念，让人们看到体育场能够提供的促进身体功能之外的丰富的教育机会，从而提高体育学科在学校教育中的地位。

二、前人研究回顾

20世纪80年代以来的研究发现，认知功能的意义重大，认知功能水平比智商测验更能够预测儿童的学习成绩。对认知功能损伤和干预训练的大量研究发现，认知功能可以通过后天干预得到改善。认知神经学的研究揭示了认知功能改善的生理机制，即“神经可塑性”。比如，一项对我国体操运动员的大脑成像研究显示，经过多年专业训练的体操运动员的神经网络连接出现了30种增长和18种减少，这说明后天的运动训练改变了他们的大脑结构。

运动生理学和教育学的研究发现，运动能够促进认知功能的提高。比如，除了美国的“零点体育”（zero-hour PE）实验外，2014—2015年在北京市海淀区艺术师范附属小学（现农科院附属小学分校）开展的3C脑体双优教学实验，通过让一、二年级学生进行30 分钟运动+30 分钟数学（或电脑认知训练）+30 分钟运动（或60 分钟运动）+30 分钟数学（或电脑认知训练）等动静转换训练，学生做数学题（或电脑认知训练）的速度和准确度都有了明显的提高。神经学研究发现，运动促进认知的生理机制之一在于，运动能够提高神经生长因子数量，运动后人体分泌的多巴胺等神经递质有助于集中注意力等。

研究还发现，不同运动内容对认知功能有着不同的影响。比如，接受6个月的太极拳训练比接受西式的拉伸和有氧运动的人在执行功能认知测试中表现更好，同时平衡感更强。再比如，英国有实验研究让135名7岁的儿童参加了15个月的球类训练，分为手球、足球、曲棍球、综合项目几个组，结果显示各组的战术创造力都有普遍的提升，其中足球组的创造力表现最优秀。

国际上已经有少数教育者开始尝试将认知功能训练融入体育活动当中。比如，美国的教育者将“木头人”“捉人”等传统的集体游戏加入了更多的认知刺激，以训练儿童的持续注意、工作记忆、认知灵活等认知功能。

综上所述，促进认知功能的体育活动是一个国际前沿的跨学科话题，存在着大量空白。国际上尚没有促进认知功能的儿童体育活动的系统设计，也没有大样本数据对其效果进行检验。本文在前人研究的基础上，试图将认知功能的训练目标融入小学体育活动，探讨这种有意识设计的体育活动对认知功能的影响。

三、研究方法

本文采用了文献阅读法、实验法和统计法的方法进行研究。

（一）文献阅读法

本文在阅读了大量国际研究和教育实践案例的基础上，梳理了前人的研究成果和研究方向，为本文的实验研究奠定了理论和实践基础。

（二）实验法

（1）实验假设。结合了认知功能训练的体育活动（以下简称“认知体育活动”），相比于没有结合认知功能训练的体育活动（以下简称“常规体育活动”），更能够提高小学生的认知功能水平。

（2）实验对象。北京市东城、海淀、密云、房山、昌平等区共16所小学的三年级学生，共38个班级、约1200名学生。

（3）实验时间。从2016年11月底至2017年4月底，共上课10周，每周3次课，共30次课。

（4）实验安排。每个学校在三年级安排1个实验班、1个对照班，由同一位体育教师上课，其中实验班开展认知体育活动，对照班开展常规体育活动。

（5）实验内容。由本文课题组提供指导、各实验校体育教师参与研发、共同开发的一套认知体育活动内容。包括多种数字报数、反应性练习、反口令练习、镜子游戏、旗语信号、抗干扰练习、“大风吹”集体游戏，等等。这些认知体育活动的设计考虑了不同认知功能、运动项目和技能教学阶段的特点，针对集体教学环境做了调整，并考虑了整节课身体负荷、注意力和认知负荷的强度和密度安排。

（6）实验结果测量。在实验前后，使用根据美国国立卫生院（National Institute of Health）标准开发的认知功能测评软件来测量实验对象的认知功能水平，软件包括DCCS、Flanker、Go/No-Go、WMT等4个测试工具，测试内容简介见表1。认知功能前测在2016年11月25日至12月2日完成，后测在2017年4月20日至28日完成，前后两次测试的内容一致。

表1　认知功能测试内容简介

测试项目	测试能力	测试描述	测试结果
DCCS测试	认知灵活、持续注意、工作记忆、信息处理	请选出与题目相同颜色或形状的图片。题目维度“颜色”“形状”改变后，看被测者能否灵活转换，选出与给定图片的题目维度属性相一致的选项	正确率、反应时
Flanker测试	抗干扰、持续注意、工作记忆、信息处理	中间的小鱼指向什么方向？本测试考察被测者能否只关注中间小鱼的方向，而不受旁边小鱼方向改变的影响	正确率、反应时
Go/No-Go测试	反应抑制、持续注意、工作记忆	题目会出现“点P不点R”“点家具不点食品”等变化。被测者要点击规定的物品，而对没有规定的物品则要抑制反应	正确率、反应时
WMT测试	工作记忆、持续注意	题目依次出现*N*张图片，要求按顺序选出出现过的图片	记忆得分（每选对一张图片得1分）、排序得分

（三）统计法

本文对收集到的认知功能测评数据进行效度处理和对比分析，比较认知体育活动和常规体育活动学生的认知功能的差异。

四、结果分析与讨论

（一）对照实验的数据处理结果

对照实验数据见表2。

表2　认知体育教育实验-认知功能测试：班级均值结果

学校	1		2		3		4		5		6	
班级	1班	2班	1班	2班	1班	2班	1班	2班	1班	2班	1班	2班
D1	83	88	83	82	89	92	93	91	80	89	91	89
D2	92	90	89	82	88	90	91	89	87	91	94	91
F1	98	95	98	95	99	94	96	98	93	99	95	99
F2	98	96	99	97	100	98	99	96	97	99	99	100
G1	89	93	84	98	81	86	96	82	82	86	88	89
G2	95	95	92	93	90	92	97	89	91	93	96	93
W1	45	48	55	53	49	51	51	55	49	54	44	51
W2	47	48	54	56	48	49	68	66	42	49	58	56

学校	7		9		10		11		14		15	
班级	1班	2班	1班	2班	1班	2班	1班	2班	1班	2班	1班	2班
D1	91	87	81	80	83	86	87	89	72	80	86	82
D2	93	93	89	88	91	90	93	N/A	84	78	90	89
F1	96	100	92	96	95	96	100	98	87	78	98	92
F2	96	97	99	98	99	98	99	99	91	85	97	95
G1	94	94	85	86	88	91	84	90	89	93	79	77
G2	95	95	93	91	97	95	94	96	93	95	93	93
W1	58	51	48	49	53	54	56	46	50	54	49	52
W2	61	55	53	52	54	53	55	51	48	44	50	53

1.上表中各项的定义

（1）测试学校。由于本文只开展各校内部的实验班和对照班比较，而不进行各校之间的横向比较，因此用数字1~16来替代学校名称。

（2）测试班级。1班指实验班，2班指对照班。

（3）测试项目。D指DCCS测试，F指Flanker测试，G指Go/No-Go测试，W指WMT测试；1指前测，2指后测。因此D1指DCCS前测，D2指DCCS后测，其他依此类推。

（4）数据结果。表中的数据是各班的正确得分均值。其中，D、F、G测试的正确得分指正确率×100；W测试的正确得分指累积的记忆得分。

2. 无效数据的剔除

（1）学校整体数据的剔除。本文的数据统计分析剔除了学校8、12、13、16的数据。原因在于，学校8和学校12少了一个班的数据，无法构成各自的对比实验。学校16的实验班只有5人参加了测试，数据不足以全面地反映班级情况，无法构成公正的对比实验。学校13的实验班在前测时由于电脑设备和网络出现故障，在1周内连续做了2次测试，班级约1/3数量学生的数据出现了较大变动，影响了数据可靠性，难以构成可靠的对比实验。另外，学校11的D2数据存疑，由于2班30人中只有12人参加了该项后测，难以全面地反映全班情况。

（2）班级个体数据的剔除。部分学生的部分测试项目缺项；此外还存在个别学生的反应时小于0.1秒的情况，即是这些学生在随机乱点屏幕。因此在进行班级均值计算时，剔除了这部分数据。

（二）对照实验的数据分析

1. DCCS数据

可以看出，12所学校中，学校1、2、5、6、9、10、14等7所学校显示出了实验班比对照班有着更大的前后提高幅度，其中有5所学校显示出了实验班的提高幅度比对照班的提高幅度超出5%。其余4所学校，学校3和4显示出了基本一致的提高/下降幅度；学校7和15，实验班的提高幅度不如对照班，但实验班受到了前测数据起点更高，因此提高空间更小的限制。

这些说明：经过训练后，绝大多数学校的实验班比对照班在认知灵活、持续注意、工作记忆和信息处理能力等认知功能上拥有更大幅度的提高，个别学校数据的反驳价值有限。

2. Flanker数据

可以看出，12所学校中，学校4、5、6、7、9、10等6所学校的实验班比对照班的前后测提高幅度要大；学校1、2、3、11、14、15等6所学校相反，但同样这些学校的实验班受到了前测数据起点更高，因此提高空间更小的限制。

这些说明：有一半学校的实验班比对照班在抗干扰能力、持续注意和工作记忆等认知功能上拥有更大幅度的提高；另一半学校没有显示出这种优势，不过其反驳价值有限。

3. Go/No-Go数据

可以看出，12所学校中，学校1、2、3、5、6、7、9、10、11、14等10所学校都出现了实验班比对照班的提升幅度更大；其中特别是学校6、9、10，实验班的提升幅度比对照班的提升幅度约高出了5%；其余2所学校4和15，同样这些学校的实验班受到了前测数据起点更高，因此提高空间更小的限制。

这些说明：经过训练，绝大多数学校的实验班比对照班在自控力、持续注意和工作记忆等认知功能上拥有更大幅度的提高，个别学校数据的反驳价值有限。

4. WMT数据

可以看出，12所学校中，学校1、4、6、9、10、14、15等7所学校的实验班比对照班的提高幅度更大；学校2、3、5、7、11相反。值得注意的是，参加WMT测试的全部24个班里，有9个班的WMT后测数据低于前测数据，这包括5个实验班和4个对照班。其部分原因可能是，WMT测试在实施过程中要花费更多时间，一些学生没有足够的持续注意来完成这个测试，导致后测时数据出现倒退的情况。

这些说明：超过一半学校的实验班比对照班在记忆力和持续注意等认知功能上拥有更大幅度的提高，其余学校没有显示出这种优势。

五、结　论

在北京市12所小学三年级的对照实验中，DCCS、Flanker、Go/No-Go、WMT等4个认知功能测试项目的前后测结果表明，经过10周，每周3次，每次40 分钟的体育活动后，大部分学校的实验班比对照班在认知灵活、抗干扰、反应抑制（自控力）、持续注意、信息处理、记忆力等认知功能方面取得了更显著的提高。实验班的这种认知功能提高优势在认知灵活和反应抑制（自控力）方面体现得更为明显，部分学校的提高幅度达到了5%；实验班的这种认知功能提高优势在记忆力方面体现得稍弱。

六、问题与讨论

实验过程中也遇到了不少问题，有待进一步探索和改进，包括：①认知训练如何更紧密地服务于技能教学；②认知训练的强度如何把握，本次实验中摸索出的理想强度是持续15分钟，1~10次/分钟不等的视听认知信号；③认知训练中如何平衡好学生的更高兴奋度和课堂安全问题；④认知训练中如何减少“搭便车”现象，同时照顾到反应慢的个体；⑤认知训练的场地教具设计如何避免多个班级同时上课的干扰；等等。

主要参考文献

[1] COWAN N，ALLOWAY T P. Development of Memory in Childhood[M].Hove：Psychology Press，2007.

[2] DOIDGE N. The Brain That Changes Itself [M]. New York： Viking，2007.

[3] 迈克尔·加扎尼加，等. 认知神经科学：关于心智的生物学[M]. 周晓林，等译. 北京：中国轻工业出版社，2010.

[4] NISBETT R. Intelligence and How to Get It： Why Schools and Cultures Count [M]. New York：W. W. Norton & Company，2009.

[5] ROWLAND T W. Developmental Exercise Physiology[M].Champaign：Human Kinetics，1996.

[6] 托马斯·罗兰. 运动员的时钟——生物学和时钟因素如何影响运动表现[M]. 吴剑，译. 北京：北京体育大学出版社，2015.

[7] 周志宏，刘锡梅. 运动人体科学基础[M].北京：北京体育大学出版社，2014.

创新开发小学体育教学器材，整合优化课程资源的研究

北京市通州区漷县镇中心小学　魏敬

一、研究目的

当前，学校体育器材配备与国家体育器材配备标准相比，有一定差距，完全达到教育部的器材配备目录，满足体育教学条件的学校很少，且成人化、竞技性器材较多。在现有学校体育教学中，人为因素和经费不足，导致体育器材不足，再加上场地有限，器材损耗也较快，而竞技体育器材利用率也存有自身的局限性，从而使教学组织形式单一、乏味，学生对体育课的学习兴趣被削弱，学习效率低下，课堂教学失去了生命的活力。因此在教学过程中通过开发创新体育器材，可以丰富体育教学内容，教学的形式和方法得到很好的改善和提高，使得学生能真正感受到体育课带来的乐趣。在这种体育教学必备因素缺乏的情况下，尤其是欠发达地区和农村中小学，体育教师要关注体育教学的自制化，以学生的需要和自制实际为出发点，因地制宜地对小器材、废弃器材、生活物品进行开发和利用，自制成简易可行的活动器材，为课堂教学服务，补充和减缓学校体育器材不足的状况，满足学生的体育活动需求。其对欠发达地区和农村中小学来说，更具有重要的课程价值和意义。

二、研究任务

（1）了解目前中小学体育器材资源开发的现状。
（2）分析中小学体育器材资源开发中存在的问题。
（3）总结中小学体育器材资源开发的案例。
（4）提出中小学校体育器材资源的开发利用的建议。

三、研究对象与方法

（1）研究对象。通州区农村及城区中小学10所学校。
（2）研究方法。访谈法、文献法、问卷调查法、统计法、实验研究法。

四、结果与分析

（一）开发体育器材资源的方法

1. 依托校外的自然资源环境

自然地理资源的开发利用具有特殊的课程价值和意义，例如山区学校以山作为依托来开发体育器材资源，对学生进行爬山练习、定向越野练习等；海边城市的学校以海为依托来开发体育器材资源，对学生进行游泳练习；四季变化明显的城市，学校依托阳光、气候、季节来开发体育课程的物力资源，对学生进行户外的野外生存能力锻炼；等等。

2. 积极开发利用学校周边社区和单位的体育场地和器材

积极开发利用学校周边社区和单位的体育场地和器械，与校外体育活动结合起来已是时势所趋。特别是有的城镇学校周边有很好的社区健身场地，学校周边一些好的单位体育场地和器材设施也很完善，因此，体育教师对学生参与校外体育活动应加以引导和鼓励，这样可以增加学生对体育课的兴趣，能够更好地发展学生的个性，弥补学生正常上课期间体育活动时间和运动量的不足（包括师资、场地和器材、运动伙伴等的不足）。

3. 旧物的再利用

废弃物品再利用是一个非常值得关注的问题。体育教师也可以让学生们利用生活中的废旧物品制作成简单的体育器材。比如在教学生们踢毽子时，教师可以组织大家利用白色垃圾——塑料袋制作成毽子进行练习。废弃的可乐瓶、雪碧瓶等也能做成简易的保龄球，让学生们既玩得高兴，又让那些废弃塑料瓶得到了再次利用。比如，在投掷课上，可以把过期的报纸杂志制作成纸球。

4. 充分发挥体育器材的多种功能，一物多用

体育器材一般都具有很多种功能，在教学中体育教师要根据不同器材的特点、类型、用途来进行开发。例如，栏架可以用来跨栏，也可以用作投射门，还可以用作钻越的障碍，等等；利用跳绳可以做绳操、斗智拉绳；标枪可以进行投掷，也可在两根标枪之间拉上橡皮筋做简易跳高架，等等。空矿泉水瓶装入少许水或沙子，呈适当距离摆放作跑格，进行加大步幅的练习，也可作为体育器材接力棒使用，还可作往返接力的标志。

（二）开发与创新小学体育教学器材资源的策略

1. 小器械大作为

利用辅助器械帮助调动学生学习兴趣——纸片引导学生学习肩肘倒立。肩肘倒立动作是技巧中的一项内容，是在以前各种滚动、滚翻的基础上进行的以静立性为主的练习。其对稳定性要求较高并需要较强的腰腹肌力量控制身体平衡。教学中使学生掌握动作方法，发展腰腹肌力量和身体协调、平衡能力，培养学生间互相协作、沟通交流的意识和能力。在日常教学中，首先明确肩肘倒立的动作方法：体后倒、腿上举、臂压垫、肘内收、手撑腰、把髋展、绷脚背、呈三角、支撑稳。三角支撑指两臂屈肘撑腰和肩颈呈三角支撑。手撑腰的上部，拇指向腰侧，其余四指托背。依据肩肘倒立的动作结构特点，在教学中可结合身体重心的变化进行教学活动，分为移重心、立重心、稳重心三个环节进行教学。

2. 巧制作多用途——利用自制器械拓展练习方法唤醒学习动机

自制体育器材，顾名思义，就是教师和学生利用简便易行的方法，就地取材，自己动手制作体育器材。自制体育器材都是根据教学需要研制的，为了解决实际问题而制作，它有很强的针对性和很重要的使用价值。所谓教学重点和难点，是由于教材自身特点和学生身心素质方面存在的差异而形成的。学生在体育学习过程中对技能和动作的掌握有快有慢、有好有差。因此，教师应采取科学、合理的方法，通过有效的教学手段，并借助一定的自制体育器材，来解决实际教学中的重点和难点，以达到更好的教学效果。

3. 功能多兴趣浓——利用常规器械功能拓展保持学习动力持久

体育器材作为体育教育的物质保障，在一定程度上能提高学生的运动兴趣。适宜学生身体和生理发育特点的体育器材更能激发学生参与体育锻炼的积极性、自觉性和主动性，养成良好的体育锻炼习惯。但常规的体育器材和它的常规用法学生都非常熟悉，有时会影响学生练习的积极性，甚至对上体育课的兴趣大打折扣。为了提高学生对体育课的兴趣和练习积极性，有效锻炼身体，体育教师必须想方设法开发一些适合学生练习的新器材，并设计一些适合学生身心发展的练习方法来激发学生的练习兴趣。

五、结论与建议

（一）结　论

结合教学目标、教学任务、教学内容及教学对象整合开发创新器材资源。

1. 优化性

首先，选择体育器材时，应考虑在相同功能的前提下就简弃繁。其次，择少弃多，运用最少的体育器材资源达到体育教学目标，即以最少的资源取得最佳的效果。在优化体育器材资源的时候还要讲究高效性。在优选一个个体育器材时，再通过优化组合，使之形成一个与教学目标、任务和内容完全符合的，功能健全、完善、科学、高效的，并且以最少的体育器材资源组成的一个体系，从而达到最优化的组合。

2. 功能性

各种体育器材都有其独特的特点、独特的教学功能和特定的作用，因而不同的器材会表现出各不相同的功能，同时也会呈现功能方面的差异性。为此，体育教学中需要通过各种器材互补而协调一致，才能充分发挥器材的整体功能，达成教学的目标。这就需要体育教师遵循体育器材的功能互补规律。

3. 整体性

一般需要根据体育教学目标、教学任务、教学内容及教学对象等综合运用多种器材资源。无论是复杂的技术动作还是简单的技术动作，都应从技术动作的结构认真分析考虑。

体育器材构成与创新设计如图1所示。

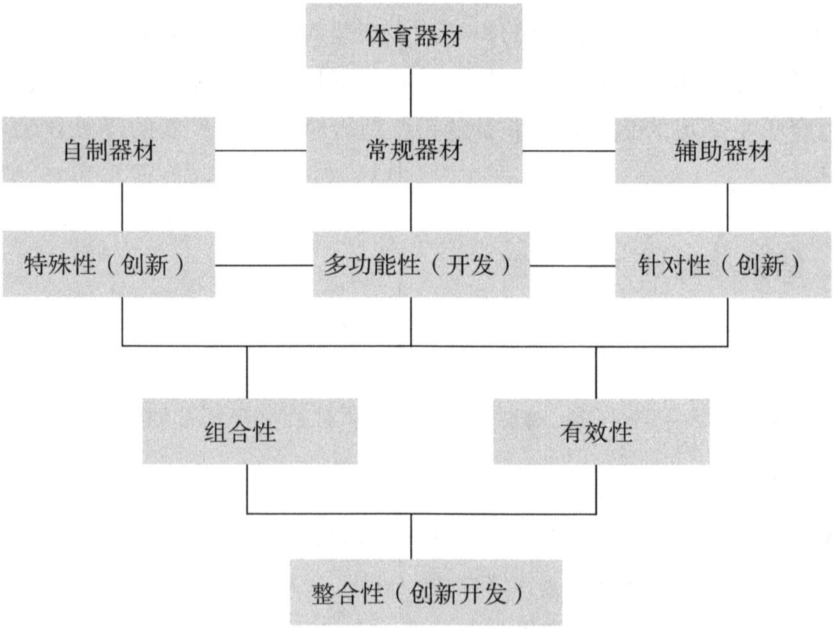

图1　体育器材构成与创新设计

（二）建　议

1. 体育器材开发与创新中安全因素是重点

体育器材的安全性在一定程度上决定了体育课上安全事故发生的概率，因此在开发利用体育器材时，首先要考虑其安全性。这就要求教师在制作体育器材和指导、引导学生自制体育器材时，应充分考虑到学生的不同年龄特点。如投掷课用到的学生自制小纸球，它的重量和外观必须符合学生的身体力量大小，过重或表面有尖锐物等都有可能在运动中给学生带来伤害。

2. 体育器材多重功能的开发和利用是难点

体育器材多重功能的开发和利用，是当前体育课教学的重要组成部分，对我国新时期的体育课改革有着助推作用。现今很多体育课新教材中，都明确指出体育器材多重功能的开发和利用，做到不是为了开发而开发，而是为了利用而开发，要将体育器材多重功能的开发与教学实际联系起来，以促进体育教学质量的提高为最终目的。

3. 体育器材开发与创新对体育教学的实用性而言是亮点

场地器材的开发利用是为了课程目标的有效达成。因此，教师必须明确课程目标，认真分析各种场地器材资源，认识和掌握其各自的性质和特点，根据教学实践进行合理的开发和利用，才能保证实效性。如果引入教学活动的场地器材资源意图不明确，不容易操作，不仅达不到预期的教学目标，反而可能加重学生的学习负担。

主要参考文献

[1] 毛振明.国培对话七：应对学校体育场地器材匮乏的案例举隅[J].体育教学，2013，33（7）：14-16.

[2] 丁宪亮.自制体育器材的实践与体会[J].中国教育技术装备，2011（32）：119-120.

[3] 李源.影响体育教学有效性的场地器材因素分析[J].体育教学，2012，32（11）：54-55.

微创新融入小学体操类教学与提高身体素质实践性研究

北京市房山区河北中心校　殷剑明

一、问题的提出

（一）选题的缘由

近年来的历次学生体质健康监测结果表明，我国青少年在身高、体重等形态发育持续增长的同时，耐力、柔韧等身体素质指标呈现持续下降趋势。小学阶段是生长发育的关键时期，是灵敏、柔韧、速度等身体素质和平衡能力发展的敏感期。小学体操类教材包含支撑、悬垂、滚翻、腾跃等多种形式的内容，对学生多种身体素质的发展能够发挥重要的促进作用。但当前的小学体操教学除面临安全风险的压力，教材本身的特点也影响了课堂运动负荷的安排，使通过本项目发展学生身体素质的优势不能充分体现。

（二）研究意义

青少年处在生长发育的关键时期，各项身体素质发展敏感期接踵而至。体操教学贯穿小学一至六年级，是整个体育教学所有内容中的大项，我们必须牢牢抓住此项教学内容。同时我们要把握住这一关键时期，科学、合理、全面、有序地发展学生的各项身体素质，提高学生的健康水平。在体育课上既要保证体操类运动技能教学，同时也要注意发展学生身体素质。提高学生体能、遏制学生体质下滑之关键，就是要保证体育课有适宜的运动量和运动强度，只有学生体育运动量上的积累和一定运动强度的不断刺激人体各个运动器官，才能提高学生的身体素质水平和运动水平，最终实现增强学生体质、提高学生健康水平的目的。

二、研究历史概述

（一）体操教学内容对发展学生某些身体素质存在“先天不足”

小学的体操类教学，着重发展的是学生的身体协调、灵敏、柔韧、空间感觉等能力和素质，对于力量、速度、耐力等身体指标的发展比较欠缺，对于影响心肺功能发育也帮助不大。另外，在进行体操项目的教学时，由于体操类教学内容具有动作难度大，学生不易掌握的情况，因此容易忽视发展学生体能。在课堂教学时，一个简单的动作需要大量的时间去反复练习，才有可能被学生掌握，所以在进行这些内容的教学时，教师过多关注学生学习、掌握技能的情况，而忽视对学生身体素质的发展。

（二）体操教学方法的陈旧单一对发展学生身体素质产生“连带效应”

广大的一线体育教师已经充分认识到学生身体素质的下降，大家也在体育课上尽可能地利用“课课练”形式安排一些素质练习。但在体操教学中如何平衡体操技能教学与提高身体素质的关系，如何让技能教学与素质练习很好地融合方面，不少教师还存在诸多困惑，还在苦苦寻找适宜的方法。根据笔者的走访与观察，很多体育教师在进行体操教学时，运用的主要方法依旧是依靠教师的讲解示范、学生的分组练习，学生学习的形式单一、内容枯燥，虽然最后学生掌握了动作，但锻炼的效果很小。

（三）体操教学设计的“划片”意识对发展学生身体素质产生分裂行为

当前的体操教学和身体素质锻炼大多数情况都是“两张皮”，而未能将二者之间的相互促进、相互影响的本质联系充分地挖掘出来。身体素质锻炼融合在体操学习之中，既能够达到体操技能学习、掌握和提高的目的，同时也能够通过合理的体操技能练习达到增强身体素质的目的。对此，笔者认为，身体素质练习一方面要能够与不同年龄段学生身体素质发展的敏感期一致，另一方面要充分考虑运动技能学习和提高的需要，有针对性地发展运动技能学习所需要的素质。但在实际教学中，有些教师在运动技能的教学上考虑有所欠缺，为教技能而教技能，缺乏为技能学习奠定必要的身体素质基础的意识，这样对运动技能教学效果会有一定的影响。大部分教师在教学时主要的精力都放在技术教学上，很少有教师考虑学生身体素质基础，课上也把精力都用在了如何让学生学习动作上，却忽视与之相关的身体素质。

三、研究方法

（一）文献资料法

通过查纸质资料与网上查阅的方式，查阅有关教育学、心理学、体育学、体能研究、体操教学等方面的专著、报纸杂志并研读相关文献，全面了解掌握教育领域的前沿动态，以及体操教学和身体素质发展的研究内容与现状。

（二）访谈法

以北京教育学院体育与艺术学院体育系教师、房山区小学体育教研员、房山区小学体育教师为访谈目标，共计访谈48人次。

（三）课例研究法

以房山区河北中心校、佛子庄中心校、北京小学长阳分校、良乡四小学生为主体的研究对象，通过做课题的形式，对本课题进行实效性研究。

（四）行动研究法

以四所实验校的体育教师为主体，在各自学校开展体操教学与身体素质有效融合的微创新研究。

（五）指导法

邀请陈雁飞院长及体育与艺术学院的体育教师们对本课题的开展和课堂教学微创新情况进行指导。

四、研究的结果

（一）小学体操教学中发展学生身体素质微创新方法

1. 整合法微创新

（1）微创新思路。在体操教学中应有针对性、有重点地发展专项身体素质。在小学体操课专项身体素质练习中，应选择那些简单、有效的训练手段，这些手段必须在动作方向、幅度、速度、肌肉用力的大小、性质方面与体操动作相类似，选择某些基本技术动作或者将某些基本技术动作编成组。譬如，在侧手翻、手倒立等教学中应加强上肢、肩带、腰背肌力量练习和肩关节的柔韧性练习，压肩、转肩、倒立推手、快速侧手翻、快速靠墙摆倒立等练习有助于提高手翻和头手翻所需要的身体素质。在屈伸起一类动作中，主要发展腹直肌、背阔肌、肱二头肌等肌肉的力量。通过仰卧二头起、悬垂举腿等练习，可促进肌肉的发展。

（2）微创新案例。跪跳起教学。此项动作的技术特点与项目所需主要身体素质是协调、灵敏、力量等，在教学中可以模仿立定跳远来训练学生的协调、灵敏能力，以及下肢力量。具体教法设计如下。

①跪立在垫子上，做摆臂压腿提腰练习。目的是让学生模仿立跳动作，从而熟悉跪跳起，发展学生的身体协调素质。

②同上练习，学生对面站一名同伴，双手前举，手心向下。练习者做完动作后要求手背去触碰同伴的手心。目的是强化摆臂动作，牢记摆臂位置。

③将小垫子横放，学生模仿立跳动作，跳过前面的小垫子。目的是发展学生的下肢力量，提高身体协调、灵敏素质。

④将小垫子竖放，做上面练习，强化提升学生的各项身体素质，为跪跳起练习做好准备。

2. 高频法微创新

（1）微创新思路。在体操教学中我们可以通过形式的变化和创新，提高课堂教学效率，发展学生身体素质。我们可以增加小组分组数量、最大限度提高场地利用率；可以多采用分组活动和分散活动，无器械、无保护帮助任务的同学可以原地徒手练习动作，加大练习密度；可以在教学中合理组织和调动队伍，避免学生过多排队等待和变换队形，减少无用时间，以增加学生活动机会和次数；还可以通过循环练习的方式，发展和提高学生身体素质练习的效率。

（2）微创新案例。前滚翻教学。通过循环练习的形式减少等待时间，增加练习次数，发展学生相关身体素质。具体教法设计如下。

①教师讲解示范前滚翻。

②学生集体练习，教师巡视指导。

③将学生分成三组，循环练习。第一组：前滚翻练习；第二组：发展腿部力量的相关游戏——双脚跳过指定区域；第三组：发展腰腹力量的素质练习——仰卧起坐。

课堂结束部分，也就是课尾的“课课练”时间，可以针对五大身体素质，把学生分为五组，定期做相关内容的循环练习。

耐力组：折返跑。

速度组：30 米或50 米快速跑。

柔韧组：体前屈练习。

灵敏组：在比较小的范围内进行追人或进行钻过“小树林”的游戏。

力量组：可以做蛙跳、蹲起、俯卧撑、全蹲起等练习。

每组练习的数量及次数，教师可以根据学生情况和本课的前期运动量灵活掌握。

3. 辅助法微创新

（1）微创新思路。在体操教学中有些项目会利用到一些器械，如单杠、跳箱、肋木、体操凳、绳、杆等。教师在教学中可以利用器械去发展学生的身体素质。例如，在提高速度素质的时候，可以把单杠当把杆，双手把杆，做斜撑快跑、高抬腿跑的练习；弹性橡胶带中间绕过单杠系在练习者腰间，背向站立向前做抗阻高抬腿和后蹬跑练习，提高腿部力量。利用体操器材发展学生的功能性素质。如利用单杠发展学生的悬垂能力；利用双杠发展学生的支撑能力；利用跳马发展学生的腾跃能力。

（2）微创新案例。跳上成正撑，前翻下教学。辅助器材：单杠+拉力绳。在单杠上固定拉力绳进行悬垂等功能性训练，发展学生的胸、肩、腹、背、臀、腿的力量素质，其优点是场地小、器械简单、动作灵活多样。具体教法设计如下。

①悬垂双臂划船运动。单杠上固定长度合适的拉力绳，直臂握拉力绳两端，身体笔直仰卧，与地面成45度，双手如划船姿势缓慢向后，扩胸拉绳至最高点停留1~2秒后，缓慢还原动作。目的是发展学生的斜方肌、背阔肌、肱二头肌和三角肌等肌群的力量。

②悬垂双腿俯卧撑。单杠上固定长度合适的拉力绳，双脚搭在拉力绳两端，双臂伸直撑于地面，保持俯卧支撑姿势，双臂缓慢屈肘下压身体，大臂与地面平行，缓慢伸直手臂，还原到初始姿势。目的是发展学生的胸大肌、肱三头肌、三角肌的肌肉力量以及核心肌群的平衡素质。

③悬垂双臂单腿前抬下蹲。单杠上固定长度合适的拉力绳，双手分握拉力绳两端，手臂伸直，与地面平行，微抬起一腿悬空，支撑腿固定缓慢下蹲。前抬腿保持伸直状态，蹲到大腿与地面平行，缓慢站起。目的是发展学生的股四头肌、臀大肌等下肢肌群的力量素质。我们还要注重学生练习的趣味性，充分利用瑞士球、平衡垫、俯卧撑轮、实心球、悬吊袋等吸引学生参加锻炼，让学生了解各种器材的使用方法和锻炼价值，充分调动学生练习的积极性。

4. 组合法微创新

（1）微创新思路。在体操教学中要善于发现体操类项目间的相互关联情况，有目的地在教学过程中进行有机的整合。如在进行前、后滚翻教学时，可以让学生在做完前、后滚翻练习后，继续向前做跪撑前行，为今后学习跳箱项目做好准备。低年级的学生做爬行练习时，可以穿插进行“蝎子爬”，为今后的侧手翻、倒立等项目做铺垫。

（2）微创新案例。前滚翻教学。在进行此项教学时，可以在学生初步掌握动作后，在各组练习的前方3~5 米处放置一组小垫子，长度约5 米，做完前滚翻练习的同学继续向前走，到小垫子处进行跪撑前行练习。目的是通过跪撑前行的练习，学生熟悉手臂支撑、屈膝绷脚尖、压膝前送等动作，为今后的跳上成跪撑，跪跳下项目做好准备，同时发展学生的上肢力量，提高身体的协调、灵敏素质。具体教法设计如下。

①教师讲解示范前滚翻。

②学生分组练习前滚翻—跪撑前行5 米。

③教师指导、检查。

④针对学生错误动作进行纠正。

⑤继续分组进行前滚翻—跪撑前行练习。

5. 互补法微创新

（1）微创新思路。通过对体操类教学内容的梳理，根据教学内容有目的地选择可以搭配的游戏、小练习等，既保证教学内容的顺利实施，又对身体素质有所锻炼或进行补充，即教学内容与锻炼内容相互补充。在进行爬行、滚翻类的教学时，练习的同时可以搭配“快快跳起来”的小游戏，一是增加运动量，二是发展学生的下肢力量。尽可能做到技术教学、发展体能、全面锻炼身体多举并重。

（2）微创新案例。仰卧推起成桥教学。此项动作主要发展学生的柔韧性以及腕、臂、肩带和腰腹的肌肉力量。为了达到教学内容与锻炼内容的互补性，使学生体能得到全面发展，可采用的教法设计如下。

①基本部分的游戏环节设计了障碍比赛，该游戏由平衡区、软梯步法区、爬行区、跨跳区组合而成。

平衡区是一段长3~5 米的平衡桥；软梯步法区由5~6 米软梯组成；爬行区由6~8 块体操垫首尾相接而成；跨跳区是由横放的折叠体操垫组成。通过平衡走、步法灵巧训练、爬行、跨跳组合练习，发展了学生的腰腹及下肢力量，提高了学生的平衡素质和敏捷素质，弥补了主教材仰卧推起成桥发展上肢力量的单一性和练习密度较小的不足，对主教材身体素质的发展进行了互补。

②结束部分的“课课练”环节设计了“鸭子走”练习。该练习不仅发展了学生的下肢力量，使背部紧张的肌群得到积极主动的拉伸放松，实现了教学内容与锻炼

内容互补。

6. 追随法微创新

（1）微创新思路。根据本节课体操教学内容所需的身体素质，相应地安排与之相符合的身体素质练习或游戏，即身体素质练习紧紧追随主教材。目的是通过多种练习方式增强学生相关的身体素质，为完成技术动作做好保障。

（2）微创新案例。跳上成跪撑，跪跳下教学。本课内容所需的身体素质主要有上肢力量、腰腹肌力量。因此本课的辅教材我安排了"钻山洞"的游戏，方法是让学生分组成俯卧支撑姿势，臀部高抬，游戏开始后从排头开始"钻"过"山洞"，然后迅速跑回将自己的小垫子放到队尾，自己做好俯卧支撑后喊下一名同学的名字，下一名同学按同样方法继续。这个游戏的目的是对本课要发展学生上肢力量、腰腹力量的延续，最终达到在技能教学的同时发展学生身体素质。

（二）小学体操教学中适合发展学生身体素质的内容

1. 力量素质

在体操教学中学生需要的和比较欠缺的是腰腹肌力量和上肢力量，我们可以通过以下练习提高学生的力量素质：仰卧一头翘、两头翘，仰卧动态臀桥，俯卧撑，俯卧支撑，平板支撑，俯桥练习，侧桥练习，螃蟹举腿等；也可以通过以下游戏来丰富学生的力量素质练习："钻山洞"、手脚并用爬行、"蚂蚁搬家""推小车""开火车"、爬绳梯、"烤肠"、跪撑前行等。

2. 柔韧素质

小学生正是发展柔韧素质的最佳时期，在小学体操教学中也特别需要学生具备良好的柔韧素质，所以我们可以通过以下练习和游戏发展学生的柔韧素质：纵叉、横叉、立位体前屈、坐位体前屈、三角肌后束拉伸、绳肌拉伸、单腿前屈、束脚前屈；"青蛙晒背""宝宝坐卧""首尾相接"、俯撑两头翘等专项练习，"跪立成波浪""站立成波浪""友谊的小船"等游戏。

3. 灵敏、协调素质

我们主要通过小游戏的形式发展学生的灵敏和协调素质，既饱含乐趣又能够发展相关素质，同时还可以提高体操课堂教学的练习密度。具体内容包括钻呼啦圈、“钻过树林”“地道战”“踩尾巴”“大鱼网”、单脚站立等。

主要参考文献

[1] 廖婷，郑伟涛，李丹阳.核心稳定性、功能动作与青少年身体素质表现的相关性研究[J].成都体育学院学报，2014，40（5）：37–43.

[2] 林剑.关于初中生体能发展的几点思考[J].中国校外教育，2015（3）：159.

[3] 王建刚.技能教学中“素质练习”有效性的探讨[J].运动，2015（24）：109–110.

[4] 黄毅.运动技能教学的有效策略[J].运动，2013（5）：118.

[5] 毛振明.“领会十八届三中全会精神，强化体育课和课外锻炼”系列讨论文章之五 加强课内锻炼　提高健身实效[J].体育教学，2014，34（5）：4–8.

[6] 教育部体育卫生与艺术教育司.教育部关于2005年全国学生体质与健康调研结果报告[J].中华人民共和国教育部公报，2007（Z1）：44–46.

[7] 全国学生体质健康调查组.2010年全国学生体质健康调研工作手册[M].北京：2010.

北京市朝阳区体育教学实效性的调查研究

北京市朝阳区教育研究中心　孙卫华

课堂教学改革是教育改革始终关注的主题，全面推进素质教育就是要提高教学的实效性。体育教学的实效性不仅直接关系着学生的体质健康水平，也是落实课程改革的一条重要途径。本课题研究的目的在于为广大体育教师提供一个可借鉴、可操作、可复制的课堂教学方法体系，为提高体育教学质量提供思路和保障，同时，也可以起到帮助体育教师反思和规范自身教学行为的作用。

一、调查对象和研究方法

（一）调查对象

北京市朝阳区的中学体育教师以及学生。

（二）研究方法

1. 文献资料法

通过查阅中国期刊网关于体育教学实效性的相关文献，确定研究指标数据等。

2. 问卷调查法

根据研究目的和研究内容，对北京市朝阳区体育教师和学生进行问卷调查，并对问卷进行了信度和效度检验。

3. 数理统计法

对回收的问卷进行分类，并运用Excel和SPSS 11.0软件对获得的数据进行统计处理。

4. 比较法

将不同教龄的教师进行对比分析，找出差异，并进行相关分析。

二、研究结果与分析

（一）教师问卷

本次发放问卷150份，回收143份，回收率为95.3%，合格率为100%，具体分析情况如下。

1. 参与调查教师的基本情况分析

本次参加调查的教师10年以上教龄的居多，占到参加人数的49.65%；3~5年教龄的人数最少，占到参与人数的10.49%。文化程度上大学本科最多，占到总人数的83.22%；其次是研究生，占12.58%；大专及以下有6人，占4.2%。在专业方面，以体育教育专业的教师为主，占到总人数的72.73%。

2. 参与调查教师的基本功水平分析

（1）对《体育与健康课程标准》（以下简称“新课标”）的了解程度。新课标作为体育教学的重要理论指导依据，应引起所有体育教师的高度重视，只有熟识、参透新课标才能使教师了解课程改革方向，切实提高体育教学实效性。

调查得知，大部分教师对于新课标还是非常了解熟知的，但我们不能忽视的一点就是25.82%的教师对于新课标的认知还存在一定的盲点，甚至不熟知，尤其是青年教师由于教学时间较短，经验尚欠，因此对新课标了解不够深入，这在一定程度上也会影响教师在课堂上的把握情况，也是当下在年轻体育教师团队建设中亟须解决的实际问题。

（2）对参与调查教师的课前备课情况分析。一个精彩的课堂，源于精心的备课，而备课更是一个能够将教学内容、教学计划、学生实际情况等重要教学因素串联在一起的主要途径，所以教师的课前备课情况对体育教学实效性有着必然的影响。由此，本文在这方面进行了相关调研。

通过对教师的教学设计分析、教案撰写，以及教学中的重难点关注，发现大部分教师能够做到认真钻研教材，做好课前准备工作。这与我区一直以来严抓课堂教学的规范性，严格落实《北京市中小学体育教师专业标准》和《北京市中小学体育与健康教学质量基本标准》有关系。

3. 参与调查教师的课堂教学情况分析

本部分主要是从教师课上精讲多练的运用、运动负荷的安排、运动习惯的培养、学习兴趣的激发、课堂的教学组织五个方面展开调查，具体情况分析如下。

（1）教师精讲多练的运用。语言是体育教学中的重要环节之一，它是体育教师组织教学，传授基本知识的重要手段之一。而“练”是提高学生身体素质的必要手段，只有通过有效的“练”才能更好地完成学校体育教学任务。

在参与调查的教师中，近90%的教师在教学中会格外注意语言的使用及课堂的练习；对于课堂中“练”什么、怎样“练”，能够较好地给予指导，但是在语言的精讲上，做得还不够出色，表现在讲解中事无巨细，处处重点，结果造成重点不突出。

（2）运动负荷的安排。运动负荷适宜，才能收获较好的运动效果。调查得知在教学中绝大部分教师都会格外地注意课堂的运动负荷，但由于一些客观原因存在，如学生数量较多，体育器材较少，练习场地受限等，在练习密度与强度的教学设计及如何调控上都需要再进一步提高。表1为最近的一节体育课上安排的运动负荷示例。

表1　最近的一节体育课上安排的运动负荷

教龄	非常到位	比较到位	一般	不太到位	不到位	小计/人
3年以下	9（33.33%）	11（40.74%）	6（22.22%）	1（3.7%）	0（0%）	27
3~5年	5（33.33%）	7（46.67%）	3（20%）	0（0%）	0（0%）	15
5~10年	11（36.67%）	17（56.67%）	2（6.67%）	0（0%）	0（0%）	30
10年以上	32（45.07%）	38（53.52%）	1（1.41%）	0（0%）	0（0%）	71

（3）对运动习惯的培养及学生兴趣的激发。培养学生良好的运动习惯，是我们最终的目标，激发学生运动兴趣则是促进学生运动习惯养成的一个重要手段。

从表2、表3可以看出在参与调查的教师中，绝大部分教师都非常注重学生习惯的养成及兴趣的培养，尤其是在教龄长的教师身上，体现得更加明显。他们由于经验较为丰富，能够较好地把握学生运动的心理需求，在教法的选用上也是从激发学生运动兴趣出发，注重对学生终身体育意识的培养。

表2　运动习惯的培养

教龄	非常到位	比较到位	一般	不太到位	不到位	小计/人
3年以下	11（40.74%）	12（44.44%）	4（14.81%）	0（0%）	0（0%）	27
3~5年	4（26.67%）	9（60%）	2（13.33%）	0（0%）	0（0%）	15
5~10年	16（53.33%）	12（40%）	2（6.67%）	0（0%）	0（0%）	30
10年以上	52（73.24%）	18（25.35%）	1（1.41%）	0（0%）	0（0%）	71

表3　学生兴趣的激发

教龄	非常到位	比较到位	一般	不太到位	不到位	小计/人
3年以下	7（25.93%）	15（55.56%）	4（14.81%）	1（3.7%）	0（0%）	27
3~5年	4（26.67%）	9（60%）	1（6.67%）	0（0%）	1（6.67%）	15
5~10年	14（46.67%）	12（40%）	4（13.33%）	0（0%）	0（0%）	30
10年以上	44（61.97%）	25（35.21%）	2（2.82%）	0（0%）	0（0%）	71

（4）课堂的教学组织。体育课的特点是以室外活动为主，有序的课堂组织是保证体育教学正常进行的基本要求，也是提高课堂教学效率的前提条件，同时对培养学生良好的行为习惯、防止伤害事故发生都具有重要的意义。从调查结果看不论教龄长短，教师都非常注重自身的课堂组织。

4. 参与调查教师的自身提升情况

有效的教学反思，对于教师专业发展有着巨大的帮助。它通过对课堂的总结发现问题，促使教师寻求解决问题的方法，进而巩固理论知识，并思考合理运用到课堂的实践方法，最终达到提升教学质量与课堂教学实效性的目的。由表4可以看出在参与调查的教师中，虽然大部分有对课堂教学效果的反思，但从教师对自身反思的效果看，并不是很理想，近一半的教师只是为了反思而反思，并没有实际效果。这是由于部分教师忽视了教学反思的真正目的，对其产生了认知上的偏差，才使其失去了有效性，不能为课堂教学更好地进行服务。因此培养良好的课堂反思习惯，提升反思素养，是我们需要进一步改进的方向。

表4　教师课后反思情况

选项	小计/人	比例
非常到位	33	23.08%
比较到位	43	30.07%
一般	63	44.06%
不太到位	4	2.8%
不到位	0	0%

（二）学生问卷

本次发放问卷1300份，回收1257份，回收率为95.3%，有效问卷1257份，有效率为100%。

1. 学生对教师把握学情的评价分析

把握学情对教学具有重要的意义。教师必须善于了解学情，只有准确地了解学情，才能使教学方向更正确、方法更灵活、效果更理想，才会使学生获得最大限度的发展，从而间接影响体育教学的实效性。因此，运动能力作为学情的重要组成部分，同样应引起教师的重视。

我区教师在备课时能够基本做到提前了解学生的实际运动能力，并根据学生特点进行系统教学，保障课堂教学的实效性。

2. 学生对教师课堂教学实施情况的评价分析

良好的课堂实施是实现高效教学效果的手段。教师通过适当的教学方法，引导学生高效学习；通过监控学生的学习状态与身体情况，及时调整教学策略；通过有效的组织管理，使学生有序完成课堂任务等，这些都是良好课堂实施的具体体现。

（1）学生对教学方法采用的评价分析。教学方法是在教学过程中教师和学生为实现教学目的、完成教学任务而采取的各种活动方式、手段和程序的总称。选择了正确的教学方法，不仅能够加强学生的自觉性，也能够大大提高学生学习的效率。而在教学方法的采用方面，我区教师表现较为优秀。62.45%的学生在此项调查中赋值5分，23.23%的学生赋值4分。可见教师在选择教学方法时较为严谨、多样，能够从学生实际出发。

（2）学生对课堂组织管理的评价分析。课堂的组织管理是体育教师必备的基本功之一。教师在学生的学习、生活中不仅是引导者、促进者，更是组织者与管理者。良好的课堂管理有利于有效提高教学实效性。

在有关组织管理的两道问题当中，参与调查的学生都给予了较高的评价。由此可见教师对课堂教学的组织较为合理，学生能够通过教师在课堂上的组织与安排，得到较为舒适与满意的课堂学习体验，从而使教学与学习流程获得保障，进而促进教学实效性的实现。

（3）学生对课堂运动负荷的评价分析。合理安排运动负荷不但对增强学生的体魄有重要意义，同样也是衡量体育课教学质量的指标之一。根据体育课教材和教学形式的特点，合理安排、调节课的运动负荷，对有效完成课堂教学任务十分重要。

在此部分的调查中发现，仅不到半数的学生赋值5分，低于其他问题的平均数值；31.74%的学生赋值3分（含3分）以下，接近总人数的1/3。对此，在教学中，教师应根据项目特点，利用不同分组方式、不同目标设定等方法进行练习，从而加强体育教学的实效性。

（4）学生运动习惯培养情况的评价分析。形成良好的运动习惯是体育教学中所要达到的一种目的，同样也是三维教学目标之一。所以在体育教学过程中应重视学生自我锻炼意识和锻炼习惯的培养，使学生在锻炼的同时形成坚强的意志等多种优良品质，从而使课堂教学顺利进行，间接影响体育教学实效性。

通过调查，绝大多数的学生选择了赋值4分（含4分）以上，其中赋值5分的学生占总人数的68.34%，赋值4分的学生占总人数的19.49%。调查结果显示，大部分学生对教师在课堂中对体育习惯的培养表示认可，但仍有小部分学生可能由于兴趣、精力、对体育锻炼的理解偏差等问题没有形成良好的体育习惯。由此可见体育教师仍然需要根据学生心理、生理等特点，制订科学系统的教学与练习计划，不断督促、教育学生，使学生将体育课堂中所学习的知识技能潜移默化到生活中，从而真正达到"终身体育"的目标。

（5）学生对教师课堂反馈情况的评价分析。课堂反馈是师生之间交流的一种过程，只有进行及时的课堂反馈，教师才能及时了解学生的学习情况，第一时间调控课堂。而学生通常以师生评价、生生评价、自我评价为得到内部反馈的主要途径。在体育教学中，只有师生双方都及时得到课堂反馈信息，教师再根据信息进行分析并采取相应合理的教学行为，才能有效提高教学实效性，从而形成高效课堂。

表5的调查数据显示教师的课堂反馈普遍进行得较好，但仍有小部分学生对此部分调查赋分不高，究其原因可能在于部分教师对于学生的评价不够及时；对于学生所反馈的信息没有及时系统地进行处理，并采取相应行动；未重视生生评价与自我评价，从而忽视了学生的自我感受等。因此，教师在这方面仍需进一步提升。

表5　学生对教师课堂反馈情况的评价

选项	小计/人	比例
非常重视	781	62.13%
比较重视	261	20.76%
一般	141	11.22%
不太重视	21	1.67%
不重视	53	4.22%

3. 学生对体育课程与教师的整体评价

学生对体育课程喜爱程度的分析。超过3/4的学生选择赋值4分（含4分）以上的分值，其中选择5分的学生占总人数的50.68%，选择4分的学生占总人数的26.09%，可见大部分的学生表示喜欢上体育课。但仍有23.23%的学生在此问题上赋值3分（含3分）以下，近1/4的学生不太喜欢上体育课。造成此调查结果的原因较为复杂，学生不喜欢上体育课可能存在自身问题、教师问题、家庭环境问题等多方面复合问题。但从教师自身角度来讲，仍需要对学生加强引导、因材施教，提升自身教学业务水平，从而在根本上找到问题症结，激发学生兴趣，提高教学实效性。

三、结论与建议

（一）结　论

1. 教师的基本功水平扎实，学生对体育课程及教师整体评价较高

通过调查发现，参与调查的教师不论是对于课标的熟知，还是对教材的把握，都能有比较好的认知；在教学设计的撰写上也能比较好地完成，教学基本功比较扎实。参与调查的绝大多数学生对于教师的专业水平表示认可，教师队伍的整体专业水平较高。

2. 教师课前准备良好，学生认可教师对其运动能力的了解

教师能够认真做好课前准备，无论在教学设计还是对学情的了解方面，我区教师都表现良好，得到了绝大多数学生的认可。

3. 注重课堂教学，学生对课堂教学实施情况基本满意

调查发现，教师都能注重课堂教学的实效性，有着良好的课堂组织，在课堂中采用多种方式方法来激发学生的兴趣，提高教学效果，注重对学生运动习惯的培养；学生对于教师课堂教学实施方面均表示满意。

4. 教师有一定的课后反思，学生对于课堂反馈基本满意

调查发现，绝大部分教师会在课后进行相应的反思，但反思效果并不理想；在课堂中教师能第一时间对学生进行课堂反馈，但对学生的自身评价重视不够。

（二）建　议

（1）课前准备要更细致全面，建议仍需从学生兴趣与实际出发，继续发掘方法不断创新，进一步提升教师课前准备水准，满足不同学生的需求。

（2）课堂实施中对每种措施的运用还不够深入，不够系统，还需要再进一步探索与实践。在运动负荷方面还应具体问题具体分析，因材施教，使课堂负荷量最优化，从而达到增强体质的实效。

（3）课后反思应该有一定的针对性，注重自身良好的课堂反思习惯，提升反思素养；在对学生评价环节注重形成性评价与过程性评价相结合。

（4）教学设施需要进一步完善。作为课堂教学中非常重要的场地设施，目前还没有达到充分满足的状态，还需要进一步完善。

主要参考文献

[1] 郭冰.中学体育教学有效性研究[J]. 中学时代，2014（22）：195.

[2] 赵学龙.中学体育教学有效性探析[J].当代体育科技，2015，5（25）：58–59.

[3] 姜雄，贺志勇.打造高效课堂 提高体育课堂教学的实效性[J].成功（教育），2013（2）：264.

满族传统体育项目在山区小学体育课堂教学的实践性研究

北京市怀柔区长哨营满族乡中心小学　崔海明

一、研究目的

体育文化是中华民族精神的重要组成部分，是民族智慧、民族精神和民族性格的具体体现。学校是体育文化传播的重要基地，民族传统体育文化依托学校得以弘扬。《义务教育体育与健康课程标准（2011年版）》中提出："农村学校体育基础相对比较薄弱，应特别注意开发与利用各种使用的课程资源，确保课程的正常实施。我国蕴藏着丰富的民族民间体育资源，应大力开发和利用。"怀柔区北部山区有五所完全小学，学生总数为804名，其中满族学生占60%。本地区满族文化底蕴极为深厚，特别是满族体育运动项目多达十几种，为学校体育提供了丰富的资源。为充分发挥学校载体之优势，传承及保存满族传统文化及技艺，发扬本地区满族文化艺术特色，提升学生对本地区满族文化的尊重与了解，提升少数民族学生的自信心与自尊心，促进民族团结，弘扬优秀的满族文化和传统美德，增强学生的民族自尊心和责任感，使学校满族体育特色更加突出。本课题通过调查、研究、总结、整理满族传统体育运动项目内容，引入学校体育课堂教学的可行性进行研究，不仅为本地区学生提供丰富的锻炼内容，促进学生对体育运动技术的进一步掌握和提高，而且有助于促进其他学校教育教学工作的全面协调和健康发展。

目前，体育教学仍以竞技体育为主，教学内容离不开田径、球类、体操等运动项目。这些运动技术从小学到大学，重复太多，根本无法适应现代社会素质教育的需要，严重地忽视了学生民族文化心理需要和兴趣爱好，挫伤了他们学习、锻炼的积极性，不利于学生综合素质的发展和提高。满族传统体育的多元文化特征和多元价值功能决定其具有较高的课程开发价值和较大的课程开发潜力。特别是在怀柔北部山区利用满族传统体育资源在小学校开展满族传统体育项目具有极其重要的现实意义。

（一）通过此项课题研究，为本市农村小学在体育学科教学中融合民族传统体育提供可以借鉴的方法与内容

满族体育项目是满族人民在生产生活中逐渐形成和丰富起来的，现在在本地区得到广泛开展的项目有撞拐、夹包、二魁摔跤、采珍珠、高跷、狩猎、争帅旗、双飞舞等十几个项目。进行此项课题研究，为本市农村小学在体育学科教学、民族体育活动、课间游戏、家庭亲子活动方面，如何与民族传统体育项目，特别是满族传统体育项目有机融合提供可以借鉴的方法与内容。

（二）通过此项课题研究，使本地区民族传统体育教育资源，特别是满族传统体育教育资源得到充分利用

长哨营满族乡现有15个民族的居民，其中以汉族、满族人数最多，还有维吾尔族、朝鲜族、土家族、壮族、回族，等等。长哨营满族乡经济发展较快，吸纳的外来人口越来越多，相应少数民族子女也渐增多，随着经济的发展，学生随父母旅游，少数民族学生随父母返乡探亲的机会也渐增多，可挖掘的民族团结教育资源逐渐丰富。本校是北京市民族教育示范校，近几年来，在区运动会、市民族运动会等多项比赛中成绩均名列前茅。本校长期训练的项目有中长跑、乒乓球、篮球、足球、独轮车、跳绳、毽子、滚铁环、杨木杆舞，在此基础上，我们准备继续开发满族传统体育项目，弘扬优秀的满族文化和传统美德，增强学生的民族自尊心和责任感，使本校体育特色、民族特色更加突出，为本地区的经济建设培养更多更优秀的人才。

（三）通过此项课题研究，提供锻炼方法，强健学生的体魄

现在学生的身体素质，已经到了令人担忧的程度。国家强制实行每天锻炼一小时，在各校执行过程中，也存在着诸多的问题。满族体育项目操作简单，占地面积

小，趣味性强，充满着满族气息，非常适合学校、社区开展。通过此项课题研究，可以提供一些锻炼的方法与内容。通过研究中的实践，学生可以在课上、课下、家庭中得到更好的锻炼，促进学生身体素质的不断提高。

（四）通过此项课题研究，促进学生心理健康，心情愉悦地成长，增强学校集体的凝聚力

满族传统体育具有较强的娱乐性，对学生的课间活动进行有意识的引导，为学生提供一些可在短时间做的满族传统体育游戏，让学生实践、传播、改进、创造，在小型活动中锻炼身体，释放压力，增进交流，将收到其他时间里不能完成的教育效果。

（五）通过此项课题研究，使我校课程内容得到有效拓展

充分挖掘身边的民族体育教育资源，特别是满族传统体育教育资源，以当地农村特点加民族文化为题材，精心选择大量与儿童生活紧密相关，能吸引儿童、感染儿童、促进儿童身心健康的基本内容加入教材之中，编写、补充、完善校本教材。

二、研究对象与方法

（一）研究对象

怀柔北部山区小学三、五年级全体学生。

（二）研究方法

1. 调查研究法

查阅相关的专著、期刊、论文和资料，为选题提供依据，为撰写论文提供支持（通过中国期刊全文数据库、中国知网检索，获取国内外与本研究相关的文献资料，在全面归纳、分析和评价现有相关研究成果的基础上，构思本文框架，明确本课题研究思路）。通过走访、谈话、参观等方式调查本地区满族体育传统项目，查阅图书、档案资料、网络资料，确定可利用的满族传统体育教育资源。

2. 问卷调查法

在怀柔北部山区小学按照“分层随机抽样”的规则抽取调查学校。如前期的问卷发放与回收情况：共发放问卷154 份，一方面通过在互联网上发邮件方式发放，另一方面采用电话联系的方式发放，全部为教师问卷，其中共回收151份，回收率为98.1%，剔除无效问卷，有效问卷148 份，有效率为96.1%。

3. 行动研究法

精选出两项满族体育活动内容在怀柔北部山区三、五年级体育课中试行，并对学生进行指导。对结果进行初步总结，修正。

4. 经验总结法

撰写课题研究案例、论文。编写校本教材。整理课题研究案例、论文、录像课等资料。撰写课题研究报告。

三、结果与分析

（一）怀柔北部山区满族体育发展状况与分布

怀柔北部山区现有15个民族的居民，其中以汉族、满族人数最多，还有维吾尔族、朝鲜族、土家族、壮族、回族等。而长哨营满族乡、喇叭沟门满族乡满族人口占的比例非常大，并且这两个乡是北京市特有的满族乡。满族文化浓厚，可挖掘的满族体育活动资源非常丰富。满族传统体育项目一览表见表1。

表1　满族传统体育项目一览表

分　类	项　目
竞技类	珍珠球 、摔跤(布库)、赛威呼 、双燕飞 、蹴球、狩猎球、争帅旗
宗教祭祀类	太平鼓、打铜锣、庆隆舞
游戏娱乐类	赛威呼、跑马城、撞拐、满洲棋、翻绳、赶石弹、菱球、插鸡尾翎、跳绳、跳房格、踢毽子、跳皮筋、抢鹰猎
舞蹈表演类	秧歌、二魁摔跤、太平舞、杨木杆舞

（二）收集整理加工改造形成校本教材

结合本地区的地理、民俗、民族文化特点，以及学校场地设施、师资队伍、学生体质健康等实际，初选了夹包、杨木杆舞、珍珠球、蹴球、争帅旗、赛威呼6个易于开展的项目。之后课题组成员依据各校场地设施、器材、学生的体育兴趣，并参考适于学校体育教学开展的体育与健康教材内容进行了筛选，最后确定夹包、杨木杆舞为实验项目。

满族传统体育夹包是满族人民喜闻乐见的传统体育项目。用家中的布头，缝成长、宽、高均是6厘米的小布包，里面装些绿豆或高粱米，就是一个很好的体育游戏器材。近年来经过不断的挖掘整理和推广，这一项目已逐渐发展成为一项深受广大少年儿童欢迎的竞赛项目，1995年北京市民族传统体育运动会已将夹包列为正式比赛项目。夹包是用双脚前脚掌内侧夹住包，将包甩至对方场地上面，对方再用同样方法夹回来，双方在对夹过程中可以用合理的拦包技术进行拦包，在规定的时间内以得分多者为胜一局。夹包有攻有守，变幻莫测，十分有趣。夹包不仅可以提高学生腿部力量，还可以增强学生的协调性、灵敏性、平衡能力和判断力。双人和团体比赛可以培养学生勇敢顽强、相互合作的精神，又对提高和改进跳远和立定跳远的技术动作起着重要的作用，是发展学生运动能力的一项练习项目。夹包具有一定的趣味性和竞争性，很适合学生的心理。2017年2—7月间课题组成员在初步实施的基础上经过不断地加工改造，编出《夹包》校本教材，并在各校体育教学中进行试验。

竹竿舞是我国黎族、傣族、京族等少数民族的一项民间体育活动，又称“跳竹竿”，舞者在敲动的竹竿中来回跳动穿梭，人、声、竿有机地融合在一起，极具趣味性和挑战性，而且简单易学。怀柔北部山区盛产杨木，而杨木杆韧性好，轻便，打击时声音清亮，因此满族人民在生产劳动之余在竹竿舞的基础上，将竹竿换成杨木杆，经过几代人的不断加工改造形成了今天载歌载舞的杨木杆舞。杨木杆舞是一种以下肢运动为主，结合上肢协调配合的好玩又健身的活动，它可以通过用杨木杆控制动作的繁简和动作的快慢而达到调节运动量的目的。另外，木杆的开合变化灵活，能调动学生积极思维，运用多种感官参与活动的能力；杨木杆舞是打杆和跳杆共同组合的一项满族体育项目，用杨木杆统一节奏开开合合中的空隙，使人在杨木杆中跳跃。跳杆者在跳跃中衍生出许多变换动作，如路线变换、方向变换、高低变换、手部及其他身体部位的变换动作等。持杆者会随着节奏高声地呼喝出“嘿！哈嘿！”之声，体现出既低沉又欢快的气氛。杨木杆舞有利于发展学生身体的灵敏、耐力素质，提高学生的协调性和动作的节奏感，发挥弹跳力，同时，又能培养学生之间的相互合作能力，形成强烈的合作精神和团队精神。

五所学校通过夹包、杨木杆舞项目与体育教学的融合使得体育课堂教学充满了生机。在课堂上，学生学习兴趣高涨，课堂气氛非常活跃。教材内容与民族体育项目的整合使得教学目标顺利达成的同时，激发和培养了学生的运动兴趣与参与意识，从而增强了学生体质。实践证明，夹包、杨木杆舞项目融入体育课堂教学受到了学生们的欢迎，得到了学校领导及老师们的支持，达到促进学生身心健康和增强学生体质的目的。

（三）学生对体育锻炼的兴趣明显增强，身体素质明显提高

因为满族体育运动项目具有趣味性、艺术性、竞争性、层次性的特点，与学生生活、学习紧密相连，经过简化规则和技战术，并在原有的形式的基础上加以合理化改造，成为学生喜闻乐见的体育运动项目，极大地激发了学生练习的兴趣，在课上、课下，以及在课外活动中随处可见学生参与的身影。随着学生的广泛参与，学生的身体素质不断增强。五所学校学生在参加2017、2018年在怀柔区举行的学生体质测试赛中长哨营小学获得全区总分第一名。其他四所学校由以往的后几名进入前十名；长哨营小学在2017、2018年怀柔区中小学运动会上获得山区组团体总分第一名，由2014年全区的第十三位上升到第六位。怀柔北部山区小学生的肥胖率由2016年的16%下降到2017年的5%，近视率由2016年的12.1%下降到2017年的6.3%。体育兴趣小组学生参与率达到了100%。这些成绩是满族传统体育项目引入学校体育教学中取得的一些成效，同时也为山区小学体育与健康课堂教学的深化改革打下了坚实的基础。

（四）灵活运用满族传统体育资源提高操作实效

体育课教学有本身的特殊性，而民族体育项目与体育有着异曲同工之妙，在每节体育课主教材内容结束后，根据民族体育项目的特点分析其与体育课主教材内容

之间的联系，设计改编一些民族体育项目的形式，将其穿插到游戏部分，如投掷课练习的主要部位是上肢，因此在游戏时就将夹包、杨木杆舞项目经过改编后添加进去，如跳跃内容教学时将夹包融入教学中，等等。

新的体育教材将很多的内容转为了游戏化，增强了内容的趣味性，但是教材必定有限，而学生需要全面的发展，为了使体育教学真正地发挥其育心、育体、育人的作用，体现以学生发展为中心的宗旨，我们将一些民族体育项目进行了加工创造，大部分内容采用游戏的方式融入体育课堂教学中。如跳远项目的教学中融入夹包练习内容，设计了夹远、拦截等游戏项目，既发展了学生的弹跳力，提高了学生的腰腹肌力量，又提高了学生的学习兴趣。在篮球教学中，由于珍珠球与篮球有很多相似，我们更多采取借鉴篮球与珍珠球相融合的教学手段和方法，如定球、传接球等，让学生在不知不觉中学到了知识，掌握了技能，并且活跃了体育课的教学气氛，使学生的身心都得到了健康发展。

（五）丰富体育兴趣小组的内容

通过学校广播站、墙报宣传项目的特点，对满族体育活动项目、满族体育文化背景等进行广泛宣传，并结合学生参加北京市第九届少数民族传统体育运动会的情况，以及取得的成绩来激发学生们的学习兴趣，成立了满族传统体育项目兴趣小组。在兴趣小组活动中，实施小组与体育教师分工明确，小组成员每人带1~2个项目，定时进行辅导，在开展兴趣小组的过程中充分利用现代教育设备，通过播放录像等，提高学生对项目的兴趣，加深学生对各个项目运动技术的认识，从而更好地在兴趣小组活动中提高运动技能。满族体育运动项目的融入为学生提供了丰富活动内容，增大了学生的体育活动的参与率，同时也加深了学生对满族传统体育活动项目的了解，为进行课堂教学积聚人气，积累了教学经验。

（六）在课外体育活动中引入传统体育项目充分发挥学校载体优势

《精彩民族体育游戏》《杨木杆舞》《夹包》校本教材为学生提供了丰富的活动内容，现在学校班班有活动，人人有项目，满族体育引入学校体育，一方面使我校学生参与热情增加、体质增强；另一方面，又在传承和弘扬满族传统体育的同时培养了学生的民族团结意识、民族精神和爱国情怀。

四、结论与建议

（一）结　论

本课题于2016年10月开始构思，2017年2月着手，历时一年半。2017年2月开始通过走访、调查等方式收集研究的素材。在走访调查中也曾遇到过这样或那样的困难。如山区五所小学的体育教师基本上呈年轻化，年龄最大的不过30岁，从事体育教师工作时间最长的为七年。多数体育教师都是专业学校毕业，专业理论较为深厚，但缺乏一定的教学经验，对小学体育教学的认识不很深刻。因此，其体育教育教学水平一般，导致对本研究的内容认识肤浅。满族体育活动项目由于各地开展得不是很普遍，也只是在一些重大节日时表演一些固定的项目，平时无人问津。有些教师对于满族体育项日根本就不知道，为满族体育项目在学校体育教学中的实施带来了一定的难度。另外，学校体育器材极为丰富，可以说应有尽有，而体育教材的内容也丰富多彩，对于在教学中怎样融入满族体育项目也带来相应的难度。之后经过近三个月的收集整理，收集整理出近十项满族传统体育活动项目，如夹包、狩猎、珍珠球、杨木杆舞、蹴球、双飞舞、二魁摔跤等，这些项目既有挑战性和观赏性，又有一定的健身性和趣味性，而且简单易学，易于开展。经过课题组成员深入研究和分析，发现一些项目虽然好开展但具有一定的危险性。经过再三的研究分析并结合体育教材和各学校的实际情况确定出两项满族体育项目为实验内容。

之后，课题组根据夹包和杨木杆舞进行现场教学，让其他学校的体育教师了解这两个项目教学和操作过程。课题组还主动到各校进行指导。经过近半年的指导、练习和培训，各校对满族体育有了进一步的认识，体育教师对这两项的操作达到了娴熟的程度。有的教师根据体育教材内容将夹包巧妙地融入教学中，如低年级的立定跳远，高年级的急行跳远等。一年中有两篇满族体育项目与体育教学结合的文章获奖。教师的认识提高了，教学水平得到了很大提升。

（1）通过本课题的研究，学生不仅锻炼了身体，提高了对体育的兴趣，又对学生进行了爱国主义和集体主义教育，使学生的身心健康都得到了和谐的发展。同时也使广大师生充分地认识到民族传统体育蕴含着很多游戏成分，具有集趣味性、娱乐性、健身性为一体的功能。

（2）体育活动中融入民族传统体育项目有利于学生对体育运动技术的进一步掌握和提高，有助于学生对技战术的理解和合理运用。民族传统体育教学以游戏的形式开展可以使一些个体有差异的学生消除顾虑，克服心理障碍，体验成功和快乐体育的感觉，为培养终身体育打下良好的基础。

（3）只要因地制宜地充分开发和利用所有的体育资源，发挥课程资源应有的教育优势，体育课程也就不再仅仅被体现为体育课程教学，只有这样，才能真正实现体育课程的所有目标，才能真正促进学生的健康发展，促进学校教育教学工作的全面协调和健康发展。

（二）建　议

（1）我国民间体育的传承与弘扬，在现阶段必须对其加强宣传，要站在继承和弘扬民族传统文化的认识高度，扩大对民族传统文化的宣传。宣传的内容包括民族传统体育的文化历史和价值，各民族传统体育的项目及组织形式等；宣传的途径主要是举办比赛，利用校内广播和校报以及校本教材等。如在每年的春节、“六一”等重大节日，向观众展示一项或几项表演性的民族传统体育项目。举办单项比赛，因为单项比赛的最大优点是时间短、规模小、竞争激烈、有较强的观赏性。项目可根据学校现有场地条件、师资水平、学生年龄特点等选择具有竞争性、趣味性较强的项目。

（2）长期以来，学校体育中主要以竞技体育教学内容为主，从而使得民族传统体育脱离学校体育教学课堂，被竞技体育一步步挤压。而民族传统体育运动相对于众多的竞技内容和现代体育运动来说，更方便学校的开展，也更容易让学生学会和开发学生的智慧，如蒙古族的摔跤，苗族的高脚马、武术等。民族传统体育与学校体育相结合要在发扬民族传统体育文化主旋律的前提下，融合、吸收、接纳竞技体育内容，进一步改良民族传统体育文化，使之更具有竞争性和时代感。

（3）尽管民族传统体育项目繁多，但作为课堂内容进入学校体育，选取的内容应当适合学生的年龄特点，满足学生的兴趣和爱好，一方面要考虑项目的健康、实用性和可操作性；另一方面还要考虑项目的适宜地域、季节和本校的实际情况，要因时、因地、因人而异地选择。

因此，在整理现已发掘的民族传统体育项目时，要在突出民族特色和地域特色，体现多样化和本土化的基础上进行改造包装，使之适合教学对象和教学场地的需要，还应该充分考虑学生的年龄、兴趣和爱好，在改造的同时应保持它原有的趣味性。将改造后的项目与现代体育理论、新课标、人文历史进行对比，取其精华，编写出一部适合学校体育教学的试用教材。将试用教材在学校进行教学，再根据教师教学总结的经验和学生的反馈意见对教材内容进行修改，最终编写出一部内容丰富、富有弹性的民族传统体育教材。

（4）民族传统体育与学校体育相结合，体育教师在其中将会扮演非常重要的角色，因此师资的培养尤为关键。在培养师资方面，一方面可以安排现任的体育教师进行培训，参与一些民族传统体育项目的活动，并邀请专家对民族传统体育项目的组织形式和教学方法进行讲解；另一方面，可与当地的民族学校进行联合，在当地的民族学校中培养一批熟知民族传统体育项目的教师，再让这些教师将民族传统体育项目带到学校教给学生。

主要参考文献

[1] 徐玉良，韦晓康.中国少数民族传统体育文化研究[M].北京：民族出版社，2005.

[2] 朴刚，栾桂芝.东北少数民族传统体育文化[M].长春：长春电影制片厂银声音像出版社，2003.

[3] 栾桂芝.东北少数民族传统体育的形成与发展探究[J].中南民族大学学报（人文社会科学版），2004（5）：69–71.

[4] 瀛云萍.八旗源流[M] .大连：大连出版社，1991.

[5] 庆桂，等.国朝宫史续编[M].北京：北京古籍出版社，1994.

[6] 李季芳.清代满族传统体育之兴衰评析[J].体育文史，1991（6）：2–6.

基于“以学习者为中心”理念下的小学体育新教师教学能力培训

北京教育学院朝阳分院　张跃强

2018年1月31日中共中央、国务院公布了《关于全面深化新时代教师队伍建设改革意见》（以下简称《意见》），提出兴国必先强师，对新时代教师队伍建设做出顶层设计，强调教师地位“特别重要”。《意见》中指出：大力振兴教师教育，不断提升教师专业素质能力。转变培训方式，改变培训内容，紧密结合教育教学一线实际，组织高质量的培训。

新教师是教师队伍的新生力量，做好新教师入职培训对促进教师专业水平的提高和未来教师队伍建设有至关重要的作用。然而，随着近几年教师资格考试政策的放开，大量非师范专业的毕业生成为教师行业中的新兵。朝阳区是北京市的大区，体育教师人才需求量较大，每年朝阳区有近50名小学体育新教师步入工作岗位，其中67.7%为非体育教育专业毕业。

朝阳区新入职小学体育教师要进行为期1年的集中培训。培训内容由网络通识培训、学科培训两部分组成。学科培训学时为40个，要完成4个教学文件的制定、教学设计撰写、说课等多个学科基本技能的培训。在培训内容上，对新教师教学实施和实践培训不够。在培训时间上，1年10次课，完成3项培训，显得时间不足，每次培训时间间隔较长，培训知识技能容易产生遗忘。培训形式以讲课、作业为主，内容和形式比较单一，新教师学习培训比较枯燥，积极性不高。新教师从事体育教育教学的困惑和难点不能得到及时的指导，影响了小学体育新教师教学能力的提升，降低了新教师培训的效果。

本研究在分析当前朝阳区小学体育新教师培训存在主要问题的基础上，采用“以学习者为中心”的培训模式，完善培训内容，转变培训方式，调整培训时间，通过对小学体育新教师教学能力的培训，使新入职教师能够胜任学校体育教学工作，确保学校体育教学质量。

一、小学体育新教师培训模式

采用“以学习者为中心”的培训模式实施小学体育新教师教学能力的培训，即设计学习者需要的培训内容，采用学习者喜欢的培训方法，在减轻学习者参训压力的基础上提高学习者参训效果。其具体模式如图1所示。

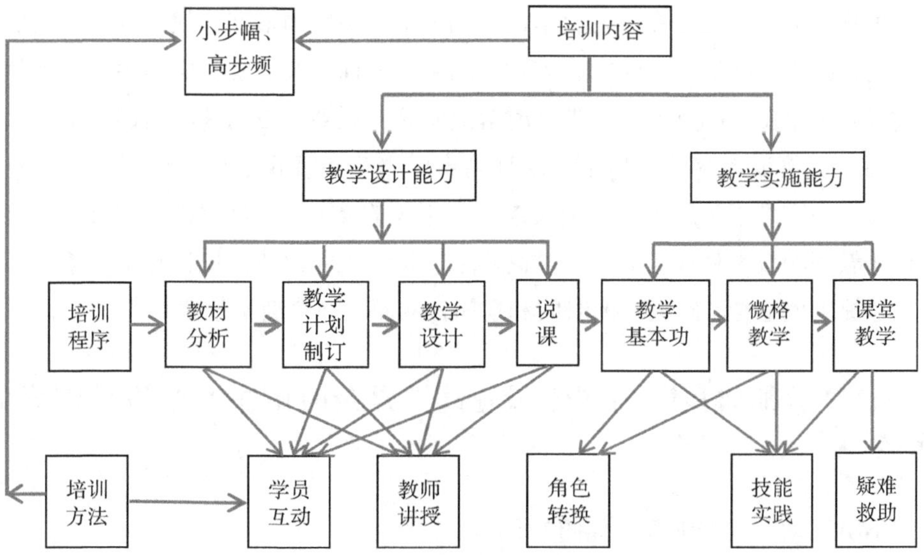

图1　小学体育新教师“以学习者为中心”的培训模式

二、“小步幅、高步频”对小学体育新教师能力培训负担的影响

通过对小学体育新教师培训负担的调查可以看出，“小步幅、高步频”的培训方法适合参训教师。2015—2017年三年参训新教师绝大多数认为培训负担不重或者

一般，能够承受。说明“小步幅、高步频”的培训方法可以减轻新教师参加教学能力培训的压力，对增强培训效果具有推动作用（表1）。

表1　对小学体育新教师参训负担的调查

年份	负担不重	一般，能够承受	负担较重	负担很重	负担特别重
2015年	23（48.93%）	23（48.94%）	1（2.13%）	0（0%）	0（0%）
2016年	23（52.27%）	19（43.18%）	2（4.55%）	0（0%）	0（0%）
2017年	19（51.35%）	17（45.94%）	1（2.71%）	0（0%）	0（0%）

教学设计能力的培训内容包括教材分析、教学计划制订和教学设计，采用说课的形式对三项内容进行说明，使教学设计有理有据，知其然还要知其所以然。“小步幅、高步频”培训方法是在进行教学设计能力培训中增加培训次数，减少每次培训的内容含量，减少教师讲授的时间，多数时间用在培训内容的实践应用中。这样教师才能在实践应用中发现问题，在培训当时解决问题，做到不带问题出培训课堂。“小步幅”是指减少培训内容，更加重视培训内容的消化和吸收，提高培训内容的应用价值。“高步频”是指每周固定排半天培训。这样学校工作容易安排，不会因为培训影响学校和教师的教学秩序。同时，“高步频”培训既能避免知识技能产生遗忘，又能为新教师提供理论与实践融合的时间和空间，从而提高培训实效性。

三、“教师讲授”与“学员互动”是及时解决教学设计困惑的有效途径

“学员互动”式培训程序如图2所示。

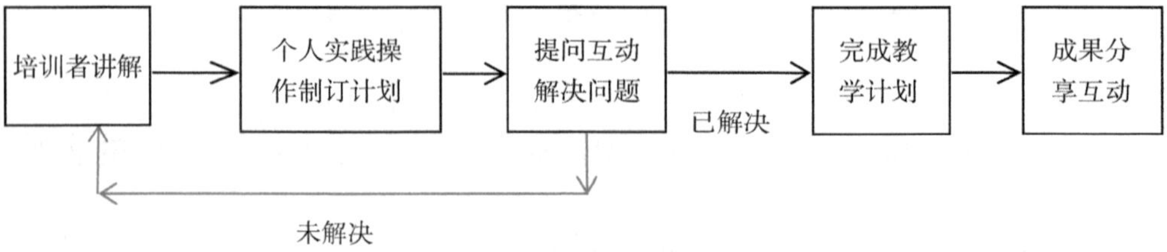

图2　“学员互动”式培训程序

培训前，培训者将新教师按照不同专业背景进行“组间同质，组内异质”的分组。每节课培训者只针对教学计划制订的操作步骤进行讲解，使新教师熟悉操作过程。然后新教师自己开始进行教学计划制订的实践，熟练操作过程和步骤。在实践的过程中产生的问题，首先在小组内进行咨询，主要由体育教育专业新教师依据所学专业知识进行答疑解惑及指导。培训教师对小组内无法解决的问题和困惑,以及各组存在的共性问题进行集中讲解。边操作、边提问、边解决，做到学习者不带问题和困惑出培训课堂。这样，不但提高了新教师的操作能力，增强了新教师之间的互动交流，也能够当堂出培训成果。

四、采用“技能实践”与“角色转换”方法进行教学基本功和微格教学训练，帮助新教师尽快进入教师角色，提高教学实施能力

在对2015—2017年新教师教学实施能力提高最快的内容进行调查时发现：在为期1年的教师教学实施能力培训中，新教师的讲解能力和示范能力提高最快，明显快于其他三项能力，如图3所示。

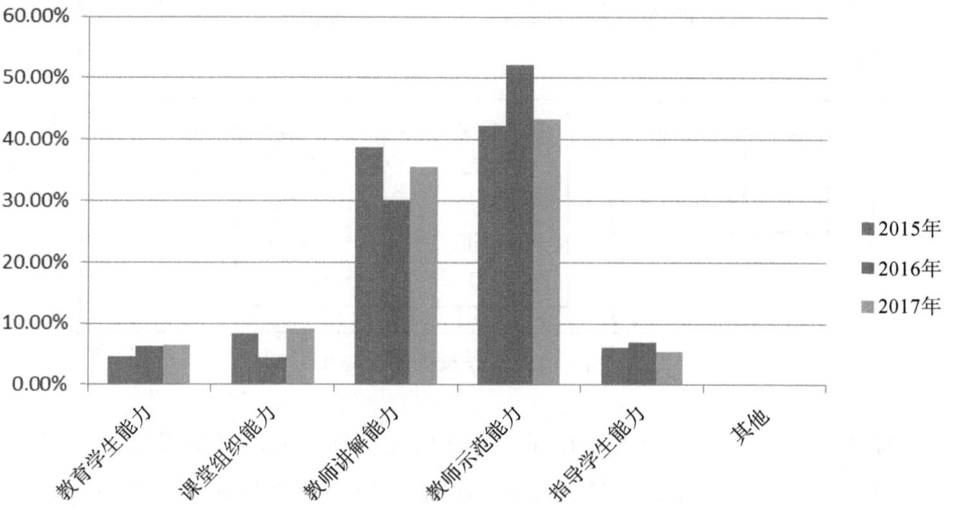

图3　2015—2017年新教师教学实施能力的调查

教师教学基本功和微格教学训练采用“角色转换”的方法进行。讲解与示范是体育教师教学基本功的主要内容。新教师在进行培训时主要采用按照专业背景进行组内异质分组。新教师步入学校工作岗位，从学生身份到教师身份的转变一时较难适应，因为在新教师学员中的体育教育专业和运动训练专业的学习者已经具备了一定的教学技能（示范技能）。因此，这两个专业的新教师在进行示范技能培训中可以承担培训任务，担任教师角色，对所学习的示范动作进行授课，重点培训讲解技能，熟悉和尽快完成学生到教师身份的转换。按照不同专业背景，使一部分新教师（体育教育专业和运动训练专业）成为授课主体，同时也成为教师角色训练的主体。另一部分新教师（体育相关专业和体育无关专业）成为学习者主体，在教学基本功培训中承担学生角色，重点进行示范动作的培训。这样，不同专业背景和不同培训需求的新教师均能够在自身原有的基础上得到教学技能的提高。

微格教学，又称微型教学，是以现代教育理论为基础，利用先进的媒体信息技术，依据反馈原理和教学评价理论，分阶段系统培训教师教学技能的活动。微格教学是模拟课堂教学的教学实验，又是一门实践性较强的课程。它以实践协作、动态交互、全真模拟为主要特征，突出对教学对象实践能力的培养。在体育新教师培训中采用微格教学，主要训练教师的讲解、示范、提问技能。微格教学具体操作程序如图4所示。

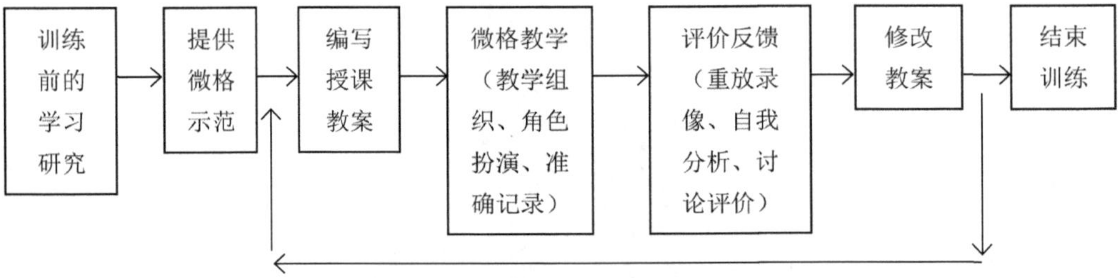

图4　微格教学具体操作程序

在训练中，一名学习者担任教师，按照事先培训完成的教学设计的步骤、策略和教法进行课堂教学的模拟训练，其他小组成员扮演学生与其进行互动，完成微格教学。对模拟教学过程进行录像、重放，开展小组和自我分析，对原教学设计进行修改后进行循环训练，直至教学设计与微格教学效果比较符合。在“角色转换”的过程中，从教师和学生两个角度感受上课的真实情景，帮助教师了解学生，实践教学技能，提高教学实施能力。

五、在课堂教学实践中采用“疑难救助”的方法为体育新教师教学保驾护航，及时解决新教师教学实际问题

在进行课堂教学实践中主要采取“疑难救助”的培训方法。课堂教学实践是在新教师说课、微格教学训练的基础上进行的，是对教学设计进行说课分析、模拟实践之后最真实的课堂实践环节。指导教师走进真实的课堂，在听课后要求新教师进行课后反思。指导教师根据师生课堂行为表现和实际教学效果对新教师进行教学技能方面的指导。在听评课的过程中，新教师反思自己设计的教学是否达到之前说课的目的，教学策略和自己的教学技能是否能够帮助学生学会学习，达成教学目标。指导教师对教师的教学策略和教学技能进行分析和一对一的指导，提出改进建议，帮助新教师教学技能不断进步，提高课堂教学实效性。

在进行小学体育新教师培训过程中，建立全体教师和指导教师微信群。在这个微信群中主要进行好文章、好方法的交流和实际工作问题的指导。指导教师可以将一些具体有效的体育教学方法和策略发到群中，作为新教师的教学资源。在教学中，新教师遇到真实的、具体的问题可以在群中求助。群内教师，特别是新教师的指导教师会在群中进行具体分析，给出改进和解决的方案，其他教师也可进行尝试和借鉴。这样的网络培训依据新教师的具体问题进行指导，帮助新教师解决目前遇到的实际问题，对新教师的指导和帮助更为具体和有针对性。

六、结　论

“以学习者为中心”的培训内容是小学体育教师最基本的教学能力，能够满足新教师尽快胜任小学体育教学工作。“小步幅、高步频”的培训方法可以使新教师的教学能力培训减压增效，提高教学设计能力；“教师讲授”与“学员互动”是理论讲授与实践操作相结合的培训方法，在进行教师教学设计能力培训中，可以促进新教师之间的交流，解决教学设计实践过程中的实际问题，提高教师教学设计能力

培训的实效性；在教师基本功和微格教学训练中采用“技能实践”与“角色转换”培训方法，注重教师教学技能的训练与实践，能够有效提高教师教学实施能力；“疑难救助”的方法可以及时地帮助新教师解决实际中遇到的真实、具体的教育教学问题，更具有针对性和实效性。

主要参考文献

[1] 曾德琪.罗杰斯的人本主义教育思想探索[J].四川师范大学学报（社会科学版），2003（1）：43–48.

[2] 李恋.“以学生为中心”教育理念的内涵解析[J].黑龙江教育（高教研究与评估），2014（3）：56–58.

[3] 陈雁飞，周志勇，中小学专兼职体育教师培训指导手册[M].北京：北京出版社，2005.

[4] 李涛.教学技能训练[M].北京：中国轻工业出版社，2014.

[5] 孟宪凯.教学技能有效训练[M].北京：北京出版社，2007.

[6] 毛振明.小学体育教师专业能力必修[M].重庆：西南师范大学出版社，2012.

[7] 马兆兴.对重构教师培训实践课程的思考[J].教育理论与实践，2005（4）：25–28.

[8] 陶文英.混合培训模式在中小学体育新教师培训中的实践[J].教学与管理，2012（18）：62–63.

[9] 张培欣.体育新教师入职培训的思考与探索[J].中国学校体育，2016（10）：54–55.

[10] 李敬，毕永丽.体育教师教学能力的构成研究[J].当代体育科技，2018，8（23）：89–90.

[11] 孙志凤.培训走亲——小学新教师培训模式的创新与研究[J].中小学教师培训，2016（12）：11–15.

[12] 余卫东.教师专业化视野下中学体育教师入职模式研究[J].赤峰学院学报（自然科学版），2017，33（10）：38–39.

[13] 胡峰光，税燕.基于“过去、现在、未来”视角的初任体育教师培训[M].北京：北京出版社，2017.

民间传统武术助力东城区“武术进校园”的可行性研究

北京市东城区广渠门中学　魏发团

一、研究目的

武术是中国人引以为傲的国术，是中国智慧与力量的结晶。多少年以来，武术以它自身的魅力吸引众多国内外的武术爱好者，习练不止，乐此不疲！作为一名基层学校的武术教师，笔者却无法开心，因为在青少年聚集的中小学校园里，武术的开展却是另一种景象：2008年国家体育总局武术运动管理中心提出武术进校园的建议，2010年教育部和国家体育总局又联合发文实施《全国中小学生系列武术健身操》的通知，而在5年之后，情况并不乐观。从北京各区县来看，各校的传统武术基本没走进校园和课堂，武术操的推广更是少之又少。2014年，中国武术协会新增青少年校园武术指导委员会，笔者有幸成为新增委员之一，带着让中华武术真正走进普通中小学校园的使命，开始教学实践。笔者本人多年来习练民间传统武术——赵氏擒拿，将它作为我校的武术校本教材，引起学生的广泛参与。笔者认为尝试把赵氏擒拿等民间传统武术引进校园，既丰富了原有武术教材内容，又改变了过去重套路、轻技击的状况，让二者相辅相成，共同发展。这样，才能真正激发学生习武的兴趣，让武术在我区学校体育中更好、更顺利地开展，从而在广大青少年心中扎根，使中华武术发扬光大。因此，民间传统武术内容的选择成为重中之重，既要考虑学生各方面的特点，把民间传统武术中功法、套路、技击进行简化和整合，又要与学生的喜好结合，与国家武术教材相融合，成为比较合理的可行性研究思路，并实施开来。在我区，武术进校园已初见成效。

二、研究方法

（一）研究对象

东城区10所学校，3所市级示范校、3所区级示范校、4所普通校的初高中生600名。

（二）研究方法

1. 文献资料法

本研究参阅了民间传统武术的发展史料及学校武术的发展有关资料进行分析研究。

2. 调查访问法

本研究调查访问了4名有名望的民间传统武术前辈、20名中学体育教师，综合了他们的观点和评论。

在东城区每年一度的“阳光体育”中小学武术比赛中，通过走访各校武术教师，并对全区没有参加武术比赛的学校也做了问卷调查，了解全区中小学武术开展情况（表1）。

表1　全区中小学武术开展情况调查

年份	全区中小学数量（所）	武术教师数量（人）	有武术队的中小学数量（所）	开设武术课的中小学数量（所）	参加市区级武术比赛的中小学数量（所）
2015年	150	40	30	35	25
2016年	146	30	25	23	20

通过调查，全区百余所中小学，有武术队的学校不过30所，这些学校也没有全都在体育课上全面普及武术教学。这也说明，有武术队不一定会对武术课教学有促进作用。建一个武术队容易，要让每一个学生去学习武术、喜欢武术就显得困难重重。

3. 经验总结法

结合笔者多年学武体会及中学武术教学经验，探索解决问题的有效对策。

三、结果与分析

（一）前期我区中学武术教学的情况

1. 武术师资严重不足

从对我区中学青年体育教师摸底调查显示，专业武术教师只有10名，不到全区青年体育教师的2%。在2015—2017年对全区青年教师进行武术专项技能培训，近20学时的培训，最后考核时，还有少数教师不能掌握，大多数教师仍做不到武术的规范要求。教师尚且如此，就更不必说如何让学生在有限的课时完成武术基本功和新套路的学习了。

2. 武术内容单一枯燥，教法陈旧，使学生失去兴趣

调查表明：大多数教师和学生都认为体育课应该有武术运动，而且有84%的学生喜欢武术，有56%的学生有一定的武术基础，然而却有40%的学生没有选修武术课。

以我校为例，同样的民族体育传统项目，武术和跆拳道在学生中的参与率差距明显（表2）。

表2　选修人数分配表

项目	跆拳道		街舞		篮球		武术	
	男生	女生	男生	女生	男生	女生	男生	女生
人数	151	224	87	188	85	16	49	35
比例	58.8%	84.2%	33.9%	70.7%	62.6%	32%	19.1%	13.2%

学生选修的人数表明武术教学在学校推广的难度。从中可以看出多数学生思想意识中不愿接受，甚至排斥武术这项运动。在选修的84名学生中进行学期末随机调查，即谈谈自己对武术教学内容的几点建议，多数男生要求学习散打，而女生则要求学习太极拳和防身术，几乎没有学生说学习基本功和基本套路。这更说明我们武术教学的内容设置的基本功和基本套路不适合学生，使学生认为武术只是花拳绣腿，仅适合于表演，以致武术教学没有发挥其应有的作用，没能充分激发学生的兴趣和爱好，不能促使他们自觉掌握技术动作，使之成为自己终身锻炼的一种手段。

因此，在中学武术教学中突出武术吸引学生的特点，即武术的技击性，会让更多的学生喜欢武术，拓宽武术在学校体育中的发展空间，这便显得尤为重要。

另外，武术教学的内容基本由一些手型、步法等基本功和简单动作组合而成，整个编排虽然体现了从易到难，从简到繁，但其内容却显得死板不连贯，缺少趣味性。这些简单的重复，在一定程度上影响了学生学习武术的积极性。

（二）引进民间传统武术——赵氏擒拿后的变化

1. 师资培训

邀请赵氏擒拿的前辈定期进校培训师生；通过武术短期和长期培训班、辅导班等多种形式，对各校青年体育教师进行培训，以继续教育的形式采用定期或不定期的教学“比武”，使其理论知识、动作技术、教学方法得到不断的更新和改进。

2. 教材内容和教学方法的革新

2008年以后，笔者积极在学校武术的教学方面进行研究，尤其在教学内容方面，尝试简单实用的教学内容，如对练、太极推手和长短器械，虽然辛苦，但能感觉到学生对武术开始有了兴趣。尤其在近几年，我把赵氏擒拿的内容融进教学之中，赵氏擒拿内容丰富，有套路、对练等，单练套路练习时，依旧以对练为目的，动作依旧有假想对手在眼前，一招一式都融入了攻防。学过跆拳道的学生说：同样的踢打动作，学过武术，才觉得其中的变化太深奥了。在体育课教学中，结合学生年龄、体质差异等特点，把赵氏擒拿的对练介绍给他们，即使练习几个简单的动作，也会让学生一节课上得乐此不疲。

3. 传统武术与竞技武术的结合

在原来的学校武术教材中，多以竞技武术的套路为主，学生学习起来有很大难度，大都望而却步。而我在接触了传统武术八卦掌和赵氏擒拿后，深感原有教材编排脱离实际。同样都讲到武德，原有教材只是停留在文字当中，而传统武术的武德教育则是在一招一式、一言一行中把对师父的尊敬、对师兄弟的情体现出来。先学做人，再说学艺。中华传统武术讲求的“未曾习武先修德”说的就是这个道理。

4. 将赵氏擒拿列为我校体育校本教材的积极作用

当前，国家提倡传统文化进入校园，各级校园里洋溢着各种文化氛围。作为学校体育，武术是中华千年来传承下来的文化象征。武术是民族传统体育最有力的代表，而传统武术赵氏擒拿的特点更吸引不同学生参与。笔者自从把赵氏擒拿内容引入我校武术选修课后，选修课人数与日俱增，大大超过跆拳道，在学生当中产生巨大的影响力。学生的喜欢就是对教学内容的巨大肯定，我校已把赵氏擒拿纳为校本教材。多年实践，更没有出现学生在练习中受伤的情况，这也是对学生的武德教育和安全教育的结合，更坚定了笔者对赵氏擒拿成为我区武术教材的信念。

（三）分　析

1. 民间传统武术的特点

众所周知，我国民间传统武术，历史悠久，源远流长，发展至今形成了众多的流派，这些流派分布在中国大江南北，地域广阔，不论何种流派均含有一定的套路、攻防技术和功法练习。而武术功法最为基础，武术功法的本质是挖掘人的潜能，全面提高人的生理和心理素质，以及在某一方面发展特殊的素质能力。武术功法具有简捷性、全面性、针对性、趣味性、有效性等显著特点，很适合青少年的武术基本功的学习。

回顾武术前贤董海川、李存义、张占魁、孙禄堂等，他们广采博收，相互借鉴，又细心钻研，终成大家。他们的武学思想都具有特点，适合不同年龄和体质的群体。笔者所接触的赵氏擒拿创始人赵大元先生，他即把八卦掌融会贯通，逐渐形成自己的赵氏擒拿一派。

赵氏擒拿具有民间传统武术的特点。①丰富的理论：赵大元先生发表武术文章五十余篇，论文十余篇；赵氏擒拿秘籍《九重天》涵盖了理论、基本功、基本技术、实用技术和应用法则，是目前唯一一部全面论述擒拿技术的著作。②奇门兵器：武术器械是学生喜欢武术的内容之一，而赵氏擒拿所传承下来的器械更让学生眼前一亮，各式各样的奇门兵器，各有特点，总会有一项适合自己。③凌厉的拳法变化：既有着武术的套路内容，又有擒拿格斗的实战技法。不同体质的人都可习练赵氏擒拿。中学生正处于好动、不服输和敢于尝试的阶段，正是赵氏擒拿入门习练的最佳年龄段。赵氏擒拿的内容非常丰富且招招实用，如八把中拿是擒拿腕部，八把上拿主要是擒拿肩肘部，八把下拿则是擒拿腰腿，每把都有八种变化，那就是每趟六十四把擒拿；还有死手八摔、捆身八摔、活手八摔等，每种摔法都有八种不同接手；另有初学者习练的单操手、单操练习。

2. 改编国家武术教材，自编武术校本教材

众所周知，体育课教学是武术进校园的主要途径，因此，武术教材的选择十分重要。从2000年开始，武术教材已正式成为学校体育的必修项目。从之前的调查中也可看出，许多学校并没有真正开展武术课教学，这与武术教材偏难偏繁不无关系。随着近几年国家武术研究院、中国武术协会、教育部体卫艺司等多部门联手，几易其稿，推行了《武术健身操》、人教版的《体育与健康》教材、《武术段位制》，这些武术内容逐渐受到学生的喜爱。在此基础上，笔者走近民间武术大师，拜师学艺，在体育课中引进八卦掌传人赵大元先生创始的《赵氏擒拿》为校本教材，作为学校武术的辅助教材。实施两年来，其深受学生欢迎。

3. 师资培训

师资是武术顺利进校园的重要保障。在我区体育教研部门的教师教研改革中，笔者协助区教研员，担任班主任工作，参加了教师技能培训的全过程。

从培训教师的选择到培训内容的审定，考虑非武术专业的教师在武术教学中的困难，特意把武术定为所有培训内容中的基础项目，比如，武术+足球，武术+体操，武术+舞蹈，武术+田径，等等。这样，每次参加培训的教师都能够接触到武术。我也欣喜地看到，每一期培训结束时的汇报展示，所有教师的武术展示都与培训前有极大的变化，能够表现出武术应有的姿态。

笔者对全区各校近10年研究课、评优课的武术内容做过统计（表3）。

表3　各校近10年中参加各类研究课、评优课涉及武术内容统计

年份	选择武术内容的教师人数	武术专项教师人数	非武术专项教师人数	涉及的学校数量（所）
2006—2015年	15	10	5	10
2016—2017年	20	6	14	20

这说明这2年我区在教师技能培训中，成效是显著的。许多非武术专项的教师尝试着进行武术研究课的教学，参加武术培训的教师人数远远多于此前近8年的平均人数。笔者确信，坚持正确的培训方式，我们的师资不会是阻碍武术进校园的主要问题。

四、结论与建议

（一）三部门合力

当地教育部门、体育局、民间传统武术协会三部门必须沟通协商。从教材内容的设计、国家教育政策的制定、体育比赛的安排，以及各学校武术教学的考核，一套完整、科学的评价体系的建立等方面出发提升武术在校园体育中的地位，激发学生学习武术的积极性，以此督促学校领导重视起来，将武术进校园落到实处。

（二）引进师资

建议成立学校武术教学指导小组，指导和培训武术进校园的专项教师。除了学校能够教授武术的师资外，从民间大师到社会体育指导员（武术）和武术运动员，通过专项考核和教育理论的培训，给合格的武术人才颁发授课证书，使其获得进校园授课的资格。引进这些专项师资，能极大地促进学校武术教学的开展。

（三）改变竞赛规程

学校中每一个体育项目的开展，如果离开了竞赛和展示，都会对这个项目的前景产生负面影响，武术也不例外。在武术各项比赛中，应增加武术特长校与普通校、特长生与普通生、专业组与业余组的两套评比办法。两个渠道齐头并进，让更多有武术兴趣的孩子能够参加高级别的比赛，相互学习，相互影响。同时，在竞赛的公平方面，应达成共识，不能过于看重名次和成绩，而导致其他负面影响的产生。

（四）创编适合本地区的武术教材

结合本地区民间传统武术的开展情况，积极与这些武术前辈、专家联手，创编适合本校的武术教材，真正地让武术走进小学、幼儿园，从娃娃抓起。从小习武，对于武术未来的发展无疑是积极的。

综上所述，武术进校园是利国利民的大事。在当前国家和社会关注全民健康、关注青少年体质健康的大环境下，我们武术人更应立足基础教学，与民间传统武术联手创编更适合学生的武术校本教材，上下齐心协力，为武术进校园献计献策，为中华传统武术的辉煌贡献自己的力量。

主要参考文献

[1] 朱丽萍.中华武术发展展望[J].陕西师范大学继续教育学报，2000（2）：110-111.

[2] 邱丕相，周伟良.论现代武术运动的主要发展特征[J].上海体育学院学报，1999（1）：22-28.

[3] 程大力，黄静.关于中国武术继承、改革与发展的思索——竞技套路是保存与发展中国武术的重要形式论[J].成都体育学院学报，1998（1）：17-20.

[4] 曲宗湖，杨文轩.学校体育教学探索[M].北京：人民体育出版社，2006.

[5] 赵大元，刘明亮，等.防身必备50招[M].北京：人民体育出版社，2011.

[6] 伍绍祖.对武术及东方体育文化观的认识[C].1997年全国武术专题论文研讨会.

[7] 赵大元.实用擒拿学[M].北京：人民体育出版社，2007.

[8] 赵大元，刘明亮，王玫.防身必备50招[M].北京：人民体育出版社，2011.

[9] 刘明亮.擒拿秘籍《九重天》探微[J].体育文化导刊，2012（4）：130-135.

[10] 王怡，李华.武术发展趋势的思考[J].西安体育学院学报，2000（S1）：21-23.

[11] 唐军.浅析现代武术的发展[J].西安体育学院学报，2000（S1）：149-150.

[12] 李成银，孙金玉.中华武术发展新思路——发展21世纪武术的初步设想[J].山东体育科技，2000（1）：106-109.

[13] 王静，邱晨.中华武术发展战略的思考[J].西安体育学院学报，1998（4）：14-19.

[14] 赵大元.擒拿秘籍《九重天》图解[M].北京：人民体育出版社，2014.

全国青少年校园冰雪运动特色学校冬奥教育课程建设的实践研究

——以清华大学附属小学商务中心区实验小学为例

清华大学附属小学商务中心区实验小学　赵卫新

一、问题提出与研究目的

依据《教育部办公厅关于做好全国青少年校园冰雪运动特色学校2022年冬奥会和冬残奥会奥林匹克教育示范学校遴选工作的通知》要求，开足开齐体育课，保证学生每天一小时校园体育活动；义务教育阶段学校把冰雪内容作为体育课的必修内容，每周用一节体育课进行冰雪实践或冰雪知识教学。我校作为北京市首批冰雪运动特色校，全国青少年校园冰雪运动特色学校和北京2022年冬奥会和冬残奥会奥林匹克教育示范学校，一直致力冬奥教育与冰雪运动的开展。

根据《北京2022年冬奥会和冬残奥会中小学生奥林匹克教育计划》的文件精神，将奥林匹克教育纳入学校教育教学，在课堂教学、课外实践等环节普及冬奥会项目和竞赛知识，促进奥林匹克运动和奥林匹克精神在校园体育教育中的发展。广泛开展中小学奥林匹克教育活动，弘扬奥林匹克精神，鼓励中小学生积极参与和支持北京冬奥会。全国中小学要将奥林匹克教育纳入学校教育教学内容，通过综合实践活动课程、体育课程、德育活动等方式，开展奥林匹克主题教育。有条件的北方地区中小学，要开设冰雪项目运动课程。

我校从2019年9月开始进行冬奥教育研究，研究内容涉及冬奥理论知识、实践技能传授与学业质量标准。通过冬奥教育的实践研究能够将“无体育不清华，无体育不成志”体育精神渗透到研究的始终。依据本项研究思维导图所设计内容系统实施各项研究，夯实学生冬奥教育基础，构建我校冬奥教育的课程体系，落实体育学科核心素养，提升学生运动能力，促进学生健康行为的形成，培养学生具备良好的体育品德，努力开创我校冰雪运动的特色之路。

二、研究对象与方法

（一）研究对象

清华大学附属小学商务中心区实验小学一至六年级学生共1350人。其中，男生682人，女生668人（表1）。

表1　我校年级男/女生统计表

年级	班级个数	男生人数	女生人数	年级人数
一年级	8	128	120	248
二年级	8	125	122	247
三年级	7	118	119	237
四年级	8	118	122	240
五年级	6	83	82	165
六年级	10	110	103	213
合计	47	682	668	1350

（二）研究方法

1. 文献资料法

查阅国内外文献了解与奥林匹克教育相关的理论与实践研究成果，判定学科研究理论和实践视野，确定研究方案。

2. 问卷调查法

我校一至六年级共47个班，共1350名小学生，发放问卷调查，了解学生现有奥林匹克知识与滑冰运动参与情况。

3. 访谈法

依据研究目标与研究内容，对所涉及不同领域的施教人员进行相关访谈，例如：相关学者、特级教师、专业教练、家长与学生等，为研究提供思路导引与施教策略支持。

4. 实践研究法

合理安排理论课时与实践时间，获得具有实际指导性意义的教学模式，探索冬奥教育理论课程与实践课程有效实施途径，结合所设计的学业质量标准进行实施性论证。

三、研究结果与分析

1. 我校冬奥教育课程框架

我校冬奥教育课程框架如图1所示（转下页）。

2. 我校冬奥教育实施现状分析

如图2、图3可以看出，我校开展冬奥教育学生的满意度非常高，教师所讲授的冬奥知识学生非常喜爱。

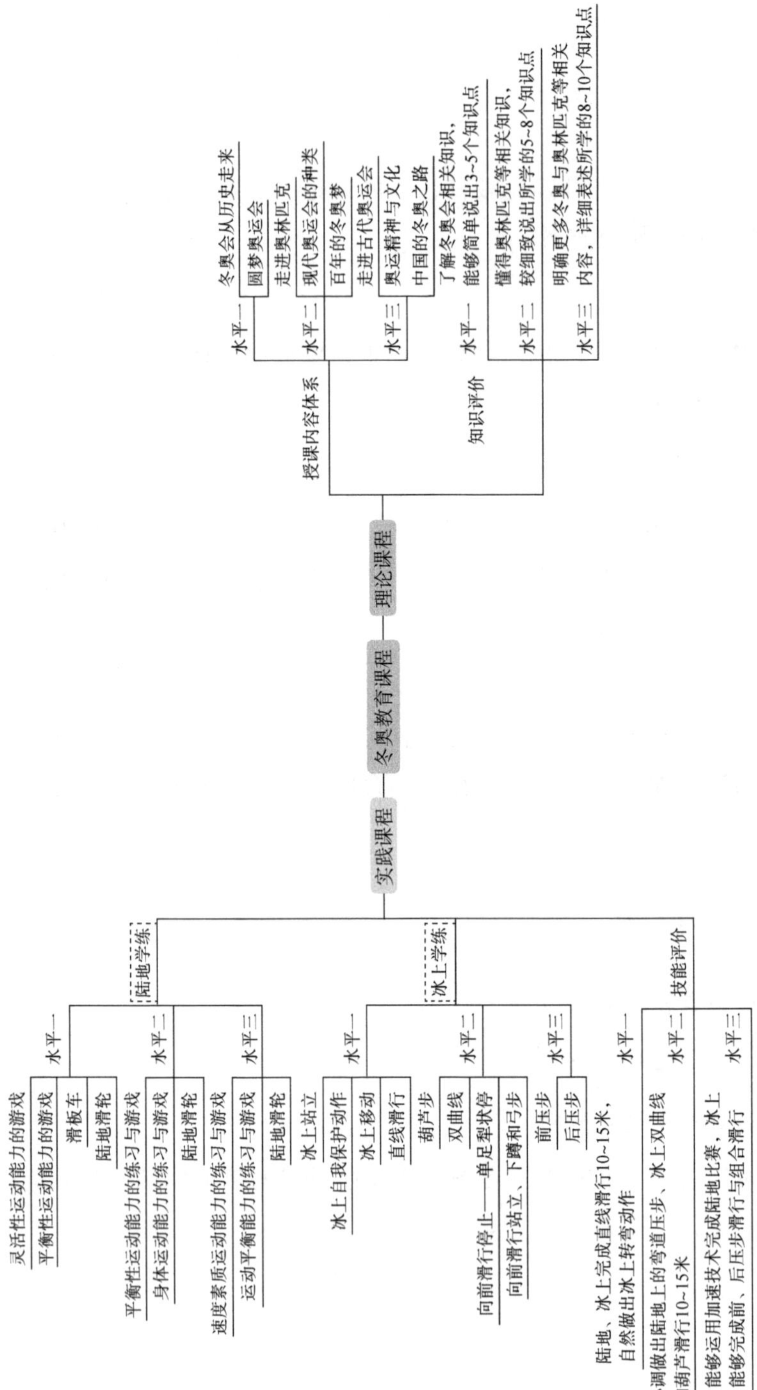

图1 我校冬奥教育课程框架

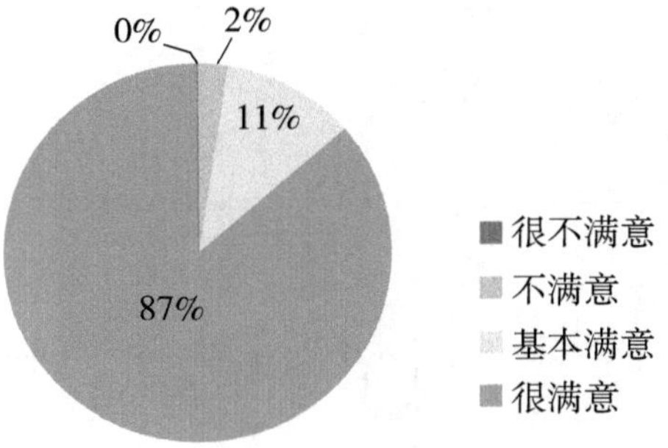

图2　学生冬奥教育满意度调查（n=1350人）

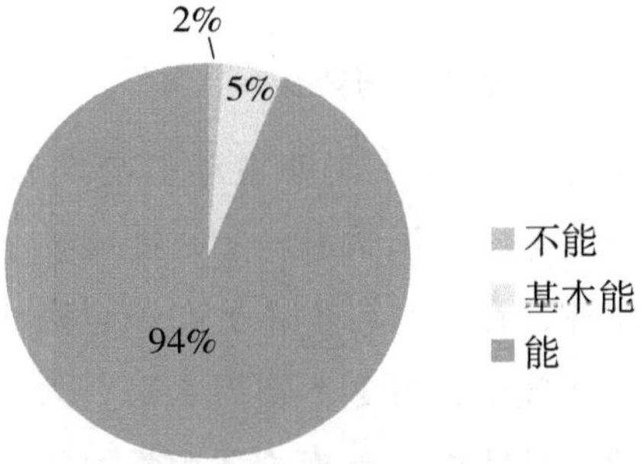

图3　学生冬奥教育中获取冬奥理论知识情况调查（n=1350人）

如图4、图5可以看出，通过对学生实践课程喜爱程度的调查，得知我校98%的学生非常喜爱冬奥教育实践课程，而且100%的学生陆冰滑行[1]技术有进步。

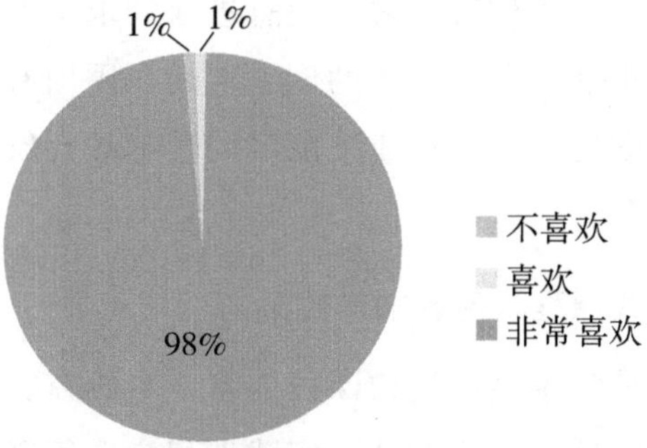

图4　学生对实践课程喜爱程度调查（n=1350人）

[1]　陆冰滑行是陆地滑行、冰上滑行的统称。为适应学校习惯，不进行改动。

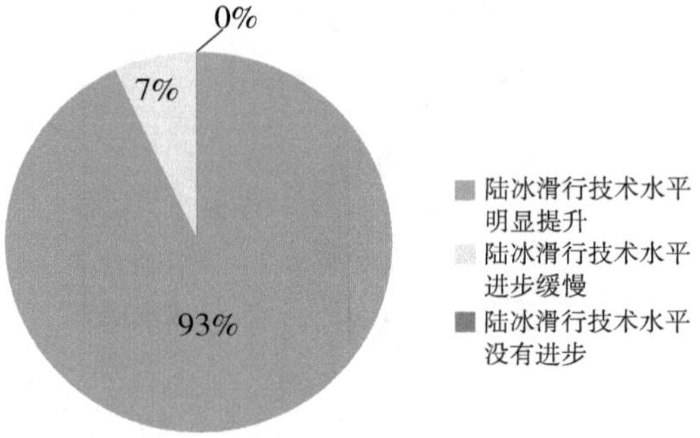

图5　学生参与实践课程情况调查（n=1350人）

3. 我校冬奥教育理论课程学习影响与效果

通过冬奥教育理论知识学习，学生能够主动参与学习，而且课后能够积极参与研讨与各项竞赛活动。学生冬奥知识掌握扎实，能够在小组冬奥知识学习与交流中，主动承担交流与展示任务，在参与各项冬奥知识竞赛活动时，学生能够合理设计、沉稳表达、举例说明，展现出自身冬奥知识水平，为班级荣誉增光添彩。“每日之星”冬奥知识分享活动，是我校冬奥理论课程学习的亮点活动之一，学生利用课前3分钟分享冬奥知识，此项活动不仅为学生提供了一个展示自我的舞台，而且还调动了学生的参与热情，丰富了冬奥知识。课堂教学中教师还设计了形式多样的小组闯关活动，引导学生利用已学知识完成闯关活动赢得积分，培养学生的团队责任感与集体荣誉感，激励了学生刻苦学习、锐意进取的求学态度。冬奥理论知识的学习还让班级壁报成为各班展示冬奥知识的创意空间，周周有更新，周周有宣传。通过冬奥教育理论知识的学习，我校形成了浓厚的冬奥教育氛围，学生对冬奥知识的求知欲更为强烈。

4. 我校冬奥教育实践课程学习影响与效果

冬奥教育实践课程是学生最喜爱的课程内容，本研究实践课程为单元模块式设计，每学期共12课时的陆冰结合实践课。实践课程令低年级学生能够独自完成护具穿戴，学会了自我保护动作，学生能够初步学会陆冰直线滑行动作，顺利完成10~15米规定距离滑行，做出自然转弯动作；中年级学生能够初步学会陆地弯道压步，冰上能够做出双曲线滑行或葫芦滑行的动作；高年级学生能够在陆地上完成滑行比赛，冰上能够完成前、后压步滑行与组合滑行动作；实践课程不仅能够增强学生的身体素质，还对学生的心理发展产生积极影响，学生越来越自信、越来越勇敢、越来越乐于参与体育运动。我校冬奥教育实践课程实施采用“3+N”学练模式，陆冰课时设计为“3+N”，其中陆地学练3课时后，再根据学生陆地滑行技术掌握情况，选择是否可以进行冰上滑行学练，通过主、客观因素进行全面审视，转变陆冰各半的实施策略，保证实施的有效性。通过陆冰滑行学练，学生学练兴趣浓厚，表现出刻苦认真的学习态度，陆冰滑行技术进步明显，并且能够主动利用课余时间进行练习，许多学生还参加了花样滑冰的学习和竞赛。

5. 我校冬奥教育理论课程和实践课程的综合学业质量标准

学业质量评价是进行理论课程与实践课程思考与设计的基础，更是理论课程与实践课程实施的重要依据，我校结合理论课程与实践课程的学练内容，依据小学生的身心特点、认知规律与运动技能形成规律，设计了理论课程与实践课程的综合学业质量标准，其中分为理论课程学业质量标准和实践课程学业质量标准（表2、表3）。

表2　理论课程学业质量标准

学段	学业质量标准
水平一	了解冬奥会的历史与比赛项目，知晓奥运会的相关知识，能够简单说出所学内容的2~5个知识点，能够主动参与学习与竞赛活动，乐于参加课前3分钟“每日之星”冬奥知识分享，在小组讨论与闯关活动中，勇于担当积极为小组获胜贡献智慧与力量
水平二	知道奥林匹克知识、现代奥运会种类和百年的冬奥梦缘起与圆梦的相关知识，能够较为细致地说出所学5~10个知识点，在学习过程中主动参与各项活动，积极参加课前3分钟“每日之星”冬奥知识分享活动，在课上小组讨论环节积极发言，能够在知识竞赛中积极参赛或做好相关的组织工作，为班级荣誉贡献力量。主动学习不断丰富自身的冬奥知识，乐于将所学冬奥知识分享给家人或伙伴
水平三	知道古代奥运会、奥运精神与文化、中国的冬奥之路等的相关知识，能够详细地表述所学的8~10个知识点，学习过程中主动参与学习、积极思考、认真记录，踊跃参加课前3分钟“每日之星”冬奥知识分享活动，乐于参与校级以上的知识竞赛活动，能够积极参与校外冬奥宣传活动

表3　实践课程学业质量标准

学段	学业质量标准
水平一	初步掌握穿戴护具与自我保护的动作方法，主动参与发展灵活性与平衡性运动能力的游戏。完成冰上站立、移动等动作方法，参与陆上直线与转弯的滑行，能够在陆冰上直线滑行10~15米，提升学生陆冰滑行技术，重点发展灵敏、协调、柔韧等身体素质
水平二	初步学会陆地弯道压步动作、能够在冰上双曲线和葫芦滑行10~15米，滑行中能够多次做出向前滑行停止动作，乐于主动参与提升身体运动能力的练习与游戏，提升学生冰上滑行的技术能力，重点发展速度、协调、灵敏等身体素质
水平三	初步学会陆地滑行的加速技术与合作技术，能够在陆地上完成1~2次50~60米距离的比赛，在冰上完成前、后压步与组合滑行技术，提升学生冰上弯道滑行技术，发展学生加速滑行时控制身体的良好能力

四、结论与建议

（一）结　论

（1）我校通过冬奥教育课程建设与研究，充分调动学生的学习主动性，激发学生的学习兴趣，学生冬奥理论知识的学习方面，从碎片式学习转变为遵循学生需求的结构化、系统化学习，使学生理论知识的学习更有逻辑，同时学习的知识面也得到了拓展与延伸。本研究还遵循学生的认知规律依据思维导图中所建立的课程内容，依托“每日之星”、大闯关、课程测试、宣传栏、阅读小达人等活动完成理论内容的乐学与趣赛，学生学习兴趣浓厚、学习热情高涨，每一位学生都能够基本掌握所学的冬奥知识，我校学生在校区间的知识竞赛活动中取得优异成绩。

（2）通过陆冰滑行的学习，低年级100%的学生能够独自完成护具穿戴，能够自主做出自我保护动作，85%以上的学生能够完成陆冰直线滑行10~15米，陆冰滑行时能够自主做出自然转弯动作。中年级80%以上的学生能够顺利做出陆地弯道压步动作，85%以上的学生能够在冰上做出双曲线滑行或葫芦滑行10~15米。高年级80%以上的学生能够在陆地上完成比赛，冰上能够完成前、后压步滑行与组合滑行。学生的陆冰滑行技术提升迅速，身体平衡感与加速的操控更加娴熟，陆冰滑行已成为多数学生课余活动主要内容，冰上运动已成为学生的挚友。

（3）本研究的评价采用理论课程学习与实践课程练习相结合的评价方式，突破了单一过程性评价弊端。设计出符合我校冬奥教育评价方式，内容包括：过程性评价、课堂教学评价、课外学练评价、奖励、激励性评价，这些评价受到学生的欢迎，不仅能够客观、公正地对学生进行评价，而且能够为学生指明努力方向。本研究评价的创新之处就在于课外学练评价和奖励、激励性评价，课外学练评价是一种延伸性激励性评价，引导学生家庭利用休假日营造家庭冰雪运动氛围，提供自选冰雪活动内容，小手拉大手共同参与冰雪活动，感受冰雪运动带来的激情与快乐。奖励、激励性评价主要用于学生主动参与的校外冰雪运动和竞赛，获奖后学校还会给予奖励性积分，作为校内各项评选的加分条件，努力让评价体系更为全面、更加具有激励性，更好地助力学生成长。

（二）建　议

（1）通过冬奥理论知识传授，巧妙设计家庭作业，引导学生在家庭分享冬奥知识，建构家校共育的冬奥教育氛围。

（2）实践方面努力在场地和器材上进行突破，满足不同水平学生的选项需求。

主要参考文献

[1] 孙尧佳，朱国辉，赵辛未.北京市中小学校园冰雪运动开展对策研究[J].体育教学，2019（3）：61–62.

[2] 刘石，朱志强，宋嘉林，等.冬季奥运会项目陆地与冰（雪）上有效衔接训练的现状与对策研究[J].哈尔滨体育学院学报，2013，31（6）：1–6.

[3] 翟俊辉，马志军.长春市中小学冰雪运动进校园现状调查与对策研究[J].长春教育学院学报，2019，35（7）：3–5.

[4] 于素梅.论奥林匹克教育的创新与发展[J].体育科学研究，2004（2）：51–54.

[5] 弯渊媛.我国中小学奥林匹克教育新趋势——基于我国奥林匹克教育计划之比较[J].体育教学，2019（9）：114–116.

高中健美操选项落实体育学科核心素养的实践研究

北京市昌平区第一中学　刘晶

一、问题的提出

2014年4月，教育部组织研究提出，要以学生核心素养体系为依据，开发各学段学生发展核心素养体系，并将培养核心素养落实到各学科教学中，在今后的很长一段时间内，国家课程改革将紧密围绕培养学生核心素养进行。2016年5月国务院对学校体育又做出了新的明确规定:学校体育课要坚持培养学生兴趣与提高技能相促进。健美操是体育与健康课中的一部分，而且在前人调查中不难发现健美操在中学生中的受喜爱程度是非常高的，但是健美操项目的教学手段和方法还比较传统，缺少系统性和创新性，大部分教师在教学中最看重的还是学生对成套健美操动作的掌握程度，对健美操其他功能并不看重，也没有进行深入挖掘，并没有完全贯彻培养学生核心素养的要求，在中学健美操教学中针对问题提出切实可行的围绕体育核心素养的培养策略是很有意义的。

二、研究对象与方法

（一）研究对象

本次研究对象是我校2018—2019学年度西关校区、天通苑校区、本部校区体育课选修健美操的906名同学。

（二）研究方法

1. 文献资料法

整理分析检索和收集的文献资料并查阅相关书籍，掌握学术界研究的前沿动态，为本文提供理论支撑与创新指导。

2. 问卷调查法

在查阅相关文献和相关理论研究和对体育核心素养充分理解的基础上，对学生调查问卷进行了设计。该学生调查问卷主要是为了解我校各校区学生在体育课健美操项目课上体育核心素养培养的基本现状，对学生调查问卷的整理和分析，发现并分析体育核心素养培养中存在的问题，得出结论。

3. 访谈法

采取电话和访谈形式采访相关学校的体育团队负责人和一线健美操教师。通过访谈直接了解学校情况及任课教师对于上课的感受与想法，发现他们在教学过程中存在的问题及他们对体育核心素养的了解情况。

4. 逻辑分析法

对所收集的资料信息、问卷数据进行归纳、整合，运用比较、分析、综合等方法对数据进行统计学分析，判断影响健美操教学体育核心素养培养的主要因素，分析相应的培养模式，构建本文的主要内容。

三、研究结果与分析

（一）我校高中健美操选项落实体育学科核心素养的现状分析

我校是北京市高中示范校，为尊重学生兴趣爱好，发展学生的个性特长，从2016年开始实行体育学科选项走班制教学， 每名同学可以根据自己的兴趣爱好在体育课时间选择自己喜欢的运动项目进行学习。本次研究对象是我校三个校区2018—2019学年度体育课选修健美操的906名同学，这些同学全部出于兴趣爱好而选择健美操课，占全部学生的31%。

我校健美操选项教学，是希望学生通过了解健身健美操的基本动作原理和健美操在改善身体健康和培养体育道德中的作用，领会并掌握运用健身健美操练习的安全知识和方法。学生需要在身体的各个部位做出正确的身体姿态、基本动作和基本步伐等；形成健身健美操的乐感，在音乐伴奏下，要求保持正确的身体姿态与平衡，掌握健身健美操的基本动作及身体控制与重心移动技术；观看高水平健身健美操比赛，建立对健身健美操项目的正确表象并作出简要的评价。

（二）我校高中健美操选项落实体育学科核心素养的实践研究

1. 建立以围绕核心素养为导向的分段教学目标进而形成大单元教学

我校健美操教学应紧紧围绕以体育学科核心素养为指导，制订健身健美操培养目标，并且把教学目标恰如其分地糅入课堂。

我们是开始制订学期教学进度，而后制订单元教学计划，在教学中可将每学期的教学进度划分阶段，形成学期—阶段—单元目标的制订。阶段可分为前期阶段—中期阶段—后期阶段，具体如何划分教师可根据学生对当前时期内容的掌握情况而定。在教学前期阶段，教学目标的设计应注重学生对健美操知识的了解，激发学生学习健美操的兴趣，同时培养乐感，锻炼相应的健美操基本技术动作，并在课中渗透与健美操相关的体育健康知识。前期过后进入中期阶段，基本的健美操运动能力在这个阶段大多数学生已经基本掌握，在制订教学目标时便可做出相应更改，在原有目标的基础上，将教学目标重心转移至运动能力的培养上，逐步训练学生动作的规范性、健美操的队列及队形，注重培养学生相互协作的能力和不怕苦难、克服困难的精神。进入后期阶段，在教学中以培养学生创编健美操的能力、对健美操规则的运用能力及对健美操的欣赏能力为主要目标，同时培养学生的创新能力，以及对一学期所学知识的融会贯通的应用能力。在制订目标时坚持整体目标的科学性与各阶段的可执行性相统一，在每一阶段加入重点目标，更可以体现出目标的延续性和适时性，从而达到大单元教学目的。

2. 体育核心素养指导下的教学内容设置

教学内容是教学中十分重要的部分，教学内容的选择与设置直接关系到教学目标的实现。

据调查，我校大多数教师以往的健美操教学内容的选择都是传统的大众健美操。在这个信息化的时代，学生的眼睛是可以看向世界的，教师在遵循科学性的前提下应选择符合时代潮流、具有趣味性、学生乐于接受的健美操。健美操教学内容应丰富化，理论知识与实践内容相结合，在教学中加入健美操发展史、比赛战术、比赛流程与规则等方面的教学内容并全面渗透健康知识及体育品德知识，实现课内外结合，进一步引导和发展学生的体育学科核心素养，形成终身体育的好习惯。

3. 多样性高效教学方法的选择

教学方法包含教师的教法和学生的学法，教师要根据教学目的和任务、课程特点及学生特征选择适当的教学方法，在进行教学时还要时刻遵循教学原则。目前健美操教学多倾向于教师的教法，而忽视了学生在学习中的主体地位，忽视了学生的学法。因此，在健美操教学中，首先，要打破接受式学习的传统，要充分体现出学生的主动性，激发学生学习兴趣，培养内在需求，使学生做出从“要我学”到“我要学”的转变。例如，可以采用情境教学法，在教学中创设比赛、游戏等相应的情境，不仅可以加强学生相互协作学习和不断创新的能力，使学生在未来的发展中更好地适应社会，还可以针对健康行为和体育品德方面的短板通过相应情境进行教育。其次，在理论教学过程中，要利用学生感兴趣的问题，有针对性地进行课堂内容导入，一方面增加学生的学习积极性，使学生积极主动地投入课堂学习；另一方面，可以培养学生善于探索、获得真知的品质。

4. 全面性多元化评价机制的建立

教学评价是反映教师教学质量和学生学习结果的重要手段，具有诊断、激励和调节作用，完善的教学评价体系能够全面、客观地反映出教学活动中存在的问题和学生核心素养培养的综合水平。在对学生学业的评价上，首先，评价方法应采取诊断性评价、过程性评价和终结性评价相结合的综合评价。考核内容的设置应该避免出现以单纯依据健美操动作完成程度的单一性评价，应该围绕核心素养综合评价，例如，在学习过程中的学习态度、创新能力、合作能力、社会适应能力及终身学习能力的评价。其次，考核方式应多样化，例如，对于健美操技能方面可以采用实践的方式进行考核，对于健美操相关理论知识可以利用书面考试、口头表述的方式进行考核，对于体育品德、健康行为方面的内容可以通过课堂观察的形式进行考查，同时也可让学生参与其中进行互评，还可以让学生从多方面、多角度对学生进行合理的考核和评价。在课堂教学评价上，学校及教育相关部门应建立健全课堂教学监督管理体系，检查课堂教学过程和结果，综合评价，完成高质量的课堂教学。在教师评价方面，可采用领导评价、同事评价、学生评价、自我评价相结合的方式，采用不记名方式保证评价的公正性。全面性、多元化的评价方式不仅能全面、客观地反映学生的学习效果，也能在一定程度上使学生感到人性化和公平性，进而提高学生学习和教师教学的积极性。

（三）体育核心素养导向下的健美操课堂教学实施

教师在进行体育教学设计时紧密围绕体育学科的核心素养，是有效培养学生核心素养的前提与保障。然而，该如何培养学生，主要体现在教师的专业素质和课堂教学设计的实施上。

体育课堂上，教师要创设一个以安全为前提的学习锻炼环境，进而展开一场教师的教和学生的学互相交融的有趣互动，学生是知识的接收者，因此在设计教学的时候教师要充分从学生的立场出发，将运动技能、健康行为、体育品德在一节体育课上合理融合，使学生在身体素质得到锻炼的同时，健美操技能、健美操比赛规则及相应的体育道德都得到提升。没有一定负荷量的锻炼是没有效果的锻炼，无法很好达到学生强身健体的作用，体育课不出汗称不上一堂合格的体育课，这就要求健美操教师要合理利用课堂时间，让学生充分得到练习，通过多变的情境来讲授德育内容和健美操理论知识，如此一来，健美操教学内容便会潜移默化地对学生的情感、意志、态度等产生综合的影响，从而达成良好的培养体育核心素养的效果。在多变的情境设置中，学生也会表现出高涨的热情和兴趣，学生的健康行为与体育品德会随着运动能力的提高稳步向前，学生的学习能力和理解能力也会随着不同情境的演变而向不同方面深化。

四、结论与建议

（一）结　论

1. 健美操运动能力方面

通过对我校高中健美操选项教学核心素养培养的调查结果分析得出，在健美操教学中，学生的运动能力素养的培养情况较差。具体表现为学生对健美操乐感掌握较差，对健美操成套动作的掌握不够好，并且动作与音乐的配合度不高；对健美操重大赛事及相应规则的了解不足，对健美操比赛的欣赏水平不理想。

2. 健美操健康行为方面

通过对我校高中健美操选项教学核心素养培养的调查结果分析得出，健美操教学对学生健康行为素养的培养情况一般。具体表现为对于在健美操运动中身体容易受伤部位的了解程度不乐观；对于运动前的热身活动和运动后的放松活动的重视程度不够；对于迁移到日常生活中的安全行为表现一般；参与健美操运动的动机基本上由强身健体、缓解疲劳构成，动机还较合理。

3. 体育品德方面

通过对我校高中健美操选项教学核心素养培养的调查结果分析得出，在健美操教学中对学生体育品德方面的培养整体上一般，在坚持合作、负责任、克服困难、正确的胜负观、公平守纪、尊重他人的态度这些方面都有待加强。

（二）建　议

通过对我校高中健美操选项教学核心素养培养的调查结果分析得出的问题，提出相应的培养策略与实践方法：学生体育核心素养的培养是新时代体育教育改革的风向标，是一项长期系统的需不断完善的工程，在健美操教学中应紧密结合体育核心素养内容，建立以核心素养为导向的分段教学目标，设置体育核心素养指导下的教学内容，选择多样且高效的教学方法，建立多元化评价机制，提高教师自身专业能力与素养。

主要参考文献

[1] 于素梅.学生体育学科核心素养及其培育[J].中国学校体育，2016（7）：29–33.

[2] 熊纯子.核心素养培育与健美操教学的改革分析[J].当代体育科技，2017，7（13）：80–81.

[3] 肖传菊.高中健美操教学中的问题与对策[J].当代体育科技，2019，9（34）：62.

[4] 陈雪.高中健美操培养“体育核心素养”的教学策略研究[J].运动，2019（4）：110–111.

[5] 周佳丽.教学设计视角下高中健美操专项化教学中体育核心素养渗透研究[J].运动，2018（11）128–129.